FILHA DA ILUSÃO

TERI BROWN
Filha da ILUSÃO

Série
HERDEIROS DA MAGIA
LIVRO 1

tradução: **HELOÍSA LEAL**

Rio de Janeiro, 2014
1ª Edição

Copyright © 2013 by Teri Brown

TÍTULO ORIGINAL
Born of Illusion

CAPA
Raul Fernandes

FOTO DE CAPA
Stephen Carroll/Trevillion Images

FOTO DA AUTORA
Keene Studio

DIAGRAMAÇÃO
editorîarte

Impresso no Brasil
Printed in Brazil
2014

CATALOGAÇÃO NA PUBLICAÇÃO
BIBLIOTECÁRIA: FERNANDA PINHEIRO DE S. LANDIN CRB-7: 6304

B881f

Brown, Teri
  Filha da ilusão / Teri Brown; tradução de Heloísa Leal. - 1. ed. - Rio de Janeiro: Valentina, 2014.
  288p. ; 23 cm. - (Herdeiros da magia; 1)

  Tradução de: Born of illusion

  ISBN 978-85-65859-29-5

  1. Houdini, Harry, 1874-1926 - Ficção. 2. Mágicos - Ficção. 3. Mãe e filhas - Ficção. 4. Romance americano. I. Leal, Heloísa. II. Título. III. Série.

CDD: 813

Todos os livros da Editora Valentina estão em conformidade com
o novo Acordo Ortográfico da Língua Portuguesa.

Todos os direitos desta edição reservados à

EDITORA VALENTINA
Rua Santa Clara 50/1107 – Copacabana
Rio de Janeiro – 22041-012
Tel/Fax: (21) 3208-8777
www.editoravalentina.com.br

Este livro é totalmente dedicado a meu marido,
Alan L. Brown.
Ninguém poderia cuidar melhor de mim.
Vou amar você para sempre.

Sinto um arrepio na nuca antes mesmo de vê-lo dobrando a esquina. Ele avança na minha direção com seu passo gingado, balançando o cassetete, de vez em quando erguendo a aba do boné azul para os transeuntes. Minha coluna se aprum automaticamente e o pulso dispara. Não é à toa que meu medo de policiais já se tornou parte de mim, tanto quanto o castanho de meus olhos.

As leis que proíbem a divinação e outras atividades esotéricas estão ficando cada vez mais rigorosas. Temos permissão para nos apresentarmos como mágicos e mentalistas porque essas atividades são consideradas uma diversão inofensiva. São as sessões privadas que as autoridades não aprovam, mas o dinheiro que ganhamos vale o risco.

O policial acena com a cabeça e eu retribuo o gesto com naturalidade, meus olhos se desviando dele quando passa. Às vezes me esqueço do quanto minha aparência é respeitável agora. Meu tailleur verde no estilo Chanel, com seu paletó acinturado e saia midi plissada, não levanta suspeitas (ou sobrancelhas) como os trajes de palco espalhafatosos que eu era obrigada a usar nas ocasiões em que o dinheiro andava curto. Depois de alguns momentos, dou um longo suspiro de alívio e diminuo o passo, apreciando a intensa atividade ao meu redor.

Só estou em Nova York há um mês, mas já tive oportunidade de observar que todo mundo age como se estivesse extremamente ocupado. Até mesmo as menininhas em seus calções bufantes e os menininhos em seus trajes de marinheiro parecem ocupados. Secretárias, com seus cortes de cabelo modernos e chapéus cloche justos, caminham apressadas para o trabalho, e de suas bancas os jornaleiros gritam as manchetes como se fossem mudar de uma hora para outra. Paro e compro um jornal para minha mãe, que anda obcecada com essa nova mania das palavras cruzadas. Por um momento, o cheiro de dar água na boca das almôndegas de uma carrocinha ali perto quase me faz cair em tentação.

No entanto, antes que possa me decidir, vejo um rapaz caminhando na minha direção. Ele também comprou um jornal, e agora está estudando a primeira página, um vinco de atenção no alto do rosto sério. Mas é seu andar que atrai meu interesse: confiante e senhor de si, cada pé firme e corretamente plantado adiante do outro. Fico tão absorta em observá-lo que não noto que estamos em rota de colisão até ser quase tarde demais. Desvio o corpo do esbarrão no último instante, as mangas de nossos casacos roçando ao passarmos.

— Perdão — diz ele, sem erguer os olhos.

Meu rosto fica vermelho. Pelo menos, ele não me flagrou encarando-o. O que é que eu tenho na cabeça, para ficar olhando boquiaberta desse jeito para um desconhecido no meio da rua! Aos dezesseis anos, seria de esperar que eu fosse mais experiente, ainda mais considerando quanto tempo passo em teatros. Mas a maioria dos homens que conheci estava longe de ser um bom partido. Solto um muxoxo, pensando em Porqueiro, o Magnífico, Billy Zarolho e Lionel, o Menino Lagosta. Longe de ser um bom partido é o eufemismo do século.

Uma sensação de formigamento no estômago me distrai de meus pensamentos. Ela vai se tornando cada vez mais insistente, se espalhando pelo peito e as pernas, e é então que me dou conta de que está acontecendo de novo.

Em público.

Dolorosas estrelas vermelhas irrompem diante de meus olhos e o mundo escurece ao meu redor. Tento alcançar um poste para me equilibrar, esperando que ninguém na rua movimentada perceba. O aroma forte de açúcar queimado invade minhas narinas. Como sempre, o horror de minhas visões é acompanhado pelo cheiro enjoativo de uma loja de doces.

Meu coração palpita na aterrorizada expectativa do que está por vir. As visões nunca são imagens bonitas com final feliz. Quando estou dormindo, posso interpretar esses episódios como pesadelos, mesmo sabendo que não são. Quando estou acordada, sou submetida à excruciante experiência na íntegra.

Seguro-me com força ao poste enquanto flashes elétricos, como uma tempestade de raios a distância, iluminam uma série de imagens. Algumas são claras, outras, nubladas por uma névoa impenetrável. Um clarão revela uma imagem de mim mesma correndo por uma rua escura. Vejo clarões de armazéns vazios se acendendo à minha passagem. É tão real... Sinto minha respiração ofegante e a sensação pegajosa, rastejante do filete de sangue escorrendo por meu rosto. A imagem seguinte é do rosto de minha mãe, os olhos arregalados de pavor, os lábios em feitio de coração apertados num esforço para não gritar...

— Com licença, senhorita. Sabia que tem uma moeda saindo da sua orelha?

As palavras atravessam o latejar nos meus ouvidos, e a escuridão em minha vista recua quando giro o corpo. A visão é interrompida, mas o sentimento de horror ao que vi ainda dá voltas no meu estômago. De todo modo, o medo faz parte de minha vida desde que me entendo por gente. Visões do futuro não são o único dom paranormal com que fui "agraciada".

A náusea me sobe pela garganta. Pisco várias vezes, até minha vista voltar ao normal. Meu distraído salvador é baixinho e gorducho, com um bigode de pontas torcidas e um chapéu-coco escuro. Ele aguarda minha resposta com paciência. Engulo em seco duas vezes antes de poder falar.

— Perdão, como disse? — Aperto com mais força a alça da cesta repleta de frutas, legumes e outros produtos que comprei na mercearia. Todo cuidado é pouco.

Ao nosso redor, pedestres seguem caminho sem nos lançar um único olhar. É preciso algo especial para chamar sua atenção, ainda mais nesse emergente bairro da classe trabalhadora, com suas lojas e casas de *brownstone*.

Mostrando um sorriso banguela, meu companheiro estende a mão e tira uma moeda de trás da minha orelha. Alguns passos adiante, um menino pequeno com calças de joelho puído, segurando uma pilha de folhetos, cai na risada.

Começo a compreender, e a tensão em meu pescoço e ombros diminui. Passei a vida inteira na companhia de empresários teatrais e, embora sejam uns tipos sonsos, geralmente não representam nenhum perigo imediato. Qualquer que tenha sido o teor da visão, não teve nada a ver com esse toquinho de gente.

– Obrigada! – agradeço, tirando a moeda com a mão esquerda. Com gestos teatrais, passo a cesta para a outra mão e, sem me interromper, levo a mão direita à sua orelha. – E o senhor, será que já notou que está com uma cebolinha na sua?

Sorrio para o menino, cuja boca forma uma letra O, enquanto puxo um fino e comprido talo de cebolinha da orelha do sujeito.

Seus olhos se arregalam, e ele abre um sorriso de aprovação. Relaxo. A maioria dos mágicos não gosta de mulheres que praticam o ilusionismo. Obviamente, esse homenzinho é uma exceção à regra.

– Espere! Tem mais! – Não querendo ser desbancado, ele estende a mão e começa a puxar lenços de cores vivas da minha outra orelha. Uma pequena multidão vai se formando ao nosso redor, e meu pulso acelera de excitação. Minha mãe diz que sou uma exibicionista, mas prefiro pensar em mim como uma profissional. Além disso, há semanas não faço mágicas na rua. Não combina com a novíssima imagem respeitável que estamos tentando cultivar.

– Maravilhoso – digo a ele, tirando os lenços e amassando-os numa bola compacta. Pisco para as pessoas que se reúnem ao nosso redor. – Estava procurando por eles.

Eles riem em tom de apreciação. Num gesto súbito, abro os dedos diante do rosto do homem. Ouvem-se exclamações e aplausos esparsos, quando o público se dá conta de que os lenços desapareceram.

– Ei! – protesta o homem, bem-humorado. – Eles eram meus.

– Desculpe. – Coloco a cesta a meus pés para poder ficar com as duas mãos livres. Agora estou *realmente* me exibindo, mas me apresentar para uma plateia é tão divertido que não posso resistir. – Será que o senhor gostaria disso aqui em troca? – Retiro três braceletes do pulso esquerdo. Foram feitos especialmente para mim por um prateiro de Boston e, junto com meu baralho e o canivete borboleta, nunca saio de casa sem eles na bolsa. Exibindo-os com destreza entre os dedos, faço malabarismos por alguns segundos para mostrar a todos que são três aros separados. Em seguida, apanho um de cada vez com a mesma mão e os aperto juntos. Momentos depois, eu os exibo, e os circunstantes soltam exclamações. Os braceletes agora estão encadeados como os elos de uma corrente.

O homem levanta as mãos, rindo:

– Desisto, a senhorita venceu!

O menino abre caminho com agilidade por entre a multidão que se dispersa, distribuindo folhetos.

Recoloco os braceletes e retiro a bola de lenços da cesta onde os escondi.

– Procurando por isso? – pergunto.

Ele apanha os lenços e os enfia no bolso traseiro das calças largas.

– A senhorita é muito talentosa… para uma mulher.

– Obrigada – respondo, ignorando o adendo. Se eu fosse discutir com cada mágico que já fez um comentário depreciativo sobre meu sexo, nunca teria tempo de fazer ilusionismo. Prefiro dar uma lição a eles no palco, que é o que realmente importa. – Minha mãe e eu vamos estrear amanhã à noite no Newmark Theater.

– Supimpa! Imagino que seja um show de mágica?

Sinto uma vaga sensação de desconforto. Gostaria que fosse apenas um show de mágica.

– Eu faço um pouco de mágica no show, mas minha mãe é mentalista. A maior parte do tempo, sou apenas sua assistente. Se quiser vir, vou mandar deixarem alguns ingressos separados para o senhor na bilheteria. Basta dizer a eles que Anna Van Housen o mandou. – Meneio a cabeça indicando o menino: – Vou deixar um para ele também.

– Seria magnífico! Meu nome é Ezio Trieste. – Ele estende uma mão suja, e eu a aperto com firmeza. – Quem sabe a senhorita e sua mãe não teriam interesse em assistir a esse show domingo à noite? Dante! – grita ele para o menino que ainda distribui folhetos a qualquer um que estenda a mão. – Dê um para a moça.

Aceito o papel oferecido com um sorriso, e devolvo a moeda ao homem.

Dou uma olhada no folheto e tudo a meu redor escurece quando leio o cabeçalho:

SERÁ QUE OS ESPÍRITOS EXISTEM?
HOUDINI DIZ QUE NÃO, E PROVA!

– Obrigada – sussurro e dou as costas, obrigando minhas pernas pesadas a se moverem. O zumbido em meus ouvidos abafa o som dos automóveis na rua enquanto caminho depressa pela calçada. Depois de meio quarteirão, diminuo o passo, para então amassar o papel em minha mão. Atirando-o na sarjeta, paro e respiro pausadamente. Os olhos penetrantes de minha mãe veem tudo, e a última coisa de que preciso é que ela descubra que Houdini voltou para Nova York.

Mordo o lábio, olhando para o programa caído ali na sarjeta. Depois de uma breve espiada ao redor, recolho-o e aliso o papel o melhor que posso. Em seguida eu o dobro e escondo no fundo da cesta, onde minha mãe não possa vê-lo.

Por que estou tão chocada?, penso, ao me dirigir para casa. Embora ele passe a maior parte do ano em turnê, Nova York é a cidade em que mora. Eu deveria saber que em algum momento nossos caminhos se cruzariam.

Abano a cabeça ao chegar ao lance de escadas de minha casa, resolvendo não pensar mais em Houdini. Pelo menos não até que sua chegada caia nos ouvidos de minha mãe.

Respirando fundo para clarear as ideias, olho para meu novo lar. Outrora uma residência privada, a casa foi recentemente reformada e dividida em dois apartamentos. Nosso novo empresário teve a gentileza de arranjar o apartamento para nós e fazer todos os preparativos. Ainda estou esperando para saber qual vai ser o preço dessa "gentileza". Confio em empresários quase tanto quanto confio em advogados, talvez menos. Pelo menos com advogados as coisas são pão, pão, queijo, queijo; já os empresários dizem uma coisa e fazem outra. Todos os que tivemos ou surrupiaram nosso dinheiro, ou usaram nosso contrato para tirar vantagem dos óbvios encantos de minha mãe.

Mas como eu adoro a minha casa! A fachada cor de areia e os corrimãos em ferro trabalhado brilham ao sol, e o longo lance de escadas me dá as boas-vindas. Não importa que haja uma dúzia de casas idênticas ao longo da rua: essa é especial, a primeira casa de verdade em que já morei. Sempre sonhei em morar numa dessas, em vez de passar o tempo todo viajando.

Embora morar no último andar dessa linda casa antiga, e não mais em um hotel de quinta categoria, seja algo que me deixe eufórica, ao mesmo tempo provoca em mim a incômoda sensação de não estar à altura dessa vida. Esse prédio é um monumento à pacata respeitabilidade. Como amiga de batedores de carteira e aberrações de circo, o mesmo não pode ser dito de mim. Minha única esperança é que com nosso primeiro emprego fixo eu possa deixar o passado para trás e me tornar digna de tal lar. Meu rosto arde de vergonha quando me lembro da apresentação que acabei de fazer na rua. Moças respeitáveis não se apresentam na rua. Moças normais também não têm horripilantes visões do futuro. Sinto um nó no estômago quando uma imagem do rosto de minha mãe oscila diante de meus olhos.

Sinto a súbita necessidade de saber se ela está bem. Subo os degraus de pedra de dois em dois e escancaro a porta.

– Ai!

Mal entro na portaria, vejo um jovem com um terno preto e um chapéu de feltro, apertando o braço.

– Desculpe! O senhor está bem? – Ele é tão alto que tenho que esticar o pescoço para ver seu rosto, e seus ombros parecem encher a portaria. Suas sobrancelhas se delineiam sobre olhos tão escuros que chegam a ser quase pretos, como gotas de alcaçuz. Prendo a respiração e meu rosto fica vermelho quando o reconheço. O rapaz da rua.

Para minha surpresa, o rosto dele também fica vermelho, deixando transparecer seu constrangimento.

– Eu é que deveria perguntar se a senhorita está bem. A senhorita entrou como se estivesse sendo perseguida pelos cães do diabo.

Inclino a cabeça à menção dessas curiosas palavras e à maneira como ele as pronunciou. Não é exatamente um sotaque. É mais como se ele apreciasse a língua inglesa e tivesse o cuidado de pronunciar cada palavra destacadamente.

Faço que não com a cabeça, perturbada:

– Foi o senhor que levou o esbarrão. – Dou uma olhada na portaria deserta atrás dele. – Estava procurando por mim? – Como se isso fosse possível, meu rosto fica ainda mais vermelho. – Quer dizer, estava procurando por alguém?

O desconhecido abana a cabeça. Seus olhos escuros me observam fixamente por um momento, e então se desviam, como que encabulados, antes de encontrarem os meus mais uma vez.

Já estou habituada a receber olhares, mas os homens no teatro me devoram com os olhos de um jeito consciente que me dá calafrios. O olhar de apreciação desse rapaz, com sua boca reta e feições dignas, faz com que um agradável arrepio me percorra a pele. Encabulada, desvio os olhos.

A porta ao nosso lado se abre, e levamos um susto. O Sr. Darby, nosso vizinho rabugento, põe a cabeça para fora:

– Que bafafá é esse? – Ele me vê e seus lábios se curvam para baixo. Em seguida ele vê o rapaz, e sua expressão se abranda. Ele sai do apartamento, os braços cruzados. – Eu deveria saber que você daria um jeito de conhecer a moça bonita do andar de cima. No meu tempo, nós nem sequer dirigíamos a palavra a uma moça sem uma apresentação formal.

O rapaz empurra o chapéu de feltro para trás e um cacho escuro se solta. Minhas mãos coçam para colocá-lo de volta no lugar.

– Então faça o favor de nos apresentar – pede ele, e percebo como é jovem. Talvez dezessete ou dezoito anos, apenas um pouco mais velho do que eu. Seu rosto é bem barbeado e ainda não exibe um bigode, como a maioria dos homens de hoje em dia. Gosto disso. Homens de bigode dão a impressão de estar escondendo um lábio leporino.

O velho solta um pigarro teatral:

– Senhorita Van Housen, apresento-a a Colin Emerson Archer, o Terceiro. – Ele abana a cabeça, como que perplexo com um nome tão pomposo. – Colin é amigo de um primo irmão meu, e veio morar comigo pouco depois que você e sua mãe se mudaram para o apartamento de cima. Sem dúvida um espião enviado por parentes intrometidos que se preocupam com um velho vivendo sozinho. Colin, essa é a Srta. Van Housen. Ela e a mãe moram no apartamento acima do nosso.

Colin Emerson Archer, *o Terceiro*, tira o chapéu e se curva com excessiva cortesia:

— Srta. Van Housen.

Inclino a cabeça:

— Sr. Archer.

Ele pigarreia.

— Por favor, me chame de Cole.

Há um silêncio constrangido enquanto eles esperam que eu diga meu primeiro nome. Mas não faço isso. No meu ramo, todos os desconhecidos devem ser encarados com suspeita.

O Sr. Darby pigarreia.

— Da próxima vez que sair, mocinha, seria bom se desse um pulo aqui para saber se preciso de alguma coisa. Uma xícara de chá pelas manhãs cairia bem.

Ele meneia a cabeça em direção à minha cesta, que ainda está cheia, apesar do esbarrão. Meu queixo cai. Será possível que esse seja o mesmo vizinho que me brindou com pouco mais do que resmungos durante as últimas semanas? Que velho esquisito. Escuto todos os tipos de pancadas estranhas vindas do seu apartamento, dia e noite, mas não faço ideia do que poderiam ser. Ele me dá um olhar zangado.

Inesperadamente, Cole solta uma gargalhada que enche a portaria e desfaz a tensão. Ele pode ter esse ar de professor britânico, mas seu riso é uma delícia.

— E o senhor acabou de me repreender pela minha etiqueta! – diz ele para o Sr. Darby.

— Sou velho. Gozo de impunidade.

— Vou lhe trazer um pacote de chá da próxima vez que sair – prometo a ele, já começando a subir as escadas. De repente, me ocorre que moças respeitáveis provavelmente não ficam na portaria dando trela para rapazes desconhecidos. É claro, por causa de meu trabalho, houve muitos desconhecidos na minha vida, mas meus novos vizinhos não precisam ficar sabendo disso.

— Foi um prazer conhecê-la, Srta. Van Housen. – Cole estende a mão.

Engulo em seco. Geralmente, tento evitar qualquer contato físico com as pessoas – é a maneira mais fácil de evitar ser bombardeada pelas emoções delas. E, ao contrário de minhas visões, esse é um "dom" que posso de fato controlar, embora, às vezes, como agora, seja inevitável.

— Igualmente — digo com minha voz mais educada.

No momento em que nossos dedos se encontram, um choque de estática percorre nossos corpos, tão forte que sinto um tranco no coração. Paralisados, sentimos o choque ir morrendo em pulsos elétricos, uma espuma que viaja entre nossas mãos e pontilha minha pele como bolhinhas efervescentes. Arranco a mão da dele.

Seus olhos se arregalam de susto, mas ele se recompõe depressa e meneia a cabeça com a mesma amabilidade excessiva.

O Sr. Darby olha para nós, a perplexidade estampada em suas feições enrugadas.

Retribuo seu meneio. Geralmente, quando toco em alguém, tenho apenas a intuição de como a pessoa está se sentindo, não um choque elétrico, mas, se ele pode fingir que nada aconteceu, eu também posso. Ainda tremendo, começo a subir as escadas em direção ao meu apartamento.

Lanço um rápido olhar de soslaio ao abrir a porta de casa. No andar de baixo, Cole está olhando para mim, a luz que vem pela porta ainda aberta lançando uma penumbra incandescente ao seu redor. Ele torna a me dar outro meneio de cabeça e eu entro no apartamento, o coração palpitando violentamente. Paro, ofegante, encostando as costas à porta.

Uma visão incomum, Harry Houdini na cidade, e um jovem desconhecido se mudando para o apartamento de baixo. E ainda não é nem meio-dia. Talvez levar uma vida pacata e respeitável seja um desafio maior do que imaginei.

A primeira coisa que faço ao entrar no apartamento é prestar atenção para ver se ouço sons que indiquem a presença de minha mãe. A lembrança da visão de seu rosto aterrorizado ainda dá voltas na minha cabeça. Escuto vozes vindas da sala, e meu alívio ao reconhecer a dela é rapidamente substituído pela irritação ao também reconhecer o sotaque do nosso novo empresário francês.

Abano a cabeça, deixando os devaneios de lado, guardo as compras e passo um pano na bancada da cozinha, na esperança de que a rotina doméstica que criei ao me mudar para cá acalme meus nervos. Eu nunca tinha tido minha própria cozinha antes, e, embora seja um tanto estreita, é clara e ensolarada, e eu simplesmente adoro o fato de ser normal.

Apesar das mãos ocupadas, minha mente é arrastada de volta ao novo vizinho. Certamente aquilo não foi uma interação normal com um rapaz. Por outro lado, que sei eu sobre interações sociais normais?

Mas agora as coisas mudaram. Minha mãe e eu estamos com um pé na boa sociedade. Adquirindo um mínimo de respeitabilidade, vamos poder expandir nossos negócios noturnos a fim de incluir a nata da sociedade nova-iorquina, e, assim, cobrar quantias cada vez mais altas.

De cara amarrada, coloco o bule de chá e as xícaras numa bandeja e os levo pelo corredor.

– Bom dia, meu bem – diz minha mãe quando entro na sala, sem saber como minha presença vai ser recebida. Mas não percebo sinais da tensão da noite passada quando ela me agradece pelo chá.

Jacques se levanta e toma a bandeja de minhas mãos. Ele a coloca sobre a mesa, e em seguida serve uma xícara para si mesmo.

– Bom dia, Anna. Espero que tenha dormido bem, *oui*?

As palavras soam com fria civilidade, e eu respondo no mesmo tom:

– Sim, senhor. Obrigada.

– Por favor, Anna, me chame de Jacques.

Sorrio, mas não digo nada. Monsieur Mauvais e eu estamos estudando um ao outro com cautela desde que nos conhecemos em Chicago, meses atrás. Ele está fazendo maravilhas pela nossa carreira, mas isso não faz com que eu goste mais dele. Para mim, Jacques é apenas mais um numa longa série de empresários vigaristas e cheios de lábia que se aproveitaram de nós. Arqueio uma sobrancelha para minha mãe.

Ela percebe que estou curiosa para saber o que ele está fazendo aqui, mas se recusa a me dizer. Um halo de fumaça de cigarro rodeia sua cabeça. Foram-se as tranças longas e cheias com que eu costumava brincar quando era pequena. A moda agora exige que as mulheres cortem o cabelo o mais curto possível, embora poucas tenham um resultado tão bom quanto o de minha mãe. Sinto falta do seu cabelo comprido. Dava a ela um ar mais maternal.

– Sim, Anna, como você dormiu? Tive a impressão de que estava um pouco agitada quando foi se deitar.

Experimento uma sensação de desconforto no estômago. Como então, ela não se esqueceu da noite passada.

– Já disse que dormi muito bem!

Felizmente, Jacques intervém:

– Já ia quase me esquecendo da razão por que vim aqui. Quero incluir mais dois números antes do seu para realçar seu papel de destaque aos olhos do público. Isso lhe daria um certo prestígio.

Grata pela interrupção, eu me acomodo na funda poltrona de couro em frente a eles, minha cabeça voltando à discussão. Que começou quando perguntei a ela por que não queria que eu incluísse truques mais complexos no meu repertório de mágicas. Eu estava no corredor, vendo-a se preparar para ir dormir. Ela estava sentada à penteadeira, passando Creme Pond's no rosto.

— Porque não é necessário — disse ela, com um ar contrariado. — Sua mágica apenas leva ao número principal, que é *a minha* apresentação. Por favor, meu bem, já discutimos isso antes. Por que temos que começar tudo de novo?

Porque, pelo menos uma vez na vida, eu gostaria que ela reconhecesse que sou exímia no que faço, e que minha mágica é uma parte importante do show. Mas ela não quis dar o braço a torcer, por isso mudei de tática:

— Se ampliássemos o meu repertório, o show agradaria a mais pessoas e se tornaria um sucesso, e nós não precisaríamos mais realizar as sessões.

— Sua resistência às sessões está se tornando tediosa. Jacques e eu temos uma estratégia profissional, e as sessões são uma parte importante dela. Sinceramente, não sei por que isso a incomoda tanto.

Talvez porque eu esteja cansada de vê-la sendo arrastada para a cadeia por infringir as leis que proíbem as sessões? Porque finalmente tenho um lar de verdade, e o preço de um escândalo seria nosso show? Porque estou tentando levar uma vida normal e não quero que sua ganância a destrua? Mas não ouso expressar esses pensamentos para minha mãe, por isso apenas me calo, ressentida. Como sempre.

Minha mãe bate palmas, e o sobressalto me traz de volta ao presente.

— Incluir mais números iniciais é uma ideia magnífica! — diz ela.

Realmente é uma boa ideia, mas não vou dizer isso a Jacques.

— Não está um pouco em cima da hora? — provoco-o. — Passamos o último mês fazendo shows promocionais por toda a cidade para divulgar nossa estreia amanhã à noite. Isso não deveria ter sido pensado há séculos?

Escondo um sorriso ao ver Jacques enrubescer. Seus olhos escuros são expressivos, mas não deixam transparecer nada, e ele usa o cabelo preto penteado para trás, com as pontas viradas sobre a lapela do terno bem cortado. Ele se mudou para os Estados Unidos muitos anos atrás a fim de promover melhor seus números franceses e tentar a sorte na florescente indústria de entretenimento norte-americana.

— Não seja difícil, meu bem. — Minha mãe me ignora com um gesto de desdém, voltando sua atenção para Jacques. — E que tipo de número deveríamos incluir? Hum?

Afundo na poltrona, furiosa, observando-o bebericar meu chá. Meus dedos se retorcem, agitados, e eu pego o maço de cartas na mesa. Embaralhá-las me acalma.

— Não precisamos de outra médium ou mentalista – prossegue ela, sem esperar por uma resposta. – Talvez um mágico? Ou então… por que não fazemos algo totalmente diferente? – Ela enverga seu robe vermelho bordado e chinelos caseiros com o porte de uma rainha, como se já estivesse vestida para o resto do dia. Observo sua maquiagem impecável. Ela devia estar sabendo que Jacques viria hoje de manhã.

— Excelente! – Jacques balança a cabeça. – Nem eu quero um mágico. Não queremos ninguém que possa competir com Anna, embora eu até tenha visto alguns mágicos que poderiam. – Minha mãe fica séria, mas Jacques não nota. Ele devia ter dito que não quer ninguém que possa competir com ela. Minha mãe é muito ciosa do seu status de estrela do show, e percebo, pelos súbitos vincos na sua testa, que Jacques acaba de atribuir à minha participação uma importância maior do que ela está disposta a reconhecer.

— Que tal um número com um jovem cantor? – prossegue ele, alheio à gafe. – Seguido por um número de dança? Para dar uma animada no pessoal da sociedade. Mas nada muito longo. Não queremos que fiquem impacientes.

— Você tem alguém em mente? – pergunto, tentando distrair minha mãe do comentário dele, embora me sinta intimamente lisonjeada pela alta conta em que ele tem meu trabalho.

Ele assente, enfático. É claro que ele tem alguém em mente. Sinto uma enorme irritação. Jacques é especialista em fazer minha mãe achar que foi tudo ideia dela, quando na verdade já estava planejado. Provavelmente isso já está arranjado há semanas.

— Um jovem cantor assinou contrato comigo recentemente, e também conheço um grupo de dança que está à procura de um show.

— Maravilha. – Minha mãe se reclina regiamente sobre o sofá, seus olhos acesos ao discutir os novos números iniciais com Jacques, cuja gafe já foi perdoada.

Justiça lhe seja feita, a pequena Maggie Moshe de Eger, Hungria, percorreu uma longa estrada até se tornar Madame Marguerite Estella Van Housen. Nossa fortuna aumentou e diminuiu ao longo dos anos, mas minha mãe nunca perdeu sua fleuma inabalável. Quer esteja em uma humilde casa de cômodos ou nos salões dos ricos, ela é sempre a mesma – régia, misteriosa e totalmente senhora de si.

Talvez eu a admirasse, se ela não fosse minha mãe.

— Vou tomar as providências ainda hoje – promete Jacques, servindo-se de outra xícara de chá e nos dando um sorriso benevolente. – Será que você e Anna estão prontas para a fama?

— É claro que sim, eu sempre estive pronta. — Os lábios de minha mãe se curvam num sorriso.

— E você, Anna? – pergunta Jacques, virando-se para mim.

— Anna nasceu pronta.

Aperto os lábios quando minha mãe responde por mim. Como se eu não pudesse falar por mim mesma.

Ela encaixa outro cigarro numa longa piteira preta e se inclina para que Jacques o acenda. Quando a chama brilha, os olhos dela se fixam em mim.

— Anna e eu tivemos uma discussão interessantíssima ontem à noite.

Começo a me remexer, meu pescoço e ombros se retesando. Sou eu que ela vai punir pelo impensado comentário de Jacques.

— Tiveram? – Os olhos de Jacques pulam de mim para minha mãe, como se ele intuísse a tensão.

— Sim, tivemos. Parece que nossa Anna está ficando um pouco entediada com as nossas sessões privadas.

"Entediada"? "Entediada" não dá nem para começar a descrever como me sinto em relação a elas. Eu *odeio* extorquir dinheiro de pessoas inocentes que estão sofrendo. Mas, no momento em que tento dizer a minha mãe o que penso – que talvez devêssemos abandonar as sessões e apenas fazer os shows –, esse é o resultado.

Jacques franze a testa, as pontas do bigode sedoso tornando a apontar para baixo.

— Mas eu achei que todos tínhamos concordado que algumas sessões exclusivas por mês lhes dariam um cachê extra... – Ele se vira para mim e o vinco em sua testa se acentua. – Com os shows e as sessões, vocês podem ganhar uma fortuna.

Ainda não realizamos nenhuma sessão desde que viemos para Nova York, e sou grata pela pausa. A primeira sessão é amanhã à noite, depois da estreia. A lembrança faz meu estômago dar voltas.

— Foi o que eu disse a ela, mas os filhos às vezes são tão ingratos – diz minha mãe, me encarando.

Abaixo o rosto. Jacques cruza as pernas compridas e eu fico observando suas calças listradas para não ter que enfrentar os olhos de minha mãe.

— Quem sabe Anna não gostaria de ter uma participação maior nos lucros?

Mesmo sem ouvir, sinto minha mãe sibilar de raiva. Meus olhos fixam os dele:

— Minha mãe sabe muito bem que não e, se não sabe, deveria saber.

Nossos olhos se chocam e há um longo momento de tensão entre nós.

— É claro que não – minha mãe finalmente rompe o silêncio. – Eu divido tudo com Anna. Além disso, ela é responsável pelas nossas finanças desde os doze anos de idade. Confio plenamente nela.

Isso não é verdade, e ambas sabemos. Não acho que minha mãe já tenha confiado plenamente em alguém.

— Então – Jacques pigarreia –, talvez Anna queira ter uma participação maior no show? Isso não seria de surpreender, considerando…

Ele arqueia uma sobrancelha e eu faço que não com a cabeça, dando-lhe um olhar furioso. Considerando quem meu pai é, foi o que ele quis dizer. Ou, pelo menos, quem minha mãe alega que meu pai é. Apesar de querer fazer truques melhores, não quero uma participação maior no seu show. Eu quero… Bem, não tenho muita certeza do que quero, mas passar o resto da vida executando velhos truques batidos – os únicos que ela permite – e trabalhando como sua assistente não pode ser tudo que a vida tem a me oferecer.

O sorriso de minha mãe não chega a alcançar seus olhos.

— Sim, claro. – Ela torna a dar de ombros com afetação, e eu sei que isso é um mau sinal.

Preciso prestar muita atenção ao que digo. Tomar cuidado na presença de minha mãe é um estilo de vida.

Resolvo passar a manhã seguinte em casa, para poder ficar perto de minha mãe apesar de ainda estar irritada com ela. Nunca tive uma visão sobre minha vida antes – elas sempre foram sobre catástrofes mundiais. Não sei o que isso quer dizer, mas a lembrança do pavor de minha mãe é o suficiente para que eu interrompa minha rotina e fique de olho nela.

Passamos a tarde nos preparando para o show. Minha mãe gosta de tomar banho e se vestir em silêncio, por isso tomo cuidado para não perturbá-la. Quando Jacques manda a chique Limousine Lincoln nos apanhar, já estamos prontas. Minha mãe veste um modelo largo, de inspiração egípcia, com mangas curtas, e eu um lindo vestido reto de seda, com cintura baixa e mangas morcego. Como sou eu que faço a maior parte dos truques, mangas compridas e largas são essenciais, não apenas porque encobrem vários objetos, como também porque distraem a plateia. Hoje, minha mãe insistiu que ambas usássemos faixas de cabeça com penachos de plumas, e delineou nossos olhos com kajal para deixá-los maiores e mais misteriosos.

Os confortáveis assentos de couro do automóvel me cercam, e eu trato de esquecer o estrago que o nervosismo faz em meu estômago. Quando subir ao palco, vou ficar bem, mas a estreia de hoje é importante para nós.

Comecei a trabalhar como assistente de minha mãe mais por necessidade do que por qualquer outro motivo. Não podíamos arcar com o salário de um assistente profissional. Além disso, eu já vinha assistindo a mágicos do segundo time praticarem havia anos, e levava jeito para a prestidigitação. Outra prova, minha mãe insistia, da identidade de meu pai. Meu talento não bastava. Santo Deus, não mesmo. *Sempre* era uma consequência da minha filiação.

Remexo-me no assento e olho pela janela. O Newmark Theater fica perto da Broadway com a 42, e minha excitação cresce quando passamos pelas marquises iluminadas. Minha mãe permanece em silêncio ao meu lado, pronta e imóvel, como um gato prestes a dar o bote.

Não sei bem quando me dei conta de que ela não era como as outras mães. É difícil saber o que é normal quando você viaja o tempo todo. Mas, quando eu tinha nove anos, nós passamos tempo bastante em Seattle para eu fazer uma amiga. A mãe de Lizzie não passava as noites se apresentando ou indo jantar com estranhos. Em vez disso, ela ficava em casa e fazia uma comida deliciosa. Estava sempre abraçando os filhos e tinha uma risada sonora, afetuosa.

Minha mãe, com seu humor volúvel e língua afiada, era, e ainda é, aterrorizante.

O carro para e espero que ela saia, para então segui-la. Ela caminha tranquilamente para o teatro, ignorando a fila de gente que espera para comprar ingressos. Mal posso acreditar que todas essas pessoas estejam aqui para nos ver. Sou obrigada a reconhecer que Jacques fez um belo trabalho de divulgação. O teatro fica num edifício alto, da fachada clássica, com colunas brancas assinalando a entrada. A marquise sobre a porta exibe o nome de minha mãe em letras garrafais:

MADAME VAN HOUSEN, MÉDIUM & MENTALISTA PRODÍGIO

Meu nome, claro, não aparece.

Não tendo herdado a fleuma de minha mãe, não consigo deixar de encarar a multidão, boquiaberta. Casais esperam na fila, de braços dados, conversando, rindo e fumando. Os homens em suas casacas pretas de abas duplas parecem sombrios, quase sinistros em contraste com as cores vivas das melindrosas em seus ousados casacos de pele curtos e vestidos franjados de musseline, tule e seda.

Geralmente, essa opulência dos foyers, com seus veludos vermelhos, não se estende até os fundos dos teatros. Os camarins são notoriamente escuros e apertados. Foi uma agradável surpresa constatar que o nosso era espaçoso, quando Jacques nos levou para fazer a prova de figurino.

Lá chegando, um assistente me traz uma cesta de papéis. Cada um deles contém uma pergunta de um espectador já sentado na plateia. Lanço um olhar para minha mãe, recebendo as deixas dela.

– Vamos fazer oito hoje à noite – sentencia ela, retirando o xale e largando-o num sofá de veludo. – É a nossa estreia.

Concordo com a cabeça e começo a ler os papéis, marcando com um X vermelho as perguntas mais fáceis de responder. Mais tarde, durante o show, ela vai selecionar algumas "aleatoriamente" e assombrar a plateia com sua "clarividência". O truque é tão simples, que é difícil de acreditar que as pessoas caiam nele. Mas, como minha mãe costuma dizer, as pessoas acreditam naquilo em que querem acreditar.

Enquanto trabalho, minha mãe retoca a maquiagem. Ela sempre fica em silêncio antes de uma apresentação. Meu coração palpita de expectativa, mas tento não deixar transparecer. Jamais contei a ela o quanto adoro praticar o ilusionismo, até mesmo velhos truques batidos. É um segredo que guardo a sete chaves, com medo de que ela comece a perseguir minha vocação se eu a revelar. Às vezes faço de conta que estou estrelando meu próprio show. Que as pessoas na plateia estão esperando ansiosamente apenas para me ver. Fico eletrizada com essa ideia, mas me pergunto que lugar ela teria na vida discreta e estável pela qual também anseio. Às vezes, não sei o que quero.

Alguém bate à porta, mas não abro. É outro assistente com um gigantesco buquê de rosas vermelhas para minha mãe e outro, um pouco menor, de rosas brancas, para mim. Foi Jacques quem os mandou, o que faz com que meu entusiasmo diminua consideravelmente.

Minha mãe fica admirando as flores até outro assistente bater à porta, para nos avisar que está na hora. Ela se vira para mim com um sorriso que me desarma.

– Estamos prontas? – pergunta, como sempre.

– Mais prontas do que nunca – respondo, retribuindo seu sorriso.

Quer estejamos em um hotel feio e barato em algum cafundó do judas ou em um teatro chique, nossa rotina pré-apresentação é sempre a mesma.

– Vamos surpreendê-los?

– Nós sempre os surpreendemos.

Então, ela me dá a mão e, juntas, seguimos o assistente por um estreito corredor que leva até o palco. Trato de vistoriar rapidamente o palco às escuras, para me certificar de que nosso material está no lugar. O arranjo já foi conferido por Jacques e pelos contrarregras, mas gosto de conferir tudo mais duas, três, quatro vezes.

Por um longo momento, apenas esperamos, o fôlego preso, o tempo se estendendo por uma eternidade, a excitação explodindo no meu peito. Quando a cortina vermelha sobe, minha mãe solta minha mão e avança.

Por causa dos refletores, sua silhueta é tudo que vejo quando a cortina de veludo ascende silenciosamente na escuridão. O refletor cegante parece um sol raiando no horizonte. Embora eu não enxergue as pessoas na plateia, a fragrância dos perfumes e a fumaça dos charutos caros me garantem sua presença, bem como as palmas educadas, excessivamente comedidas.

Ótimo. Quando a noite terminar, eles serão fãs ardorosos de minha mãe. Ao contrário de outros médiuns e mentalistas, ela usa de um humor irônico nas suas apresentações que desarma a plateia. Enquanto outros recorrem ao trinômio escuridão, teatralidade e engodos, Madame Van Housen faz tudo com uma piscadela e pergunta: "Dá para acreditar nisso?" O teatro vem abaixo.

– Muito obrigada, senhoras e senhores! – Sua voz se projeta a cada canto da sala sem nada perder de sua delicada feminilidade. Ela permanece no mesmo lugar até seus olhos se acostumarem com a luz forte do refletor, depois avança com elegância para que a plateia possa vê-la melhor. Sua beleza morena e delicada desabrocha como um botão de flor. – Espero que gostem do espetáculo desta noite e, principalmente, que aprendam algo sobre o mundo dos espíritos. Pode ser um lugar sombrio e perigoso.

Minha mãe se cala, enquanto a plateia reflete sobre suas palavras. Em seguida, um sorriso travesso franze seu nariz. Quase se pode ouvir a plateia relaxar.

Ela prossegue:

– Fui agraciada com a habilidade de ler mentes e prever o futuro, como alguns de vocês poderão constatar. – Tornando a se calar, ela vacila sobre as pernas.

É minha deixa. Saio correndo da escuridão e a amparo. Ela me dá um tapinha no ombro e olha para a plateia com um sorriso trêmulo. – Sinto muito. Acabei de ter uma sensação fortíssima de que alguém aqui vai se unir ao mundo dos espíritos em breve.

Alguém solta um grito e sai correndo do teatro. Um dos nossos. Minha mãe espera até o estrondo da porta batida reverberar pelo auditório.

– Se alguém mais se sente desconfortável, fique à vontade para ir embora. – Ela aperta as mãos, olhos postos no chão, parecendo uma grave madona.

Ninguém jamais move um músculo. Em todos os nossos muitos anos de carreira, ninguém jamais foi embora.

– Essa é minha filha e assistente, Anna – diz minha mãe, virando-se para mim. – Ela vai entretê-los com um pouco de mágica enquanto esperamos que os espíritos respondam à minha presença.

Embora me apresente como sua assistente, na realidade ela é muito mais minha assistente do que eu dela durante essa parte do show, o que nos deixa tensas e constrangidas, embora nenhuma de nós jamais tenha admitido isso. Minha mãe detesta que eu seja o centro das atenções, e eu detesto ter que depender dela. Aprendi cedo na vida que minha mãe não é exatamente o tipo de pessoa de quem se possa depender.

Começo com truques fáceis – fazer uma gaiola de pombos rabugentos desaparecer e reaparecer em outro lugar, cortar uma corda em pedaços e torná-la inteira novamente, retirar um lenço de uma bola de fogo. Minha mãe é hábil em distrair os olhos da plateia enquanto faço a prestidigitação que os truques exigem.

Nós nos comunicamos por gestos e olhares. Uma piscadela significa "continue", um pulso girado quer dizer "pule para o próximo truque e siga em frente".

A plateia solta exclamações de assombro nos momentos certos, e meus gestos se tornam mais dramáticos à medida que vou me aquecendo. Encantar a plateia é a melhor parte, a parte que adoro. Detesto quando as pessoas chamam o ilusionismo de farsa. O que minha mãe faz é uma farsa. O que eu faço é *entretenimento*.

Enquanto trabalho, meus sentidos se tornam aguçadíssimos e um milhão de detalhes me passam pela cabeça: a localização da plateia em relação ao ponto e à forma como me posiciono, a movimentação de minha mãe, até mesmo o estado de espírito coletivo dos espectadores na primeira fila.

O show está indo bem. Minha mente se ilumina de excitação. A plateia nunca esteve tão atenta, nunca as luzes do palco brilharam tanto. Quando finalmente paro, estou respirando com força e meu coração martela nos ouvidos. Os aplausos são ensurdecedores quando minha mãe se posta ao meu lado com um sorriso insincero.

– Como podem ver, minha filha Anna é uma moça fora do comum.

A plateia se apaga e a realidade se impõe. Minha mãe está furiosa. Posso ver isso pela rigidez de seu queixo e a linha tensa de suas costas.

Por quê? Ela está zangada comigo por eu ser boa no que faço?

– Ela lê músculos tão facilmente quanto leio pensamentos – prossegue minha mãe. – Agora, vamos vendá-la e escolher alguém na plateia para esconder uma agulha. Apenas encostando no braço dessa pessoa, minha filha será capaz de encontrar a agulha.

O contrarregra traz uma venda e minha mãe a amarra, apertando-a com muito mais força do que o necessário para mostrar sua irritação.

Ouço sussurros enquanto o voluntário esconde a agulha.

Minha mãe sempre demonstra senso de humor ao escolher o voluntário. Às vezes é um rapaz bonito que me faz corar. Outras vezes é um sujeito gordo, de cara vermelha, com mau hálito. Hoje, minhas chances de ser mau hálito são de nove em dez.

Começamos a apresentar esse truque no ano passado, depois de vê-lo no número de uma rival. Minha mãe tentou fazê-lo inúmeras vezes, mas não conseguiu, e eu sinto uma satisfação infantil por ser capaz de realizá-lo com a maior facilidade todas as vezes. Chama-se "leitura de músculos", e a pessoa que for lê-los deve ser capaz de localizar a agulha pela tensão no braço do espectador ao ser conduzida por ele pelo teatro. Mesmo habilidosa como é, minha mãe simplesmente não consegue detectar os sinais. Eu, ao contrário, tenho um índice de sucesso de cem por cento. Naturalmente, minha mãe não sabe a razão.

Ela me conduz para fora do palco e pousa minha mão sobre o braço de alguém. Eu o seguro, ignorando todos os sons e cheiros do teatro, para tentar me conectar à pessoa a meu lado. Na minha imaginação, é como um cordão ou fio de prata que se estende de mim para a outra pessoa. Durante anos pensei que todo mundo experimentasse o mesmo ao tocar os outros, que todo mundo se comunicasse num nível mais profundo que o das meras palavras ou atos. E imaginei que essa era a razão por que as pessoas trocavam apertos de mão ao se cumprimentarem. Mas a realidade desmentiu minha tese. Por que minha mãe não era capaz de saber quando um empresário ia fazer uma falseta e dar no pé? Ou que aquela mulher simpática na pensão estava apenas colhendo informações para o delegado? Tudo parecia tão óbvio para mim. A essa altura, eu já sabia o bastante para ficar de boca fechada. Minha ambiciosa mãe seria perfeitamente capaz de me transformar numa aberração de circo para impulsionar sua carreira. Ou, talvez, em uma crise de ciúmes, simplesmente me cortar do show. Não há como saber.

Geralmente, a primeira emoção do espectador que capto ao fazer esse truque em particular é a sua empolgação por ser escolhido, logo substituída pela dúvida quanto à minha capacidade de realizá-lo. Mas esse homem – porque é o braço de um homem que sinto sob os dedos – é diferente. Ele está extremamente curioso a meu respeito. Sinto sua expectativa mal contida. Há também a sutil vibração de uma energia reprimida emanando dele, como se tivesse erguido uma barreira que mal se sustenta. Nunca senti algo semelhante. Perplexa, deixo que ele me conduza pelo teatro, tentando captar suas outras emoções. Normalmente, o guia fica um pouco agitado quando nos aproximamos da agulha, mas isso não acontece dessa vez. Ele parece calmo, paciente. Mas há alguma outra coisa. Uma emoção que não consigo identificar. Sou tomada de pânico e meu coração dispara. Já demorei demais. Será que vou ter que ficar perambulando pelos corredores suntuosos do teatro até a plateia perceber que falhei?

Investigo novamente, minha mão apertando seu braço com mais força, sentindo gotas de suor brotarem em meu rosto. De repente, me ocorre com tanta clareza que é como se ele próprio tivesse me sussurrado. Interrompo meus passos bruscamente, um sorriso astuto se delineando em meus lábios:

– Muito esperto! – digo, projetando a voz para que todos possam me ouvir. – O cavalheiro escondeu *duas* agulhas! Uma ali – gesticulo vagamente em direção ao centro do teatro –, e uma no bolso. A do bolso era a que eu estava procurando. A outra é uma isca!

Rindo, arranco minha venda.

E olho para o belo rosto de Colin Archer.

Seus olhos estudam os meus por um momento antes de ele se curvar e beijar minha mão, cerimonioso.

– Muito bem, Srta. Van Housen – diz em voz baixa. – Realmente impressionante. Passou no teste com louvor.

A surpresa causada por suas palavras faz com que eu permaneça calada ao voltarmos para o palco sob os aplausos ensurdecedores da plateia. *Teste? Será que minha mãe sabia desse teste?*, penso, indo para perto dela no palco. E que tipo de teste foi, afinal?

Maquinalmente, faço uma reverência e aceno para a multidão. Agora é a vez de minha mãe surpreender e deslumbrar.

Trago para ela a cesta com as perguntas da plateia e misturo-as no fundo do palco, enquanto ela responde às que pré-selecionei. Em seguida as luzes diminuem de intensidade, e ela vai chamando os espectadores e fingindo ler seus pensamentos. Um dos empregados do teatro foi escolhido para conversar com eles quando entraram, e depois foi passar as informações para minha mãe. Jacques também ajudou. Ele sabe tudo sobre todo mundo na sociedade nova-iorquina, e enviou convites especiais para a grande estreia. Depois de ver quem estaria na plateia, nos contou várias fofocas, que agora estão sendo usadas no número.

Escondo um sorriso ao ver a incrível Madame Van Housen fazendo revelações sobre uma robusta senhora cujo turbante ornado de pedras de strass cintila com seus movimentos. A plateia solta exclamações de choque e assombro com as "visões" de minha mãe.

A verdade é que minha mãe não é de fato uma mentalista, médium ou ilusionista. Ela é apenas uma atriz com a habilidade de fazer as pessoas acreditarem no que ela quer que acreditem. E, no final do show, quando nos curvamos para agradecer os aplausos estrondosos, temos várias centenas de novos fãs que acreditam em nós.

Depois do show, a noite se torna uma roda-viva de cumprimentos e entrevistas. Respondo às perguntas dos jornalistas com frases ensaiadas:

– Sim, é claro, adoro me apresentar ao lado de minha mãe.
– Não, não senti falta de ter uma infância normal. Adoro viajar!
– Sempre adorei o ilusionismo, então me pareceu natural incluir alguns números no show de minha mãe…

Em seguida, poses para fotos ao lado de minha mãe. *Clic, snap, puf.*

Quando finalmente voltamos para nosso apartamento, estou exausta.

– Vá fazer um café – ordena minha mãe, ríspida, depois de meu terceiro bocejo. Sua simpatia desapareceu junto com os jornalistas. Ela acende a luz. – Preciso de você acordada.

É claro que precisa. Chegou a hora do *grand finale* da noite, a sessão "legítima", que será realizada para alguns dos grã-finos mais chiques da cidade.

Fico imaginando o que ela faria se eu me recusasse a participar.

Pensando bem, não quero descobrir. Ela tem um gênio do cão e, embora nunca tenha batido em mim, já a vi deixar muitos marmanjos de joelhos com um pequeno soco no lugar certo.

Ainda falta uma hora para a meia-noite, quando os "convidados" chegarão. Preparo um bule de café, sirvo uma xícara e a levo para minha mãe, que está se arrumando para seu próximo "número". Geralmente ela veste alguma coisa mais misteriosa nas sessões. Já, eu, posso usar o que quiser.

Ela dá um passo no corredor, mas então se vira:

– Como você sabia das duas agulhas? – Seu cenho se franze de perplexidade.

O bule em minhas mãos oscila quando estou servindo uma xícara para mim mesma. Coloco-o na mesa desajeitadamente e apanho um pano para enxugar o café derramado. *Então, ela não sabia.* Começo a enrolar, evitando seus olhos:

– Como assim? Da mesma maneira que eu sempre sei. Não é tão difícil. E com aquele sujeito foi muito fácil...

– Hum – é tudo que ela diz.

Silêncio.

Seguido pelo toc-toc cadenciado de seus saltos enquanto ela se afasta pelo corredor.

Respiro fundo. Não preciso de quaisquer poderes especiais de percepção para saber que esse não foi o fim da discussão.

Minha mãe permanece no quarto por mais uma hora, deixando-me sozinha para cuidar dos preparativos e me dando tempo bastante para pensar em Colin Archer. Será que ela sabe que ele mora no apartamento de baixo? Por que outro motivo ela o escolheria em meio a centenas de espectadores? Não acredito em coincidências, mas, por outro lado, ela realmente não parecia estar sabendo das duas agulhas.

Quando a primeira batida soa à porta, já estou totalmente desperta e de prontidão, como sempre. Um calafrio de tensão me percorre a espinha no momento em que vários convidados entram na sala. Tenho tantas lembranças ruins associadas a essas sessões que nunca vou poder relaxar durante uma. Certa vez, depois de uma sessão ser interrompida pela polícia e minha mãe levada para a cadeia, uma bondosa moradora da cidade me enrolou numa manta e me levou para sua casa. Eu só tinha sete anos, mas nada do que ela disse conseguiu me convencer a sair da janela da sala. Cheguei mesmo a dormir sentada no vão da janela, o rosto encostado na vidraça. Três dias depois, tive minha primeira e única crise histérica ao ver minha mãe avançando pelo caminho com nossas malas.

Ainda hoje, o hábito me obriga a avaliar incessantemente os nossos convidados, com uma única pergunta crucial em mente: *Será que estamos seguras?*

Corro os olhos discretamente pela sala, observando o grupo da alta sociedade que veio desfrutar o extraordinário conjunto de talentos de minha mãe. O cavalheiro entediado, usando uma loura coberta de joias pendurada no braço como se fosse a última moda em matéria de acessórios, tem o tipo de um desses grã-finos que jamais trabalharam um dia na vida, e provavelmente não se daria ao trabalho de prestar queixa às autoridades, mesmo que acreditasse ter motivos para tanto. E a mulher de busto farto, cujo *pince-nez* não para de lhe escorregar pelo nariz, parece mansa demais para nos denunciar.

Jacques observa do fundo da sala. Ainda estou perplexa com o pequeno número de presentes. Sei que a sessão deveria ser para um grupo seleto, mas não vale a pena ter todo esse trabalho por causa de três pessoas. Como se tivesse combinado, alguém bate à porta, e minha mãe faz um gesto para que eu atenda.

Colin Archer.

O choque me paralisa na soleira da porta e eu o encaro, muda. O que é que minha mãe está tramando?

– Srta. Van Housen. – Ele me cumprimenta em voz baixa, mas por algum motivo sinto um frio na espinha. Quem é esse sujeito? Por que vive aparecendo? Será que é um tira?

– O senhor está aqui por causa da...

– Sessão. Exatamente.

E eu aqui esperando que ele tivesse vindo pedir uma xícara de açúcar emprestada. Meu coração acelera, mas apenas balanço a cabeça.

– Entre, por favor.

Acompanho-o pelo corredor até a sala de estar, onde os outros estão conversando. O rosto de minha mãe deixa transparecer um momento de perplexidade antes de Jacques avançar, mão estendida:

– Sr. Archer. Muito obrigado por se juntar a nós esta noite.

Dou um passo para o lado, enquanto Jacques o apresenta a minha mãe. Pelo visto, ela não sabia que ele vinha.

Mas Jacques sabia. Ele cochicha alguma coisa no ouvido dela, que arqueia a sobrancelha, dando um pequeno sorriso e um meneio de cabeça. Que será que eles estão tramando?

Observo Cole atentamente, enquanto desempenho minhas funções de anfitriã. Sua rápida vistoria de tudo e todos faz com que ele pareça ser tão desconfiado quanto eu, mas o fato é que ele está usando os sapatos errados para ser da polícia. São bem engraxados, de sola chata, e parecem ser do tipo que aperta o dedão. Policiais usam sapatos confortáveis e sempre parecem caminhar como se os pés estivessem doendo. Além disso, ele é um pouco jovem demais. E bonito demais. Mas, se não é um tira, por que está aqui?

– Anna – chama minha mãe. – Quer acender as velas, por favor?

Enquanto fico de olho em nossos convidados, minha mãe brinca com um maço de cartas de tarô, seus dedos compridos habilmente embaralhando e cortando as cartas enquanto ela espera que os clientes lhe digam o que querem. Ela bate com o baralho na mesa três vezes e me lança um olhar breve, para que eu dê a resposta.

Afasto com os dedos o cabelo para trás da orelha direita, anunciando que a cabine dos espíritos está preparada, para o caso de a sessão de hoje tomar esse rumo. A natureza de cada sessão varia, dependendo das necessidades e desejos dos clientes. Meu papel é estar preparada para cada variação possível. Considerando o fato de que não confio em nosso novo vizinho, torço para que ela não resolva usá-la.

As luzes bruxuleantes transformam nossa bela e aconchegante sala numa caverna sinistra, estampada com longas silhuetas fantasmagóricas. Quando nos mudamos, o apartamento já estava totalmente mobiliado, mas trocamos os móveis de lugar para encomprirar as sombras que se derramam sobre nossos convidados.

Percebo o casal lançando olhares curiosos para mim, e enrubesço de constrangimento. Minha mãe deve ter deixado escapar "por acaso" a identidade de meu suposto pai. Mais uma vez, sou reduzida à condição de filha ilegítima de uma celebridade. Arregalo os olhos e encaro a loura sem o menor pudor, meu olhar transmitindo todo o desprezo e raiva de que sou capaz. Para minha surpresa, em vez de ficar sem graça e se virar, ela me dá uma piscadela marota.

Cole tosse e eu me viro em sua direção. Ele também está me olhando, mas, em vez de prazer com a possibilidade de um escândalo, seus olhos escuros revelam curiosidade. Provavelmente, ele não ouviu os boatos. Não importa. Meu papel é ficar em segundo plano durante essa parte da sessão, por isso trato de me manter ocupada esvaziando cinzeiros, servindo salgadinhos e enchendo copos com a garrafa de gim que minha mãe guarda a sete chaves no seu estoque de bebidas proibidas.

Enquanto desempenho essas tarefas prosaicas, meu estômago dá nós de ansiedade à espera do momento inevitável em que as histórias dos presentes virão à tona, trazidas pelas hábeis perguntas de minha mãe. Cada vez que tocar uma daquelas pessoas, o que acontece com alguma frequência, vou ouvir sua dor e sentir sua perda tão intensamente como se fossem minhas. É um dos muitos ossos deste ofício.

A presença de Cole não está ajudando em nada, pelo contrário, está me deixando ainda mais nervosa do que de costume. Toda vez que eu me viro dou com ele me encarando, mas ele finge estar olhando para alguma coisa atrás de mim.

Enquanto minha mãe conversa em voz baixa com a mulher mais velha, em um dos cantos do aposento, Jacques, Cole e o casal da sociedade, Jack e Cynthia Gaylord, discutem espiritismo no outro.

— Acho fascinante a ideia de que as pessoas possam realmente se comunicar com os mortos. Pensem só nas coisas que poderíamos aprender! – diz a Sra. Gaylord com sinceridade. Ela olha para o marido à espera de confirmação, mas o encontra de olhos pregados no próprio copo, totalmente desinteressado.

— Como por exemplo…? – pergunta Cole. Seu tom divertido me faz esboçar um sorriso.

Por um momento, a Sra. Gaylord parece perplexa.

— Bem, todos os tipos de coisa. Há estudos muito importantes sendo conduzidos no momento. Uma organização em Londres está realizando um trabalho científico revolucionário no campo dos fenômenos paranormais. Corre até mesmo o boato de que eles possuem um laboratório secreto onde testam videntes e mentalistas autênticos. Mas é tudo altamente confidencial. – Ela se vira para mim. – Fico surpresa que você não tenha ouvido falar nela. Chama-se Sociedade de Pesquisas Paranormais.

A meu lado, Cole tem um sobressalto que arremessa sua bebida para fora do copo, ensopando o chão.

— Sinto muito. Que desastrado da minha parte.

Surpresa, corro até a cozinha e apanho um pano. Quando volto, os outros já se reuniram a minha mãe ao redor da mesa. Cole ainda está de pé, com um ar tenso e desolado.

— Sinto muito mesmo – insiste. – Sou meio sem-jeito-mandou-lembranças.

— Eu nunca teria adivinhado – comento sem pensar. – Você tem os gestos de um atleta. – Sinto o rosto ficar vermelho. *Agora ele vai saber que andei prestando atenção nele.*

— Ah. Hum… sim. De fato – responde ele, sem saber o que dizer.

Que maravilha. Agora estamos os dois constrangidos.

Levanto e abro um sorriso radiante:

— Está na hora de nos reunirmos aos outros.

Ele assente e se afasta. Depois de atirar o pano numa mesa próxima, sigo seus passos.

— Só quero saber se a senhora pode realmente se comunicar com meu querido filho, Walter — diz a mulher de óculos, fungando. — Ele morreu na guerra, sabe?

Minha mãe para de embaralhar as cartas e pousa os dedos finos sobre a mão roliça da mulher.

— Lamento pela sua dor, Sra. Carmichael. Que idade tinha Walter quando faleceu?

Cole solta um muxoxo.

— Por que não pergunta ao próprio Walter?

Isso é tão pouco característico dele que deixo escapar uma risadinha, surpresa. Transformo-a em tosse e observo-o conter o sorriso que curva seus lábios.

Minha mãe retesa e, em seguida, relaxa os ombros.

— É sempre mais difícil travar contato com os jovens. Preciso dessa informação antes de começarmos.

Cole volta a fazer silêncio. Não são muitos os homens que conseguem resistir ao sorriso de minha mãe.

— Ele tinha dezoito anos — conta a Sra. Carmichael em voz baixa.

Levo um choque. Pouco mais velho do que eu.

— Ó meu bom Deus.

— Sim. — As rugas da mulher mais velha se acentuam de dor, e eu tenho dificuldade de respirar ao sentir sua angústia. — Ele morreu de disenteria pouco depois de chegar à Europa.

— Farei o possível — promete minha mãe. Ela se vira para os Gaylord. O Sr. Gaylord tira um cigarro do bolso do colete e o acende. Sua jovem esposa se inclina para a frente, afoita, excitada.

— De que modo esperam se beneficiar com a sessão de hoje? — pergunta minha mãe.

— Ah, sei lá! — A loura encolhe os ombros ossudos, que estão no auge da moda. — Eu sempre me interessei por essas coisas... Eu me cansei da minha médium anterior, e quando falei com Jack sobre a senhora... Enfim, aqui estamos nós! — Ela dá uma risadinha. Posso sentir o desprezo de minha mãe. Cynthia Gaylord é uma curiosa, uma diletante, que provavelmente anda entediada com seu casamento em particular e com a vida em geral, e vive à procura de alguma coisa para preencher o vazio.

Mas o fato é que as Cynthias Gaylords do mundo são as melhores clientes de minha mãe.

— Pois é, aqui estão vocês — concorda minha mãe. Sou a única que percebe o escárnio velado em seu comentário.

Os olhos de Cole não param, observando a todos atentamente. Franzo a testa, minha coluna se aprumando. Por que ele está aqui? Pigarreio para chamar a atenção de minha mãe e coço o nariz, olhando furtivamente para o nosso vizinho. É o sinal de que talvez se trate de um cético, que veio nos desmascarar. Minha mãe o ignora. Ela já escolheu a mãe sofredora como alvo, e agora nada poderá detê-la. A Sra. Carmichael tem a dor e o dinheiro, os dois elementos que fazem dela a vítima perfeita. Os outros três clientes são supérfluos. Talvez o casal da sociedade traga os amigos qualquer hora dessas para se divertirem, mas a velha senhora voltará, e com a bolsa escancarada — minha mãe cuidará para que volte.

Termino de acender as velas e fico aguardando suas instruções.

— Traga o tabuleiro Ouija, meu bem.

Relaxo um pouco. Ótimo. Talvez ela não vá usar a cabine dos espíritos hoje. É o nosso número mais impressionante, mas também o mais perigoso, porque aqueles que sabem como a cabine funciona podem facilmente expô-lo, bastando para isso que revelem os compartimentos ocultos. O tabuleiro Ouija, por outro lado, é bastante simples. Minha mãe é tão habilidosa que ninguém jamais percebe que é ela mesma que o manipula.

Jack Gaylord finalmente desperta de sua indiferença:

— Foi para isso que gastamos o nosso dinheiro? Jogos de salão? Que tipo de truques pretende nos impingir, Sra. Van Housen?

Minha mãe se apruma e o fuzila com os olhos.

— Se deseja conduzir a sessão, Sr. Gaylord, por favor, fique à vontade. Geralmente eu começo com o tabuleiro a fim de atrair os espíritos, que são tímidos, principalmente na presença de céticos. — Sua voz lamentosa deu lugar a um tom autoritário digno de uma rainha. Minha mãe é a mulher das mil vozes, e sabe usar cada uma delas com a destreza de um açougueiro manipulando uma faca.

Faz-se silêncio por um momento, até que a Sra. Gaylord se remexe ao lado dele, inquieta:

— Ah, Jack, por favor. Não a interrompa. Você está estragando a minha diversão.

Ele faz um gesto, e eu, revirando os olhos discretamente, continuo aprontando o tabuleiro que minha mãe mandou importar de Londres. A madeira de teca brilha à luz de velas, e o ponteiro duro e liso zumbe baixinho ao toque de meus dedos, o que jamais acontece com minha mãe. Sei disso porque, uma vez, quando era pequena, eu perguntei a ela o que o fazia vibrar. Sua perplexidade fez com que eu sentisse uma pontada no estômago, e comecei a rir para dissipar o mal-estar. Nunca mais toquei no assunto.

Coloco a *planchette* sobre o tabuleiro com um leve esgar. Embora minha mãe sempre me convide a participar do jogo, sempre recusei.

Caminho para o corredor e apago o último lustre, tornando a me maravilhar com o fato de que agora moremos em uma casa abastecida de energia elétrica, mesmo que seja por cortesia do sonso empresário de minha mãe.

— Primeiro, vamos dar as mãos.

— Sua filha não vai participar? – pergunta Cole, de olho em mim.

— Não. O papel dela é zelar por minha segurança enquanto me abro aos espíritos.

Esboço um sorriso, estremecendo com o olhar perspicaz que ele me dá. Por que tenho essa sensação de que ele sabe mais sobre mim do que eu gostaria que soubesse?

— Minha cara senhora, eu insisto. Vai ajudar a me convencer de que não há ardis envolvidos. – Embora ele só pareça ser um pouco mais velho do que eu, sua maneira de falar é tão Velho Mundo que fico imaginando de onde ele será.

Minha mãe parece prestes a explodir, o que chama a atenção da Sra. Carmichael, que a observa com indisfarçada curiosidade. Quase posso ouvir minha mãe pensando, e, com efeito, ela resolve experimentar outra tática. Inclinando a cabeça, balança os brincos de jaspe com ar coquete:

— Meu caro Sr. Archer, se é tão cético assim, o que está fazendo aqui?

— Por favor, me chame de Cole. E eu nunca disse que era cético. Sou aberto a todos os tipos de experiências místicas, mas fiquei bastante impressionado com o número de sua filha. Ela é muito talentosa. Acho que prefiro que ela fique onde eu possa vê-la.

Cole dá um tapinha na cadeira vaga a seu lado, e eu sinto o coração na boca. Sempre fugi do tabuleiro Ouija como o diabo da cruz. Sei que é bobagem ter medo de um simples jogo, mas, por outro lado, jamais aconteceu de pedras de mahjong ou damas zumbirem nas minhas mãos.

Por favor, não me obrigue a participar, imploro em silêncio a minha mãe.

Mas, quando ela lança outro olhar furtivo para sua vítima, sei que estou condenada.

— Sente-se, Anna.

— Mas mãe...

— Sente-se.

A fria formalidade de Cole vai por terra e ele me dá um olhar cúmplice, convicto de ter encostado minha mãe na parede.

Desabo na cadeira e seco as palmas no vestido antes de dar as mãos aos outros. Os dedos de Cole se dobram lentamente ao redor dos meus. Para meu alívio, nenhuma centelha se acende entre nós como da última vez, embora o toque de sua mão ainda faça meu rosto enrubescer. Dou uma olhada furtiva nele e fico surpresa ao perceber que ele parece tão desconfortável quanto eu me sinto. Eu fico imaginando se terá vindo aqui por livre e espontânea vontade, ou se a mando de alguma das médiuns que têm inveja da fama crescente de minha mãe. Também me pergunto qual será sua ligação com Jacques. Este, sentado do meu outro lado, também segura minha mão, mas suas emoções estão sempre misturadas. Algumas pessoas são assim – um caos de impressões indecifráveis. Jacques é uma dessas pessoas impossíveis de se ler, que é uma das razões pelas quais não confio nele. Cole, por sua vez, não é nem mesmo um caos – apenas nada. Muito estranho.

Com uma voz sombria e misteriosa, minha mãe dá início ao seu cantochão.

— Ó espíritos, escutem a nossa súplica. Juntem-se a nós. Falem conosco. Iluminem-nos. Ó espíritos, eu lhes imploro. Nós respeitosamente lhes pedimos que se juntem a nós, falem conosco e nos iluminem. – Ela nos instrui a repetir as palavras depois dela. Nós o fazemos e tornamos a esperar.

A loura dá uma risadinha nervosa, mas a mulher mais velha, inclinando-se em esperançosa expectativa, ordena-lhe silêncio. A tensão, espessa e sufocante como fumaça de incenso, enche o espaço, enquanto os clientes esperam, prendendo a respiração, que algo aconteça. Até Jacques, que sabe de tudo, está tenso e calado.

— Sra. Carmichael, por favor, ponha a mão no tabuleiro primeiro, enquanto tento entrar em contato com Walter. Os demais devem me imitar – instrui minha mãe.

Assim que soltamos as mãos, torno a esfregar as minhas no vestido. Obrigo-me a respirar pausadamente. Inspire, expire, calma e lentamente. *Não seja boba*, digo a mim mesma. *Você sabe melhor do que ninguém que tudo isso não passa de uma farsa*.

Hesitante, a Sra. Carmichael pousa os dedos no ponteiro. Todos a imitam, menos eu. Mordo o lábio.

— Anna? – Percebo um leve toque de advertência no tom de minha mãe, imperceptível para os outros.

Trêmula, estendo os dedos, mas não consigo fazer com que se conectem. Respirando fundo, fecho os olhos e encosto muito de leve as pontas dos dedos no ponteiro. Não está mais frio e sim quente ao toque, e o leve zumbido vai aumentando. Corro os olhos rapidamente ao redor da mesa, mas ninguém mais parece estar percebendo. Sorte a minha.

Tocar os dedos da Sra. Carmichael faz com que eu me abra aos seus sentimentos. Tento me fechar quando sua esperança, clara e trêmula, se revela para mim. A verdade é que não é a dor dos clientes de minha mãe que me dilacera – é a sua esperança.

O belo rosto de minha mãe está tranquilo, sua boca em feitio de coração relaxada. Seus olhos grandes, geralmente expressivos, parecem apagados, insondáveis.

– E agora, o que vai acontecer? – sussurra a Sra. Gaylord.

– Micos me mordam se eu sei – responde o marido.

Minha mãe os ignora, esperando.

– Espíritos! Usem-me como sua porta-voz. Estou aberta, sou toda sua! – exclama. A Sra. Gaylord dá outro risinho nervoso, mas os demais permanecem em silêncio. – Walter, sua mãe está aqui e gostaria muito de conversar com você – prossegue minha mãe em voz mais baixa.

A Sra. Carmichael funga, e eu sinto um doloroso aperto no coração.

Sentir as emoções dos outros é tanto uma bênção quanto uma maldição. Se eu soubesse como desativar esse dom completamente, eu não hesitaria, mas não sei, e Deus sabe que não tenho ninguém a quem perguntar como se faz isso.

– Tem alguma pergunta para o seu filho? – indaga minha mãe em voz baixa.

Se eu não a conhecesse tão bem, pensaria que realmente se importa com a dor da Sra. Carmichael. Talvez se importe. É difícil ter certeza quando se trata de minha mãe.

– Pergunte a ele se está bem, se está feliz – pede a Sra. Carmichael, cuja voz se tornou mais grave. Sua angústia não diminui um minuto, e eu respiro com dificuldade ao sentir o peso esmagador de seu sofrimento.

Subitamente a temperatura cai e eu vejo, chocada, um gélido arabesco de ar serpenteando pelo aposento. Como que animado por um propósito, ele avança na minha direção. No momento seguinte está dentro de mim e eu o sinto se mexer, se revirar, tomando conta de meu corpo. O terror se apodera de mim e tenho vontade de gritar, mas estou paralisada. Um choque doloroso percorre as pontas de meus dedos e a *planchette* treme. Minha mãe e os Gaylord retiram os dedos bruscamente. Os olhos de Cole se arregalam e o ponteiro começa a se mover. *MÃE,* ele soletra sob meus dedos, *DEUS É BOM.*

— É o meu Walter! — exclama a Sra. Carmichael. — Ele era um menino tão bom, pretendia ir para o seminário.

Mas o ponteiro ainda não acabou e, pelo visto, Walter também não.

Um grito estridente soa em meus ouvidos. Sinto a um tempo uma quentura dolorosa e um frio glacial em minha pele. O espírito de Walter avança ainda mais dentro de meu corpo e eu me sinto empanturrada, como se tivesse comido demais no jantar de Ação de Graças. Trinco os dentes, contendo um grito de pânico quando o ponteiro, lenta e implacavelmente, se move de letra em letra.

FIQUEM EM PAZ.

A Sra. Carmichael está soluçando abertamente agora, e eu solto uma exclamação quando Cole aperta a minha outra mão. Uma centelha se acende entre nós, como da primeira vez que nos tocamos, e eu estremeço quando Walter abandona meu corpo tão subitamente como chegou. Libertada, retiro meus dedos do tabuleiro, respirando com força. Os olhos de minha mãe se estreitam, mas eu os evito.

Eu tinha razão em evitar o tabuleiro.

Outro sopro glacial apaga as velas e a porta da sala bate. A loura solta um grito.

– Com mil diabos – murmura Cole a meu lado, soltando minha mão.

Segue-se um momento de silêncio em que todos prendem o fôlego.

– Não tenham medo, os espíritos já se foram. – A voz de minha mãe está ligeiramente trêmula quando ela se levanta para acender a luz elétrica.

– Esse foi o meu Walter me dizendo para encerrar a minha busca – afirma a Sra. Carmichael, levando as mãos ao peito. – Ele está em paz e quer que eu fique em paz também.

Minha mãe me lança um olhar venenoso. Os olhos de Jacques pulam de mim para minha mãe, confusos. A Sra. Gaylord se agarra ao marido já não tão entediado assim, seus apavorados olhos azuis fixos em mim. Cole analisa meu rosto, seus olhos cheios de interrogações. Encaro-o também, meu coração palpitando no peito. Sinto uma força magnética que me compele a olhar mais fundo em seus olhos e ver o que se oculta por trás daquela escuridão sedosa. Recuo bruscamente, alarmada.

– Minha cara Sra. Van Housen – diz ele, se levantando. – Eu arriscaria dizer que a senhora não é a única médium na família. Parabéns.

Sinto um arrepio na nuca. Será que fui testada novamente? Será que Cole sabe alguma coisa sobre meus dons? Estou dividida. Por um lado, tenho vontade de confrontá-lo para descobrir o que ele sabe, por outro, quero me esconder debaixo das minhas cobertas.

– Vocês não vão embora, vão? – pergunta minha mãe, ao ver os Gaylord recolherem seus pertences.

– Hum, vamos, sim – murmura o marido, ajeitando o casaco de peles sobre os ombros da esposa. – Estamos indo passar o fim de semana com os Gardiner na sua ilha.* Nosso carro está esperando.

– Meus amigos vão ficar tão entusiasmados quando eu contar para eles sobre a senhora e a sua filha! Nunca vi… – Ela abana a cabeça e se vira para mim. – Você é *batutinha*, benzinho! – Ela torna a abanar a cabeça e eles saem da sala.

---

* Gardiner's Island, no litoral do estado de Nova York, pertence à família que lhe dá nome há quase quatrocentos anos. (N. da T.)

Cole inclina a cabeça para mim e os acompanha. Momentos depois, escuto a porta da rua sendo batida.

— Aceita uma xícara de chá? – pergunta minha mãe em tom suplicante à Sra. Carmichael.

A mulher mais velha faz que não com a cabeça, categórica:

— Estou em paz. Walter me disse para encerrar minha busca, e eu vou respeitar o seu desejo.

— Espere, Sra. Carmichael, vou acompanhá-la até o carro. – Jacques se vira para minha mãe e beija sua mão. – Vejo você em breve. *Oui?*

A Sra. Carmichael seca uma lágrima e aperta minha mão gelada.

— Muito obrigada, querida. Você me ajudou muito.

Sorrio para ela, me esquecendo de que em breve vou ter que enfrentar uma mãe furiosa. Por mais aterrorizante que a experiência tenha sido, foi a primeira vez que *realmente* ajudei alguém durante uma sessão. Em seguida eu me viro para minha mãe e engulo em seco. *Mas quem vai me ajudar?*

Respirando fundo, evito seus olhos e começo a recolher os pratos. Minha mãe que guarde a porcaria do tabuleiro. Nunca, nunca mais vou encostar nele.

Ela apanha o copo de gim e o esvazia de um gole só.

— Que diabos foi aquilo?

Hesito. Não posso lhe contar a verdade – e, se disser que foi de propósito, ela vai querer saber por que espantei seus clientes. Se correr o bicho pega, se ficar o bicho come.

— Uma sessão – respondo, evitando seus olhos. – E acho que correu muito bem.

— Você devia tê-la deixado por minha conta. A Sra. Carmichael iria voltar.

— Mas os Gaylord disseram que contariam aos amigos. Isso é bom. – Em desespero de causa, tento fazer com que ela se concentre nos clientes. Desse jeito, ela não vai se concentrar em mim.

— Sim, mas eu teria preferido cozinhá-los mais um pouco. Não gosto que você assuma o controle das minhas apresentações. – Ela se cala por um momento. – Por que fez isso?

— Fiz o quê? – pergunto, tentando ganhar tempo.

— Não seja sonsa. Você sabe do que estou falando – torna ela, com súbita petulância. Sem sua plateia, ela não tem nenhum motivo para representar, e toda a sua simpatia se evapora.

Mantenho o rosto perfeitamente impassível, apesar do pulso acelerado.

— Eu estava cansada. Queria que eles fossem para casa. — Isso, pelo menos, é verdade.

Minha mãe franze a testa, mas não diz uma palavra. Ela mesma já fez isso em algumas ocasiões, mas eu nunca tinha apressado uma sessão antes, e ela não está nada satisfeita. Nada, nada, nada.

— Mas como você fez aquilo? — Sua voz parece mais confusa do que zangada agora, mas ainda percebo nela uma ponta de incredulidade que me deixa inquieta. Ela não deve, jamais, ficar sabendo dos meus dons. O mesmo instinto que me fez guardar silêncio sobre eles em criança ressurge agora e me faz buscar às pressas uma explicação que a tranquilize.

— Eu abri a janela antes de me sentar...

Ela dá uma olhada na janela.

— ... e a fechei enquanto as luzes estavam apagadas — apresso-me a acrescentar. — O vento soprou as velas. — Até aos meus próprios ouvidos a explicação soa inconvincente. Por outro lado, que outra explicação eu poderia dar? Minha mãe não acredita em espíritos.

— E o ponteiro? Como você sabia o que dizer à Sra. Carmichael?

Isso já é mais difícil de explicar. Olho-a bem nos olhos, com o coração na garganta.

— Há anos que vejo você fazer isso. Talvez tenha aprendido.

Ela retribui meu olhar sem pestanejar. A suspeita redemoinha entre nós por um momento torturante, até que por fim ela cede.

— Bem, da próxima vez que resolver assumir uma das minhas sessões, faça o favor de me avisar antes. Poderia ter dado muito errado. E nós perdemos uma cliente. — Ela ainda está desconfiada, mas prefere deixar as coisas por isso mesmo... por enquanto.

— Mas, em compensação, os Gaylord vão voltar, isso é certo.

— É verdade — ela concorda. — E Jacques diz que a família de Jack Gaylord é quase tão rica quanto os Vanderbilt. Mas onde será que ele foi arranjar aquela mulher? Você acredita nela?

Penso em Cynthia Gaylord por alguns momentos, mas não me lembro de nada fora do normal que tenha feito.

— Como assim?

— Ela pode se fazer de fina o quanto quiser, que a mim não engana. Aquela garota é tão casca-grossa que poderia ter saído do tronco de uma árvore. Aposto que a família dela tem um pé no barco, uma ou duas gerações atrás. — Minha mãe dá uma fungada aristocrática, como se ela própria não tivesse chegado à América num navio de imigrantes. Não digo nada.

Ainda trêmula, recolho os últimos pratos e os coloco na pia. Vou lavá-los amanhã. Quero perguntar a minha mãe se sabe que Cole mora com o Sr. Darby no apartamento de baixo, mas resolvo ficar quieta. Não quero começar outra conversa. No momento, tudo que quero é ir para a cama e me enrolar nas cobertas – qualquer coisa para espantar o frio de rachar os ossos que penetra todo o meu ser.

– Boa noite, mãe – digo, atravessando depressa o corredor.

Meu estômago dá voltas à medida que vou assimilando os acontecimentos da noite. Obviamente, meus talentos vão muito além da mera intuição dos sentimentos alheios e das ocasionais visões do futuro. Fecho os olhos, trêmula, à medida que minha conscientização da verdade vai aumentando. Meu corpo foi usado por um menino que morreu durante a Primeira Guerra Mundial. Ele recorreu ao tabuleiro Ouija para mandar uma mensagem do além-túmulo.

Posso fazer o que muitos afirmam ser impossível – posso me comunicar com os mortos. Meu estômago se revira e corro para o quarto.

Uma vez lá, fecho a porta e encaixo uma cadeira sob a maçaneta. Isso feito, eu me ajoelho e retiro várias caixas grandes de chapéus de baixo da cama. A primeira contém aproximadamente uma dúzia de algemas e um molho de chaves, inclusive chaves falsas. Tenho várias algemas Bean da década de 1880 que se abrem com a mesma chave. Que bobagem. Também tenho um par de Iver Johnson, com aquelas chaves redondas engraçadas, e um par de Lovell. Posso me livrar de todas elas com uma chave falsa, não importa de que maneira esteja algemada. Também tenho um par especial para minha mãe, que foi adaptado, de modo que são fáceis de abrir. São usadas para prendê-la à cadeira na cabine dos espíritos. Ela não está sabendo das outras algemas, e eu prefiro assim. Não vou lhe dar o gostinho de saber que tenho a mesma obsessão de meu pai.

E, é claro, ela tem sorte por isso. Eu tinha treze anos da primeira vez que ajudei minha mãe a fugir da cadeia. Depois disso, foi ficando cada vez mais fácil, embora eu reconheça que até para mim foi um desafio destrancar a porta agarrada à traseira de um camburão. Eis aí uma experiência que não tenho a menor vontade de repetir.

Já não me recordo do lugarejo em que isso aconteceu, mas ainda me lembro do terror que senti escondida na traseira daquele caminhão, esperando que o camburão passasse. Eles não tinham posto um guarda ao lado de minha mãe, imaginando que aquela mulherzinha bonita não lhes daria qualquer trabalho.

No momento certo eu saltei, quieta e ágil como um gato, na traseira. Agarrei-me firme às barras, pensando que minha mãe, em seu vestido de renda cor de champanhe, era bonita demais para estar presa na traseira de um camburão.

— Mamãe — chamei baixinho, para avisar a ela que estava na hora de ir embora.

— Por que demorou tanto? — foi tudo que ela disse, já retirando os sapatos, a fim de facilitar o salto para a rua.

Mas eu já estava trabalhando no cadeado, e não respondi. Foram necessárias duas tentativas, mas logo retirei o cadeado e a porta abriu.

Deus queira que tenha sido a última vez que precisei fazer isso.

Dou um suspiro e passo para a próxima caixa, que contém uma camisa de força comprada de um sem-teto em Kansas City. Tremo ao pensar onde ele a conseguiu, e ainda me lembro de como demorei para aprender a me desvencilhar dela. Porqueiro, o Magnífico, teve que me ajudar a vesti-la e tirá-la durante semanas a fio, até eu finalmente conseguir fazer isso com um pé nas costas. Minha mãe também não sabe disso.

Então, lentamente, eu levanto a tampa da caixa cheia de recortes de jornais sobre as inúmeras façanhas de meu pai. Sou tomada por uma tristeza já minha velha conhecida, o mesmo anseio infantil que me acompanha desde que compreendi que ele jamais quereria saber de mim. Se quisesse, eu estaria com ele, não é mesmo?

Olho para o programa que apanhei em São Francisco, quando o circo estava fazendo uma turnê pela Califórnia. Os olhos de Harry Houdini me encaram, ferozes. *Será que herdei essa maldição de você?*, sussurro para o mágico e escapista mais famoso do mundo.

Porque eu não a quero. Nenhuma de suas manifestações. Nem as visões do futuro, nem sentir as emoções dos outros, e menos ainda o dom de falar com os mortos. Tudo que sempre quis foi ser uma moça normal, com uma vida normal. Falar com os mortos ou ver o futuro não pode, sob nenhum aspecto, ser considerado como algo normal.

Ao colocar o retrato de volta na caixa e tornar a empurrar todas elas para baixo da cama, sinto uma dor apertando meu peito como uma camisa de força.

Meu pai não me reconheceria se passasse por mim na rua.

Ele nunca me reconheceu como sua filha.

Ele nem sabe que existo.

Mas não posso deixar de imaginar, enquanto me preparo para ir dormir, se meus dons são a maldição que devo carregar como filha ilegítima de Harry Houdini.

Apesar da exaustão, custo muito a pegar no sono, e, quando durmo, é um sono agitado. Acordo toda hora, temendo que Walter resolva fazer uma reprise. Mas pouco a pouco me sinto relaxar e o sono finalmente toma conta de mim.

Flashes elétricos. Imagem após imagem. Uma água negra como tinta me rodeia. Desorientada e confusa, não consigo encontrar a superfície. Meus braços tornaram-se inúteis, amarrados com força às minhas costas, e meus pulmões ardem pela falta de oxigênio. A morte ronda ao meu redor como um tubarão cada vez mais próximo, mas não é por mim que estou aterrorizada. O rosto de minha mãe se acende à minha frente, as narinas dilatadas, os olhos arregalados de pavor, e eu a ouço gritar meu nome uma vez atrás da outra.

Sento na cama, sem fôlego, meu coração aos pulos. O cheiro de açúcar queimado ainda está entranhado nas minhas narinas. Tremendo, afasto as cobertas e atravesso o corredor na ponta dos pés. Só depois de ver minha mãe dormindo tranquilamente e ouvir sua respiração suave é que a palpitação começa a passar.

Será que foi só um pesadelo? Ou uma premonição? O que está acontecendo comigo? Nunca tive visões recorrentes como essa antes, e certamente nenhuma sobre mim e minha mãe. As visões da Primeira Guerra Mundial, da gripe espanhola e do *Titanic* já foram horrendas, mas estas agora são apavorantes de uma maneira totalmente nova. E se não forem realmente visões? Mas o que mais poderiam ser?

Por outro lado, eu nunca falei com um garoto morto antes.

Pisco as pálpebras pesadas e esfrego bem o rosto, tentando expulsar a dorzinha irritante em minha cabeça. Talvez a breve temporada de Walter em meu corpo tenha deixado mais do que uma má lembrança. Quantas vezes eu e minha mãe encontramos vestígios repulsivos de inquilinos anteriores nos hotéis em que nos hospedamos? Talvez, neste exato momento, minhas entranhas estejam sujas com algum tipo de escória espiritual.

Estremecendo, lavo meu rosto, visto uma marinheira azul e branca e passo um pente rápido no cabelo escuro, certamente mais fácil de ajeitar agora que está curto. Minha mãe protestou contra o corte, argumentando que meu cabelo comprido acentuava o contraste entre nós no palco, mas acho que foi mais por causa de sua relutância em me ver como uma adulta. Afinal, se eu sou uma jovem mulher, isso faz dela o quê?

Calço os sapatos e visto meu casaco de lã azul antes de apanhar a cesta de compras e sair. Tenho o cuidado de verificar o cadeado duas vezes antes de descer as escadas correndo. Normalmente, sou uma pessoa cautelosa – tenho que ser, no meu ramo de trabalho –, mas agora estou simplesmente morta de medo.

Ouço a porta no andar de baixo se abrir enquanto desço as escadas.

– Bom dia, Sr. Darby – saúdo-o em voz alta.

O Sr. Darby solta um resmungo e fecha a porta. Até agora ele não se mostrou muito receptivo às minhas tentativas de travar amizade, mas sou persistente. Estou doida para dar uma espiada no apartamento dele e descobrir a causa daquelas pancadas, mas não sei se estou pronta para enfrentar Cole novamente. Tenho muitas perguntas, e morro de medo das respostas.

Uma rajada do ar frio de outubro vem ao meu encontro mal abro a porta. Aperto a frente do casaco, lamentando não estar mais com minhas meias de lã quentinhas, e sim com um novo par de meias de seda. Ser uma mulher adulta não é tão bom assim quanto dizem.

Na banca de jornais da esquina, compro o *Daily News*, o *Times* e o *Sun* e os enfio na cesta. Minha mãe vai ficar ansiosa para ver se trazem resenhas do show de ontem à noite. Em seguida, eu me dirijo para a Broadway. Descobri uma livraria ainda ontem a caminho do teatro, uma portinha escondida entre uma chapelaria e um café. Pela breve espiada que dei, pareceu ser exatamente meu tipo de loja favorito: velha, bolorenta e atulhada de livros. Livros que um dia podem me fornecer algumas explicações sobre meus dons.

Livros sobre espiritismo, fenômenos paranormais e bruxaria costumam ser pura baboseira, mas às vezes encontro informações avulsas interessantes, aqui e acolá, que vão expandindo a tapeçaria de conhecimentos que estou tentando tecer. E, neste momento, com as visões que ando tendo, encontrar respostas parece mais urgente do que nunca.

Caminho depressa pela rua movimentada, apertando o casaco para me proteger do vento frio. Se bem me lembro, a livraria deve ficar pouco antes de Columbus Circle. É muito mais longe a pé do que eu tinha pensado e, quando finalmente avisto o letreiro da chapelaria, meus dedos dos pés já estão dormentes.

É um alívio entrar no calor da livraria. Fico parada por um momento, esperando que meus olhos se acostumem ao interior escuro. Em vez de empilhados em fileiras ordenadas nas prateleiras, os livros estão amontoados aleatoriamente em cada espaço disponível. Obviamente isso significa que vai ser mais difícil localizar qualquer coisa útil, mas o caos me agrada.

De trás do balcão, uma senhora me observa por cima dos óculos, com ar severo:

— Se está procurando revistas de fofocas, veio ao lugar errado.

— Não – afirmo, abanando a cabeça. – Será que a senhora tem alguma coisa sobre... – Estou prestes a dizer "ocultismo", quando algo em seu rosto de lábios franzidos me faz mudar de ideia. – ... hum, história?

Com um muxoxo incrédulo, ela me leva até a seção que fica próxima dos fundos da loja. Espero até ela sair antes de começar a observar as prateleiras. Talvez possa encontrar alguma coisa sozinha. Há maneiras piores de passar uma manhã de sábado. Uma vez, totalmente por acaso, deparei com um livro fascinante escrito mais de meio século antes, chamado *Investigação Experimental das Manifestações dos Espíritos, Demonstrando a Sua Existência e Sua Comunhão com os Mortais*. Foi a primeira vez que encontrei um livro onde a ciência do espiritismo era explorada, em vez de apenas fazer o papel de evidência anedótica. É claro, até ontem eu era muito mais cética em relação à hipótese de comungar com os mortos.

Pensar na noite passada me faz lembrar a conversa que tive com Cynthia Gaylord. O que exatamente é a Sociedade de Pesquisas Paranormais? Uma organização que estuda fenômenos paranormais? Decido perguntar mais a respeito da próxima vez que encontrá-la. Fico olhando para os velhos livros de história, desanimada. Vai ser impossível encontrar alguma coisa no meio dessa bagunça. Enchendo-me de coragem, marcho de volta até a vendedora. Ela está com um livro enorme aberto sobre o balcão e se recusa a levantar os olhos quando me aproximo. Atrás de mim, a campainha tilinta sobre a porta, mas ainda assim a mulher permanece imóvel.

— Com licença — digo finalmente. Ela para o dedo no fim de uma frase e levanta o rosto, com a testa franzida.

— Posso ajudar?

— Pode, sim. Será que a senhora tem algum livro sobre ocultismo? Ou sobre a Sociedade de Pesquisas Paranormais?

O vinco em sua testa se acentua.

— Nunca ouvi falar na Sociedade de Pesquisas Paranormais, mas temos uma pequena seção sobre ocultismo. Está procurando alguma coisa em particular?

— Será que a senhora tem algo sobre Emma Hardinge Britten ou Nellie Brigham? — Ambas as mulheres foram espíritas que viveram na segunda metade do século dezenove, e algumas das atividades paranormais que ocorreram durante suas sessões jamais foram explicadas.

Ela dá uma fungada desdenhosa.

— Vai ter que procurar sozinha. — Seus saltos vão batendo impacientes pelo assoalho de tábuas corridas e eu a sigo, imaginando se ela detesta seu emprego ou se apenas foi tomada de uma antipatia gratuita por mim. Ela indica uma prateleira mais ou menos meio metro acima das nossas cabeças, e então gira nos calcanhares e sai pisando duro. Meus olhos logo recaem sobre uma escadinha no fim do corredor, e eu vou lá apanhá-la.

"Posso ajudar?", ouço sua voz ríspida perguntando a outro cliente. Pelo visto, não é só comigo.

Subo na escadinha e passo os dedos pelos títulos. Alguns eu já li, outros não me parecem nem um pouco úteis. Detenho-me por um momento em *Feitiços e Encantamentos*, mas sigo adiante. Minha mãe e eu costumávamos usar encantamentos durante as sessões para lhes conferir autenticidade, mas já não estou mais interessada em aprimorar as sessões. Cuidar para que não sejamos apanhadas já é mais do que suficiente para mim.

– Com licença. Não pude deixar de ouvi-la perguntando por médiuns e ocultismo. – Um forte sotaque inglês se faz ouvir às minhas costas. – Por acaso já leu alguma coisa sobre D. D. Home?

Assustada, eu me seguro à prateleira e me viro. Um senhor de meia-idade está olhando para mim.

– Como disse?

– Peço desculpas por entreouvir seu diálogo, mas o espiritismo é um hobby meu.

– Ah. Não, não li.

– Se gosta de Nellie Brigham, talvez o ache interessante. – Ele olha para a estante atrás de mim e retira um livro, *Mistérios Não Explicados do Século Dezenove*. – Este aqui dedica um capítulo inteiro a ele.

Quando ele me entrega o livro, nossos dedos se roçam e eu recebo uma carga de mensagens emocionais. Curiosidade, divertimento e alguma outra emoção que não consigo identificar. E me faz estremecer um pouco.

– Obrigada. –Viro-me depressa para a prateleira e fecho os olhos com força, esperando que ele siga caminho. Depois de um momento, ele se afasta e eu solto um suspiro de alívio. Espero até ouvir a porta se abrir e fechar antes de ir correndo pagar por meu livro. Está ficando tarde e eu ainda tenho que fazer as compras do dia.

Tomar conta da casa é minha obrigação, e assim foi desde que eu era pequena. Minha mãe fica cansada demais do trabalho para fazer grande coisa em qualquer casa onde moremos. Geralmente eu gosto de cuidar da casa, mas hoje o frio glacial e a ansiedade por conta do episódio da noite passada me levam a fazer as compras correndo, assim que volto para perto de casa.

Sinto um arrepio nos braços ao entrar na Wu's Tea Shop. A sensação não chega a ser imperiosa, como daquela vez em que minha mãe e eu fomos atacadas por um assaltante a caminho de casa depois de um show. Naquela noite, a premonição foi tão forte que quase me fez cair de joelhos. Essa de agora é apenas desconcertante, como se houvesse algo fora do normal perto de mim.

Engolindo em seco, corro os olhos pela loja, mas as únicas pessoas no seu interior são o vendedor – um senhor chinês idoso com uma longa trança e um inglês perfeito – e uma mulher gorducha, provavelmente a competente governanta de alguma família.

Portanto, se a ameaça não está aqui dentro, deve ter vindo de fora. Será que estou sendo seguida? E, em caso afirmativo, por quem?

Percorro a loja lentamente, fingindo estar absorta no assombroso sortimento de chás e esparsos bibelôs orientais. A campainha acima da porta tilinta e eu me assusto, mas é apenas a governanta que está de saída.

– Posso ajudá-la, senhorita? – pergunta o vendedor.

– Sim, vou levar este. – Num impulso, apanho outro pacote de chá para o Sr. Darby. – E este também.

O vendedor coloca meu chá num saco de papel e registra a compra no caixa. Demoro no balcão o máximo possível conversando com ele, que, por acaso, vem a ser o próprio Sr. Wu.

Quando não posso mais fazer hora, vou embora da loja e paro diante da porta. A vizinhança está mais movimentada agora, as ruas cheias de mães assoberbadas fazendo compras, crianças entretidas em brincadeiras agitadas para espantar o frio, e homens e mulheres de idade trocando fofocas sobre a vida na vizinhança.

Respiro fundo e me abro. Com o passar dos anos, fui me dando conta de que minha clarividência tem facetas distintas – emoções que afloram quando toco as pessoas, visões incontroláveis que surgem do nada, e aquelas raras ocasiões em que tenho a sinistra sensação de que algo ruim está para acontecer. Por uma questão de sobrevivência, fui obrigada a afiar ao máximo meu senso de observação. Porque a verdade é que o que as pessoas *dizem* nem sempre é o que *sentem*.

Embora eu não veja ou pressinta nada fora do comum, ainda assim faço o resto das compras correndo, não me demorando nem mesmo para visitar os donos das lojas, como costumo fazer. Graças à temporada no circo, sei me defender bastante bem, mas prefiro não arriscar. Além disso, quero voltar para casa e ter certeza de que minha mãe está bem.

Como sempre, pensar no circo me faz lembrar todas as pessoas maravilhosas que conheci por lá. "Circo", na verdade, era um eufemismo otimista para o grupo heterogêneo de excêntricos que não conseguiram arranjar emprego nos shows mais famosos, mas eu só tinha nove anos quando chegamos, e, depois de passar dois anos com eles, esses excêntricos se tornaram a minha família. Porqueiro, o atirador de facas, me ensinou a usar uma navalha e a ficar tão imóvel que até meu coração batia mais devagar. Haroldo Cabeludo jogava damas comigo todas as noites depois do show, e Komatchu, a Última Princesa Zulu (na verdade, uma senhorita de Atlanta), me emprestava livros do baú que carregava consigo aonde quer que fosse. Eu adorava aquele lugar. Minha mãe o odiava. Achava que tudo aquilo, principalmente as pessoas, estava aquém dela. Minha mãe é incrivelmente esnobe para alguém que ganha a vida enganando os outros. A única razão por que ficamos tanto tempo foi a impossibilidade de rescindir seu contrato. Tão logo ele terminou, ela foi embora sem olhar para trás.

Fiquei desolada. Viajar sem a companhia de mais ninguém além de minha mãe pode ser uma experiência extremamente solitária.

Dobro a esquina e diminuo o passo ao ver uma pessoa saindo de nossa casa. Sei que é Cole, não apenas pela altura e os ombros largos, mas também pelo andar característico. Prendo a respiração, mas, em vez de se dirigir para mim, ele atravessa a rua e dobra a esquina. Hesito, mas apenas por um momento. Alguma coisa em Cole me deixa nervosa, e talvez meu mal-humorado vizinho tenha as respostas. Considerando as visões que ando tendo, não posso me dar ao luxo de deixar passar nenhuma oportunidade. Está na hora de o Sr. Darby e eu termos uma conversinha sobre seu hóspede misterioso.

Já de volta a casa, dou uma conferida rápida em minha mãe para ter certeza de que ela ainda está dormindo a sono solto, antes de voltar para o andar de baixo. Hesito antes de bater na porta do Sr. Darby, mas então respiro fundo e bato baixinho. Alguns segundos depois, ele atende.

– Esse é o problema dos vizinhos – diz ele, à guisa de saudação. – Você é gentil com os ditos-cujos uma vez, e depois nunca mais se livra deles.

Escondo um sorriso, recusando-me a deixar que ele me intimide. Sempre quis viver em algum lugar por tempo bastante para ter vizinhos, e um vizinho ranzinza é melhor do que nenhum. Além disso, a ranhetice do

Sr. Darby não é nada comparada com a de alguns empresários com quem já trabalhei. Ponho a mão na cintura e arqueio uma sobrancelha:

— E quando foi que o senhor me tratou com gentileza? Mas bem que deveria. Eu trouxe aquele chá que o senhor disse que queria.

— Estou vendo – diz ele, dando uma espiada na minha cesta. – E croissants também? – Ele abre um pouco mais a porta. – Bem, vamos entrar, menina. Está frio aqui na portaria.

Hesitando apenas por um momento, sigo-o pelo apartamento, sem me dar ao trabalho de repreendê-lo. Se minha mãe pode dar meu chá para Jacques, posso dar os croissants dela para o Sr. Darby.

Dou uma rápida olhada ao redor enquanto sigo o Sr. Darby até a cozinha. Os aposentos são mais bem cuidados do que eu teria esperado encontrar no apartamento de um solteirão, e fico imaginando qual dos dois moradores é o arrumado.

Caminho mais devagar ao passar por uma escrivaninha com um envelope em cima. Está endereçado a Cole numa caligrafia feminina floreada. O endereço da remetente é de Londres.

— Bem, pode vir. – O Sr. Darby acena para mim e eu enrubesço, esperando que ele não pense que estou bisbilhotando. Embora esteja. – Pode sentar e ficar à vontade.

Sento a uma pequena mesa enquanto ele põe a chaleira no fogão e joga mais carvão no fogo. Como a sala, a cozinha é limpa e confortável. A mobília parece gasta e menos cara do que a nossa, nova em folha, mas é muito mais aconchegante – o ar de um apartamento em que alguém realmente passa o tempo. Às vezes eu gostaria que nosso apartamento parecesse mais usado. Claro, uma aparência usada não é muito boa para os negócios. Não agora que estamos tentando atrair uma clientela mais sofisticada.

O Sr. Darby coloca uma xícara e um pires à minha frente, e depois um prato.

— Agora só falta você querer que eu a sirva. – Ele franze a testa com ar de censura.

— Bem, é fato que eu trouxe o chá e os croissants – digo, com um sorriso sarcástico.

— A mim você não engana, mocinha. – O canto de sua boca se retorce quando ele coloca o chá na minha frente. – Só está aqui porque tem esperanças de encontrar Cole.

Levanto a cabeça de estalo:

– Não é verdade!

Ele bufa e senta diante de mim.

– Seja como for, você está sem sorte. Ele já saiu.

Remexo-me na cadeira, o rosto em brasa. Se o Sr. Darby pensar que eu estou interessada em Cole, é capaz de ser um pouco mais generoso com as informações. Tudo que preciso fazer é engolir o orgulho.

– Quando foi que Cole se mudou para o seu apartamento? Nunca o vi quando vim morar aqui. – Arregalo os olhos, tentando fingir inocência.

– Então foi por isso que eu ganhei esses croissants! – Ele me dá um olhar esperto. – Não, não tente negar. – Ele ergue a mão para atalhar meu protesto. – Eu sabia que uma jovenzinha como você não iria se dar a todo esse trabalho por causa de um velho como eu. Ele se mudou pouco antes de você, mas leva uma vida muito discreta e passa a maior parte do dia fora.

– Ele sai para trabalhar?

– Não que eu saiba. – O Sr. Darby dá de ombros. – Acabou de sair de um desses colégios caros em algum país da Europa.

Europa. Isso explica a letra e a maneira formal de falar.

– Então, onde ele passa o dia inteiro?

– Na biblioteca, estudando. Ele diz que não consegue pensar com a barulheira que eu faço. Agora, chega de perguntas. Se quiser mais informações, vai ter que perguntar você mesma a ele.

Quero descobrir mais, mas decido parar de bisbilhotar. Passo para o próximo assunto importante.

– E qual é a razão da barulheira? Minha mãe e eu ouvimos o baticum do senhor aqui embaixo.

– Ah, bem que você gostaria de saber, não é? Vamos fazer o seguinte: você me conta o que você e sua mãe fazem com seus visitantes noturnos, e eu lhe conto o que faço que é tão barulhento.

Como então, Cole não contou a ele sobre as nossas sessões. Os olhos azuis do Sr. Darby brilham, e eu não posso deixar de retribuir seu sorriso.

– O senhor joga duro, mas negócio fechado.

– Hummm – concorda ele, dando uma mordida num croissant. – Aceita? – oferece, a inocência estampada em suas feições de gnomo.

Meus olhos brilham e meus lábios se curvam num sorriso. Ele me passa um croissant.

— Obrigada — agradeço, e sou brindada com um sorriso sincero. Dou uma mordida na massa amanteigada, que desmancha na boca, e tomo um gole de chá. É o melhor croissant que já comi na vida.

Ficamos bebendo nosso chá e comendo em silêncio até lambermos as últimas e deliciosas migalhas de nossos dedos.

— Pelo menos, você sabe comer bem — ele me elogia. — A maioria das mulheres fica falando, falando, falando a refeição inteira, enquanto o homem tenta saborear a comida.

— A boa comida merece concentração — respondo, solene.

— Sábias palavras. Agora, vamos ao nosso trato.

— Que trato foi mesmo? — provoco-o.

— Garota sonsa! Você sabe muito bem que trato foi. Agora chega de me enrolar, conte logo.

— Muito bem. — Inclino-me para a frente e digo num sussurro: — Nós realizamos sessões espíritas.

Ele bate com as mãos na mesa:

— Não!

Balanço a cabeça:

— Sim!

— Eu sabia que era alguma coisa desse tipo, pelo jeito como a sua mãe se veste. Tão misteriosa. Um pedaço de mulher, sim senhora. — Ele inclina a cabeça. — Até que você não é feia, embora seja um pouco cedo para ter certeza.

— Obrigada — digo, revirando os olhos.

— Não há de quê. Agora, me diga uma coisa. Essas sessões de vocês são autênticas mesmo, ou vocês usam truques?

Sinto um nó no estômago e faço que não com a cabeça, brindando-o com um sorriso tão largo quanto consigo abrir.

— Nós fizemos um trato, agora é sua vez.

— Bem, hum, não sei…

— Sr. Darby! Está dizendo que vai faltar com a palavra dada a uma dama?

— Claro que não! Não estou dizendo isso em absoluto. Agora você me confundiu. Muito bem, vou lhe contar. — Ele se empertiga, orgulhoso: — Sou um inventor!

Recosto-me na cadeira. Não era bem o que eu esperava, mas dá para ver que ele está ansioso por uma reação da minha parte, por isso bato uma mão na outra com força e tento parecer devidamente surpresa:

— É mesmo? E o que o senhor inventa?

O Sr. Darby sorri, vaidoso. Obviamente, minha reação agradou a ele.

– Isso é coisa minha, você que descubra!

– Mas será que não pode me mostrar nada, nada?

Ele reflete sobre o meu pedido por um momento, e então se levanta da mesa. Retirando uma caixa quadrada de metal do guarda-louças, ele desenrola um longo cordão de tecido e encaixa a extremidade de duas pontas numa tomada na parede. Em seguida, corta uma fatia de pão e faz um gesto para que eu me aproxime. Quando chego perto, ele espeta um garfo na fatia e a empurra com cuidado para dentro da caixa de metal. Fechando a portinha lateral, ele olha para mim, ansioso.

– Hum… e agora?

– Agora, nós esperamos… – ele faz uma pausa dramática – … que o pão toste e salte fora!

– Minha nossa! – Arregalo os olhos. – Uma torradeira elétrica! Já ouvi falar nelas.

Seu rosto fica abatido, e ele solta um suspiro profundo.

– Esse é que é o problema. Toda vez que penso que inventei alguma coisa revolucionária, descubro que já foi inventada. Mas a minha torradeira é muito melhorada.

– Tenho certeza de que é, e garanto que o senhor vai pensar em alguma coisa – digo para animá-lo. – O que mais o senhor inventou?

– Ah, bem que você gostaria de saber, não é? Mas vai ter que me contar uma coisa primeiro. Aquelas suas sessões não são apenas uma farsa?

Seus olhos me encaram fixamente, brilhando com astuta curiosidade. Meu primeiro instinto é mentir; a verdade poderia nos levar para a cadeia. Mas a imagem do ponteiro girando sob meus dedos e a lembrança de Walter se movendo dentro de meu corpo me fazem estremecer.

– Nem sempre – digo baixinho.

– Então sua mãe é mais uma ilusionista do que uma médium?

Reflito sobre a pergunta. Embora minha mãe conheça um pouco de prestidigitação, suas habilidades são resultado de meu jogo de cena.

– Não exatamente. Ela é mais propriamente uma atriz muito boa. – Remexo-me na cadeira, nervosa. Isso é mais do que já contei a qualquer pessoa sobre o que minha mãe e eu fazemos. Que estranho, eu confiando num velho ranzinza de olhos azuis e espertos.

De repente, um cheiro de queimado enche a cozinha, e uma espessa fumaceira preta se desprende da máquina de tostar pão. Trato de me afastar depressa, enquanto o Sr. Darby arranca a tomada da parede. Em seguida, ele apanha uma toalha molhada na pia e retira o pão chamuscado da máquina. Tapo a boca e ele me olha, jogando a oferenda queimada dentro da pia.

— Não ria de mim, mocinha!

Abano a cabeça, mas não me atrevo a responder.

— Santo Deus! Que foi que o senhor fez desta vez?

Levo um susto quando Cole entra correndo pela porta atrás de mim. Ele quase leva um escorregão ao tentar frear o corpo no momento em que vê a máquina em cima da bancada da cozinha.

— Torradas queimadas para o café de novo, pelo que vejo. — Ele me nota e faz um cumprimento de cabeça, educado. – Se veio tomar o café da manhã, sugiro que pense duas vezes. – Sua voz está carregada de ironia e ele me dá um sorriso sincero que ilumina todo o seu rosto e o deixa mais parecido com um menino do que com um professor. Sinto minha respiração travar.

— Já tomamos o café – responde o Sr. Darby, azedo. — Eu estava apenas mostrando minha máquina para ela.

— Você deveria ficar lisonjeada. Não é para qualquer um que ele mostra as suas máquinas.

Cole me lança um olhar breve, e então desvia os olhos. Como quem não quer nada, caminho de volta até a mesa e roço meu braço no dele, enviando um fio de prata ao passar. Porém, antes que o fio possa se conectar, ele ricocheteia, como se tivesse batido em algum tipo de parede. Fico intrigada. Nunca senti nada assim antes.

— E para quem mais eu haveria de mostrá-las? – torna o Sr. Darby, mal-humorado.

Resolvo ir para a sala, perturbada.

— Tenho que ir andando. Minha mãe deve estar se perguntando onde me meti.

Quando estou apanhando minha cesta, Cole a tira de minhas mãos.

— Permita-me – pede, cortês.

— É só um lance de escadas – protesto.

— Não é sempre que tenho a oportunidade de ser um cavalheiro. Por obséquio. — Ele inclina a cabeça, seu tom tão formal que é difícil crer que estava implicando com o Sr. Darby há apenas alguns minutos. Sigo-o pela sala, com o Sr. Darby rente nos nossos calcanhares.

— Volte qualquer hora dessas, menina. Eu ainda não lhe mostrei minha oficina.

— Sem falta – prometo. – Eu adoraria vê-la.

Cole e eu saímos para a portaria. Estendo a mão para a cesta e ele a entrega com um leve sorriso que abranda seus lábios severos. Percebo que estou encarando seus lábios e desvio os olhos, encabulada.

– Obrigado pela visita. O Sr. Darby pode ser um pouco ranzinza, mas é apenas uma fachada.

– Eu gosto dele – digo, com sinceridade.

Enquanto estou lá, olhando nos olhos de Cole, uma sensação estranhíssima toma conta de mim. Como se houvesse um vínculo entre nós. O espaço entre nossos corpos quase pulsa com uma súbita consciência da existência um do outro. Essa nova sensação é tão intrigante quanto assustadora, e eu resisto à tentação de me entregar a ela.

Engolindo em seco, dou as costas para subir as escadas, mas ele segura meu casaco.

– Posso lhe perguntar uma coisa?

Sua voz soa tão natural, tão diferente do tom cerimonioso de costume, que na mesma hora fico alerta. Mordo o lábio e faço que sim com um breve meneio de cabeça.

– O que aconteceu ontem à noite… costuma acontecer com frequência?

Seus olhos fixam os meus. Sinto como se ele estivesse arrancando a resposta direto de minha mente, por isso abano a cabeça:

– Não. Não, nunca aconteceu antes.

Ele solta o meu braço, e eu subo as escadas correndo com as pernas trêmulas.

– Anna!

Paro a poucos passos de minha porta e me viro. O rosto dele está sério.

– Tome cuidado com isso.

Não preciso perguntar do que ele está falando. Com outro meneio rápido de cabeça, subo correndo os degraus que faltam.

Acordo na manhã seguinte sentindo um misto de alívio e decepção por não ter tido outra visão. Pelo menos uma visão poderia me fornecer pistas sobre o que está acontecendo. Ou o que poderia acontecer. Esfrego as têmporas, confusa. Vou até o quarto de minha mãe, o que já está se tornando uma espécie de hábito nervoso, e, naturalmente, ela está bem. Depois de tomar banho e me vestir, hesito, olhando para a cesta de compras. Sei que é uma bobagem, mas não quero deixá-la sozinha. Então, fico fazendo hora, arrumando o apartamento, até finalmente ouvi-la se movimentando pelo quarto. Sirvo uma xícara de café e a levo para ela.

Ela arqueia uma sobrancelha:

— A que devo o privilégio?

Dou de ombros, tentando parecer tranquila:

— Nada em especial. Só achei que você gostaria de um café.

Ela franze a testa. É muito revelador sobre o nosso relacionamento que trazer café para ela ao acordar seja um gesto encarado com suspeita.

— Quais são seus planos para hoje? – pergunto, apanhando seu robe oriental de seda e entregando-o para ela.

— Jacques vai chegar daqui a pouco. Ele vai me levar para fazer compras e depois almoçar com possíveis clientes.

Fico séria. Não confio em Jacques nem por um momento, mas, por outro lado, o show está lhe dando lucro, portanto é claro que ele não faria mal a minha mãe, não é mesmo?

— Que clientes?

— Sei lá! Ainda não os conheci – diz ela, rindo, e eu posso sentir sua irritação. — Agora, quer preparar um banho para mim, meu bem?

Prudente, trato de ficar quieta e faço o que me é pedido. Quando ela já está em segurança na banheira, visto o casaco, calço um par de luvas e ponho um cloche de lã azul-marinho, puxando-o até as orelhas. Se eu trancar a porta quando sair, ela vai ficar totalmente segura.

Apanho a cesta de compras, mas, mal piso no patamar, ouço a porta do Sr. Darby se abrir. Espiando pelo poço das escadas, vejo os ombros largos de Cole quando ele abre a porta da rua. Silenciosa como um gato, volto para a minha soleira. Demoro apenas alguns momentos para decidir segui-lo e descobrir se ele realmente passa o dia na biblioteca.

Deixando a cesta no patamar, desço as escadas e conto até cinco antes de abrir a porta e dar uma espiada na rua. Vejo-o dobrando a esquina e corro para não perdê-lo de vista. Abrindo caminho por entre as calçadas cheias, diminuo o passo ao alcançar a distância perfeita para vigiá-lo. Há bastante gente na calçada para fazer com que minha presença passe despercebida, desde que ele não esteja indo para uma área menos movimentada.

Vou seguindo pelas sombras, agradecida por estar usando um vestido e um casaco azul-escuros. Nem o grupo de moças que estou usando para se interpor entre mim e Cole percebe que estou rente no seu encalço.

Ao longo de minha infância e adolescência, aprendi que obter informações sobre clientes em potencial era mais fácil se eu passasse despercebida. Como sou baixinha e discreta, posso me tornar quase invisível quando quero. Fico feliz que

Jacques disponha de criados para pesquisar a clientela agora. Estou cansada de ser eu mesma a criada.

As moças à minha frente entram numa chapelaria, e eu sinto o coração na boca quando Cole para. Não querendo arriscar, atravesso correndo a rua na diagonal, com um olho no trânsito e outro em Cole. Não acho que ele ficaria satisfeito de saber que está sendo seguido.

Diminuo o passo, esperando que ele siga caminho. Estou tão concentrada em vigiá-lo que não percebo a mulher carregando um saco de batatas até ser tarde demais. Batatas rolam por toda parte e, quando termino de ajudar a recolhê-las, Cole já desapareceu de vista há muito tempo.

Meus ombros se curvam de desânimo. Não consigo me livrar da sensação de que Cole está escondendo alguma coisa. Será que ele tem algo a ver com os fatos estranhos que vêm acontecendo? A sensação de estar sendo vigiada diante da loja de chá outro dia? Minhas visões? Walter? Mas como isso seria possível? Ainda me lembro dele sorrindo e implicando com o Sr. Darby e, de repente, espero de coração que ele não tenha qualquer relação com as minhas visões.

Voltando para casa, meus pés me levam contra a minha vontade para o antigo cinema que tenho evitado desde que vi o letreiro na marquise semana passada.

Um grupo de garotos se aglomera ao redor da bilheteria. Depois de muitos empurrões e bonés roubados, eles finalmente compram seus ingressos e desaparecem pelas largas portas da frente. Se eu entrar, na certa vou ser a única pessoa ali dentro com mais de treze anos de idade. A criançada reina nas matinês de domingo. Mordo o lábio, com aquela mágoa já minha velha conhecida rondando o coração ao observar a marquise:

HALDANE DO SERVIÇO SECRETO
ESTRELANDO HARRY HOUDINI

Minha mãe não está sabendo disso, mas assisti a todos os filmes dele. Perdi este na época em que foi lançado, e agora fico em dúvida se devo sequer entrar. Para mim, assistir a um filme de Houdini é como meter os pés pelas mãos no palco: tudo começa muito bem, de repente já não está mais, e você acaba com a cara no chão, se maldizendo por ter tentado aquele truque. Considerando meu vínculo com Houdini, provavelmente eu deveria apenas ir embora.

Mas não vou. Respiro fundo e caminho decidida até a bilheteria. Assim como me sinto levada a fazer mágicas, sou levada a ver Houdini sempre que posso.

Entrego minha moeda ao homem por trás do vidro. Ele destaca um ingresso do rolo e me dá.

— Pensei que você não ia entrar nunca – diz uma voz conhecida atrás de mim. Viro-me e vejo Cole perto, muito perto de mim, às minhas costas.

— Você me deu um susto! – Meus olhos se estreitam. Será que ele sabia que eu o estava seguindo? Devia saber. Ele teve que percorrer o caminho inverso para chegar ao teatro. Sinto meu rosto pegando fogo. O que ele diria?

— Desculpe. – Ele compra um ingresso e se vira para mim. Seu sobretudo em tecido espinha de peixe combina bem com os ombros largos, e seu chapéu gelô está ligeiramente inclinado na cabeça, emprestando um ar malandro aos seus traços dignos. – Se importa se eu acompanhá-la?

Nunca me abri sobre essa parte da minha vida com ninguém, mas, por outro lado, não acho que Cole saiba que Houdini é meu pai, de modo que não seria exatamente como me abrir. O pescoço dele enrubesce sob o colarinho, enquanto ele espera por uma resposta. *Ele está com medo de que eu diga não*, penso, surpresa.

— Seria magnífico – respondo, para logo em seguida me maldizer por soar tão afetada.

Ele abre a porta para mim e nós entramos. O cinema é muito bonito, embora esteja um pouco maltratado. O carpete vermelho está gasto em vários pontos, e faltam lâmpadas no lustre do foyer. Dá para notar pela decoração que no passado foi um teatro tradicional, mais tarde convertido em cinema. Geralmente, eu gosto de ir ao cinema, mas hoje, a combinação de Houdini na tela com a proximidade de Cole embrulhou meu estômago, por isso recuso a oferta de guloseimas.

Nossas poltronas são desconfortáveis, mas, com Cole sentado tão perto de mim, isso não tem a menor importância. Crianças barulhentas no balcão acima vaiam e gritam, enquanto a plateia está quase vazia. Tento pensar em alguma coisa para dizer, mas não consigo, então decido estudar os outros espectadores. Vejo duas moças mais ou menos da minha idade, sentadas perto da tela, e uma mulher com um bebê no colo que vem seguindo pelo corredor central. Desvio o rosto, mas torno a olhar, atraída por alguma coisa que não compreendo. O velho sobretudo que ela usa parece ter pertencido a um homem, e a manta que envolve seu bebê está em farrapos. Mas não é isso que chama minha atenção. Já vi muitas pessoas pobres na vida, algumas em muito pior estado do que ela se encontra.

São as ondas de medo e desespero chegando até mim do outro lado do corredor que exigem minha atenção. Fico encarando-a, o coração palpitando no peito. Fecho os olhos, mas suas emoções continuam a quebrar sobre mim como ondas na praia. Por que isso está acontecendo? Aperto os braços da poltrona até meus dedos doerem. Já é bastante ruim sentir as emoções dos outros quando os toco, mas ser assaltada por elas a distância é insuportável.

De repente, tão subitamente quanto começou, a coisa para. Solto um suspiro trêmulo e dou uma olhada em Cole, que parece não ter notado meu estranho ataque de ansiedade. Torno a olhar para a mulher, que embala o bebê nos braços. Não sinto nada. Será que foi minha imaginação?

Quando o silêncio entre mim e Cole se torna insuportável, ele diz:

– E então, há quanto tempo você está em Nova York? – Sua voz parece tensa, como se ele também estivesse achando difícil encontrar o que dizer.

– Pouco mais de um mês. E você?

– Aproximadamente um mês e meio. Mas já estou nos Estados Unidos há quase três meses. Fui para Baltimore primeiro.

– Está viajando pelo país?

– Pode-se dizer que sim.

Voltamos a fazer silêncio. Grande assunto. Somos salvos pelas luzes que se apagam e o documentário que se inicia. Assistimos em silêncio ao famoso boxeador Jack Dempsey participar de uma corrida de automóveis, cem balões de ar quente decolarem em Bruxelas, e policiais estourarem um antro de traficantes de ópio em Shangai. Quando as imagens trêmulas mostram um cachorro famoso do cinema fazendo gracinhas, Cole começa a rir alto. O som faz com que uma onda de calor se espalhe e formigue por todo o meu corpo, dos pés à cabeça. Ele olha para mim, a luz da tela dançando na escuridão dos seus olhos, e eu prendo a respiração. Mais uma vez sinto aquela estranha consciência que senti nas escadas, aquele vínculo de afeto que jamais experimentei com outra pessoa na vida. Por um momento, ficamos presos nos olhos um do outro, até que, de repente, o organista começa a tocar. Levamos um susto e rimos, constrangidos.

Volto a olhar para as imagens trêmulas e esqueço Cole quando Houdini ocupa a tela.

O filme começa.

O pavor e a expectativa lutam dentro de mim quando os créditos começam a subir. Assistir a seus filmes traz à tona velhas perguntas. Será que ele é realmente meu pai? Será que ao menos sabe que tem uma filha? E, nesse caso, por que nunca tentou entrar em contato comigo?

Seu carisma, sedutor e poderoso, emana da tela em ondas. A sinopse e os diálogos impressos são bem simples, mas não os acompanho. Estou observando o homem que talvez seja meu pai. Seu cabelo é rebelde, cheio, revolto como sempre. Seus olhos são ferozes, magnéticos. É fácil acreditar que ele talvez tenha os mesmos dons que eu; seu poder é palpável. Observo suas fugas com um olho profissional. Será que eu poderia fazer isso? A visão de mim mesma debaixo d'água se acende diante de meus olhos, levando-me a estremecer. Será que eu conseguiria me desvencilhar, em circunstâncias semelhantes? Será que vou ter que fazer isso?

A meu lado, Cole está totalmente absorto no filme. O organista é muito bom, a música crescendo e decrescendo de acordo com a ação. Ele sorri durante as cenas engraçadas e fica sério durante as de suspense.

Diante de nós, o bebê se remexe e a mulher tenta acalmá-lo, embalando-o. Nesse momento, sua angústia me atinge com tanta força, que começo a tremer. Aperto as mãos no colo e olho para o chão, mas a dor e o medo continuam a me fustigar como um furacão. Meus ombros se curvam e eu passo os braços pelo corpo, tentando proteger meu coração, que parece prestes a estourar.

Não podendo mais suportar, levanto e passo apressada por Cole, que me olha, surpreso. Parando apenas por um segundo, retiro a moeda de dez dólares que guardo na bolsa para uma emergência e a atiro no colo da mulher. Ela levanta os olhos, num sobressalto, mas eu me viro e desabalo pelo corredor.

Cruzo o foyer e empurro a porta da frente. Só então paro por tempo suficiente para recobrar o fôlego. Momentos depois, Cole sai pela mesma porta.

– Você está bem? – A testa dele está vincada de preocupação.

– Estou ótima – digo, enrubescendo. – Apenas esqueci que tinha que fazer uma coisa.

Viro e começo a me afastar, lágrimas de humilhação se formando nos olhos.

– Tem certeza de que está se sentindo bem? Quer que eu a acompanhe?

Sinto a preocupação em sua voz, mas não posso encará-lo.

– Está tudo bem. Tenho que ir – digo sem me virar.

Saio abrindo caminho às pressas pela multidão, ansiosa para deixar Cole, Houdini e aquela pobre mulher desesperada para trás. Em seguida, faço o que as mulheres Van Housen sempre fazem quando as coisas dão errado. Começo a correr.

O oito de espadas. O oito de espadas. É com as pernas trêmulas que atravesso o corredor em direção ao camarim. Minha mãe abre a porta e acena para que eu entre, como se nada tivesse acontecido.

Mas aconteceu. *O oito de espadas.*

Naturalmente, ela não se importa. Ela é que não teria sido a palhaça do show. Minhas mãos se apertam em punhos. Ela fez de propósito. Fria, calculada e deliberadamente.

Obviamente, a sessão a espicaçou mais do que ela deixou transparecer.

Na sua mesa há uma garrafa do vinho francês gelado com que ela gosta de arrematar suas noites. No momento em que ela serve um copo e dá um gole, perco a cabeça.

Tiro o casaco do cabideiro e o jogo sobre os ombros. Temendo sua imagem no espelho, olho para ela com raiva quando a vejo retocar o penteado e passar pó de arroz no rosto. Ela evita meus olhos, embora saiba que a estou observando.

– Por que fez isso, mãe? Para mostrar quem é que manda?

– Não fique aborrecida, meu bem. Eu só estava me divertindo um pouquinho.

– Sua diversão me humilhou – digo entre os dentes.

– Ah, por favor. – Seu tom é incisivo. – A plateia nem notou que houve um erro.

Era para ser um truque de cartas fácil. Eu induziria um voluntário a escolher certa carta, para em seguida fazê-la desaparecer, e então reaparecer no bolso de outro espectador "aleatório". Cabia a minha mãe plantar a carta certa horas antes do show. Só que hoje as coisas tiveram um desfecho inesperado.

Estou tão furiosa que deixo de lado a prudência com que geralmente lido com minha mãe.

– Eu dei a você o oito de espadas, mas, estranhamente, tirei o valete de copas. Posso saber por quê?

Ela faz uma cara enfezada. Não está habituada a ser chamada às falas por mim.

– Não levante a voz comigo! Como disse, eu só estava me divertindo um pouquinho. Você conseguiu salvar as aparências. O que passou, passou.

Ponho as mãos na cintura, sentindo as lágrimas de raiva e mágoa represadas na garganta.

– Não foi nada divertido para mim, mãe, e eu não quero que aconteça de novo. Nunca mais.

Seu rosto se congela numa máscara impassível e ela finalmente olha para mim.

– Como é...?

– Você me ouviu. – Antes de sair, chapo uma carta virada para cima na sua penteadeira... o oito de espadas, que ainda estava no bolso de seu vestido quando atravessamos o corredor de volta para o camarim.

Pisando duro, bato a porta atrás de mim, por via das dúvidas. Em seguida, paro por um segundo para recobrar o fôlego, que está curto e entrecortado. Nunca dei uma ordem a ela desse jeito antes. Não sei se devo dar pulos de alegria ou vomitar.

Será que ela ficou tão zangada por causa da sessão a ponto de pôr o show em risco? Ataque e contra-ataque. Estratégias e esquemas. Por que meu relacionamento com minha mãe se parece mais com um jogo de xadrez do que com uma interação normal entre mãe e filha?

Por maior que seja minha vontade de tomar um táxi para casa e deixá-la sozinha remoendo o que fez, sei que não conseguiria. Encosto-me à parede, tremendo, e fecho os olhos. Por maior que seja a raiva que ela provoca em mim, ainda assim ela é a minha mãe, e eu tenho que tentar protegê-la, se puder.

Ouço vozes e solto um suspiro entrecortado, tentando me recompor. Jacques vem caminhando na minha direção, acompanhado por um rapaz bonito que não conheço, com cabelos de um louro claríssimo.

– Já vai embora?

– Já. Estou com dor de cabeça. – Isso não está longe de ser verdade.

– Sinto muito. – As palavras de Jacques escorrem de sua boca como se fossem de mel. – Estava esperando que você jantasse conosco hoje. Temos um convidado. – Ele se vira para o rapaz. – Owen, essa é Anna Van Housen, a cuja empolgante apresentação você assistiu horas atrás. Anna, esse é meu sobrinho, Owen Winchester. Ele apareceu de surpresa no show hoje à noite.

– Encantado, Srta. Van Housen.

Owen segura minha mão e a beija. Seus olhos azuis passeiam por todo o meu corpo, iluminando-se de interesse. Sinto um friozinho no estômago. Ser observada desse jeito é muito mais agradável quando o rapaz em questão é jovem e bonito. Sinto um caos de emoções emanando dele – incluindo nervosismo e admiração. Será possível que esteja tão nervoso assim por me conhecer?

– Já estou há meses em Nova York – diz Owen, olhando brevemente para o tio. – Faz tempo que venho querendo entrar em contato com o senhor, mas demorei um pouco para me assentar. De mais a mais, é o senhor que anda em falta com a família.

Não posso deixar de notar as leves covinhas que emolduram seu sorriso enviesado. Ele está usando um terno elegante, e seu cabelo louro é mais comprido no alto e penteado para trás segundo a última moda. Minha mente pula para os cachos curtos e bem arrumados de Cole.

– Prazer em conhecê-lo – murmuro, um quente rubor tingindo minhas faces. Se é por causa do óbvio interesse de Owen ou da lembrança de Cole, é difícil dizer. Tenho corado e descorado o tempo todo desde meu humilhante comportamento no cinema. Fico imaginando o que Cole deve pensar de mim.

– Eu estava pensando em irmos jantar – diz Jacques, interrompendo meus pensamentos. – Mas, se você não está se sentindo bem…

Hesito, mas apenas por um segundo. Por mais atraente que seja, esse rapaz não é tentador o bastante para me fazer aturar uma noite em companhia de minha mãe. Não depois do que ela aprontou hoje.

— Não tem problema, tio J. Tenho mesmo que acordar cedo amanhã. Será que posso levar a Srta. Van Housen para casa? Assim, o senhor e a adorável senhora mãe dela podem ir jantar imediatamente.

Jacques fica sério.

— Talvez devêssemos...

— É muita gentileza da sua parte, obrigada – digo com firmeza, dando o braço a Owen. Estou sendo muito atirada, mas não me importo. Afinal, ele é sobrinho de Jacques. Certamente minha mãe não vai fazer qualquer objeção. E, se fizer, problema dela.

Owen me conduz pelo corredor escuro em direção à noite aberta. A calçada diante do teatro ainda está cheia de espectadores à espera de táxis ou apenas conversando sobre o show. Geralmente gosto de observar essa cena, mas hoje ela não me diz nada.

— Meu carro está logo ali. – Owen aponta, e eu o acompanho pela rua.

Ele olha para mim.

— Foi bem ousada a maneira como você fez questão de ir embora – comenta. – Não tem medo de que sua mãe fique furiosa? Somos praticamente estranhos.

— Minha mãe não vai se importar. Tenho me safado em circunstâncias adversas a vida inteira.

Ele começa a rir:

— Espero que não esteja me chamando de circunstância adversa.

Enrubesço, torcendo para que esteja escuro bastante ao nosso redor para que ele não veja meu rosto vermelho.

— É claro que não.

— Eu entendi o que você quis dizer. Mas parabéns por não permitir que a etiqueta lhe dê ordens. As pessoas mais velhas não compreendem que a vida agora é muito diferente de quando eram jovens. Nossa geração amadureceu mais depressa. Somos muito mais curtidos do que quando eles tinham a nossa idade.

Fico fascinada com o tom sofisticado e experiente dele.

— No entanto, sua mãe não me parece ser do tipo retrógrado – prossegue ele, abrindo a porta de um belo Ford Modelo T. O cheiro de gim, couro e algum outro aroma adocicado faz cócegas em meu nariz quando entro. Ele dá a partida no carro e eu lhe digo meu endereço.

– Não, minha mãe é uma mulher moderna – afirmo, retomando nossa conversa. – E, na maioria das vezes, sempre me tratou como uma adulta. Ela não teve escolha. – Quando não estava armando ciladas para mim.

– Que vida mais louca você deve ter levado!

Relembro os anos que passamos viajando e todas as pessoas que conhecemos.

– Sim, mas... – Hesito.

– E bastante solitária também, aposto.

– Como você sabe? – pergunto, arregalando os olhos.

– Um palpite.

Ficamos em silêncio por um momento. Ninguém jamais notou minha solidão, mas, também, ninguém jamais prestou muita atenção mesmo.

– Mas agora vocês estão bem, com seu novo show.

Rodamos em silêncio por alguns quarteirões.

– Tenho uma confissão a fazer – diz ele, por fim.

– E qual é?

– Eu disse para o meu tio que queria conhecer a incrível Madame Marguerite Van Housen, mas na verdade estava muito mais interessado em conhecer você.

Fico séria. Que galanteio.

– Eu queria saber como uma jovem linda como você podia ser também uma ilusionista talentosa.

– Ah. – O rubor em minhas faces se acentua ainda mais.

Ele ri, e eu nunca me senti menos sofisticada na vida.

– Que tipo de trabalho você faz, para ter que acordar tão cedo? – pergunto, mudando de assunto. Não estou com a menor vontade de contar a ele a história da minha vida.

– Trabalho num banco em Wall Street. Não é muito excitante, mas o salário é bom.

Parece excitante para mim. Bem, não exatamente excitante. Mais propriamente seguro e confortável. O que, considerando a vida desvairada que levei, soa simplesmente maravilhoso.

– E você? Está feliz fazendo o show?

Reflito sobre a pergunta.

– Acho que sim. Mas eu preferia fazer apenas mágicas e pular o número de mentalismo.

Owen sorri.

— O show é ótimo, mas acho que seria melhor ainda se tivesse mais mágicas e menos do resto. Sempre gostei de ilusionismo.

— Experimente dizer isso para a minha mãe. – Dou um muxoxo.

— Por que ela não quer que você tenha uma participação maior no show? Você é boa o bastante para alçar novos voos.

— Obrigada – agradeço. – Mas minha mãe é que é a estrela.

— Ah. – A voz dele me convida a prosseguir, mas não mordo a isca. – Como então, você é mesmo filha de Harry Houdini?

Prendo a respiração e fecho as mãos em punhos. Fico olhando para elas no escuro. Contando até três, lentamente estendo os dedos antes de responder.

— Onde foi que você ouviu isso?

— Eu comentei com meu tio que você é muito talentosa, e ele disse que tinha que ser, porque é filha de Houdini.

Olho pela janela para as ruas escuras, uma massa pesada de emoção pressionando meu peito. Aonde quer que eu vá, os boatos me acompanham. Desconfio que tenha sido minha própria mãe quem espalhou a maioria deles.

— Ei – diz ele, tocando de leve meu braço. – Não tive intenção de aborrecê-la. Acho que ser filha dele é maravilhoso.

— É que normalmente eu não costumo falar sobre isso. – Abano a cabeça. Ele deve estar me achando tão maçante.

Ele para o carro diante de meu prédio.

— Está tudo bem. Posso pensar em coisas melhores para falar com uma garota bonita.

— E quais seriam?

— *Sapatos, navios e lacre de cartas...**

— *Repolhos e reis...* – termino, rindo. Já devo ter lido *Através do Espelho* pelo menos umas dez vezes.

Pouso a mão na maçaneta do carro.

— Não, espere. Permita-me!

Ele salta do carro e o contorna depressa, enquanto eu me recosto no assento, um pequeno sorriso se esboçando em meus lábios. Sem a menor sombra de dúvida, levar uma vida tranquila e respeitável tem suas vantagens. Esta é a segunda

---

* Versos do poema "O Leão-Marinho e o Carpinteiro", do livro *Através do Espelho*, do autor inglês Lewis Carroll (1832-1898). A estrofe citada começa com *Chegou a hora, disse o leão-marinho, de falar sobre muitas coisas...* (N. da T.)

vez em menos de uma semana que alguém me trata como uma dama, e não como alguma sirigaita de cabaré. Faz com que eu me sinta... *especial*. No momento em que está para abrir a porta, no entanto, Owen tropeça e cai, se estatelando no meio-fio. Num momento ele estava lá, no outro está de pernas e braços abertos no meio da rua. Torço a maçaneta e salto do carro, tomando cuidado para não pisar nele.

— Você está bem?

Ele se levanta depressa, espanejando o terno.

— Estou. Mas o que é mesmo que dizem sobre a soberba vir com a queda?

— Pessoalmente, nunca entendi esse provérbio — digo, contendo o riso. — Sempre achei que a soberba *se vai* com a queda.

— E eu posso garantir a você que esse é mesmo o caso — diz ele, com um sorriso constrangido.

— Bem, obrigada pela carona — digo, retribuindo o sorriso

Ele limpa as mãos nas calças, antes de segurar minha mão e beijá-la.

— Foi um prazer, Srta. Van Housen. Principalmente o *grand finale*.

Ele está com uma mancha de terra no rosto, e eu não posso deixar de sorrir. Então, ele segura minhas mãos entre as dele. São quentes e gentis, mas não me transmitem nenhuma mensagem emocional clara. Prendo a respiração quando seus risonhos olhos azuis ficam sérios.

— Gostaria de ir dançar comigo qualquer dia desses?

— Por quê? — pergunto, para logo em seguida ter vontade de morder a língua. Posso abrir um cadeado ou bater uma carteira com a maior facilidade, fazer cartas aparecerem e desaparecerem como um polichinelo numa caixa e arrombar ou fugir de cadeias de cidades do interior sem ser descoberta, mas basta ficar na presença de um jovem simpático para eu me transformar na idiota da aldeia.

— Porque eu gosto de você.

Abaixo os olhos para esconder minha perplexidade. Ele gosta de mim? Será que não está tudo acontecendo um pouco depressa demais? Torno a olhar para o seu rosto. Suas covinhas se acentuam quando um sorriso curva seus lábios, e uma mecha de cabelos lhe cai sobre a testa. Mas talvez seja assim que funcione. Trato de esquecer o comentário sobre Harry Houdini e retribuo seu sorriso.

— Talvez.

— Talvez? — Ele começa a rir.

Balanço a cabeça, encabulada demais para falar. Ele aperta minha mão.

— Que ótimo, Anna. Vejo você em breve.

Viro-me para destrancar a porta de casa e espero até o carro de Owen se afastar antes de me permitir olhar para trás. Os acontecimentos da noite estão começando a me afetar. Sempre fico cansada depois dos shows, mas hoje, depois da briga com minha mãe, estou me sentindo frágil até os ossos.

De repente, minha nuca e braços se arrepiam e um pressentimento percorre minha pele como uma pluma molhada em sangue. Meus dedos, tão hábeis para abrir cadeados, não acertam com a chave. Como uma criança com medo de olhar debaixo da cama, tenho pavor de olhar para trás, temendo o que posso ver. Um ladrão, ou coisa ainda pior? A porta finalmente se destranca e eu entro depressa, dando uma última olhada no lance de escadas antes de fechá-la atrás de mim.

Nada.

Mas ainda posso sentir alguma coisa lá fora, à espreita. E, o que quer que seja, não irá embora tão cedo.

— Deixe de fazer birra e me ajude a escolher um chapéu.

Estou deitada no sofá lendo um velho exemplar da revista *Sphinx*, tentando ignorar minha mãe, que passou a manhã inteira zanzando ao meu redor. Ser ignorada é seu pior pesadelo e minha melhor estratégia de defesa.

Arqueio uma sobrancelha e vistorio sua figura com um olhar sumário. Ela está vestida para o dia com um tailleur em jacquard de lã vermelho-claro que lhe vem um pouco abaixo dos joelhos. A cor realça sua tez morena — minha mãe tem muito orgulho de sua pele e detesta essa moda de caiar o rosto com pó de arroz branco. Ela só faz isso à noite ou para os shows.

Ela coloca duas caixas de chapéus na mesa de centro e retira delas um chapéu verde-jade e outro preto.

Como sempre, fico dividida entre o desejo de agradar a ela e meu instinto de sobrevivência. Depois de um momento de incerteza, suspiro e abaixo a revista.

— O preto. Vai combinar com seu vestido, depois que tirar o casaco.

— Hummm. Acho que talvez o verde.

É claro que sim. Apanho minhas cartas e começo a embaralhá-las.

Ela prende o chapéu com grampos e se vira para mim.

— Que tal estou?

— Linda, como sempre. Aonde você vai?

— Almoçar com Jacques.

Fico preocupada e esfrego as têmporas.

— E depois?

— Não sei – diz ela, franzindo o cenho. – Por quê?

— Vamos trabalhar hoje à noite? – O que estou querendo saber é se vamos realizar uma sessão ou não. O teatro fecha nas noites de domingo, para aplacar os católicos praticantes.

— Não. Jacques acha que devemos realizar poucas por mês. Desse jeito elas se tornam mais disputadas, e nós podemos cobrar mais caro.

Solto um suspiro de alívio, e ela franze o cenho.

— Divirta-se e não gaste demais – digo, antes que ela possa me repreender por minha atitude. Deu certo.

— Não se preocupe tanto com dinheiro, meu bem. – Ela apanha a bolsa e as luvas, e eu levanto e a acompanho até a porta. – É o que não vai nos faltar de agora em diante. – E, me dando um tapinha no ombro, com ar condescendente, diz: – Não espere por mim. Não sei a que horas vou chegar. Agora, preciso ir andando. Jacques já deve estar esperando por mim lá embaixo. Ah, sim, eu encomendei um material para uma nova manifestação de espíritos. É ainda mais transparente do que o que estamos usando, vai ser perfeito. Será que pode ir buscá-lo para mim?

Vencida, dou um curto meneio de cabeça.

Ela escreve o endereço em um pedaço de papel e o entrega para mim antes de abrir a porta. Viro-me para a janela a fim de poder vê-la entrar no carro de Jacques.

Nesse momento, seu grito estilhaça o ar.

Giro o corpo esperando vê-la sendo carregada por algum inimigo desconhecido. Em vez disso, ela está paralisada na soleira da porta. Estou a seu lado em questão de segundos, minhas mãos levantadas, lamentando não estar com meu canivete borboleta, nada, para usar como arma. Mas não há ninguém lá. Só então noto seu dedo esticado e prendo a respiração ao ver para o que ele aponta. Uma ratazana do tamanho de um gato está deitada na nossa porta.

— O que é isso? – pergunta minha mãe, com a voz rouca de medo.

Engulo em seco, meu pulso voltando ao normal.

— É só uma ratazana.

— Como foi que chegou aqui, e o que vamos fazer com ela?

Para variar, ela não tem noção do que fazer. Dou um tapinha no seu ombro:

— Vá com Jacques. Eu cuido disso.

A gratidão nos olhos de minha mãe é sincera. Ela se inclina e dá um beijo em meu rosto.

— Obrigada — sussurra. Em seguida, contorna o bicho morto com todo o cuidado e desce depressa as escadas.

Volto correndo para o apartamento e chego à janela a tempo de vê-la entrando no Packard elegante de Jacques. Em seguida, com um suspiro pesado, pego um pano debaixo da pia da cozinha e o uso para segurar a ratazana pelo rabo. Observando seus mortiços olhos castanhos e longos dentes amarelos, não posso deixar de me perguntar o que a matou. Atiro-a no incinerador, com um calafrio.

Assim que fecho e tranco a porta do apartamento, eu me encosto a ela, respirando pesadamente. Moro nesta casa há mais de um mês e nunca vi sinais de roedores por aqui. Como é que um deles, morto, veio parar no nosso corredor, bem diante da nossa porta? Coincidência? Ou será que alguém o deixou ali para o encontrarmos? E, nesse caso, quem foi? Respiro fundo, tentando me acalmar. Minha cabeça gira com todas as outras coisas que aconteceram na semana passada. As visões. Walter. Sentir as emoções das pessoas sem nem mesmo tocá-las. Será que está tudo entrelaçado? E, se estiver, de que modo?

Sinto um pensamento me incomodando no fundo da mente e respiro fundo, permitindo que aflore.

Cole. Tudo começou a mudar depois que conheci Cole.

Entro na sala e paro diante da janela, sem ver a rua abaixo. Passando os braços pelo corpo, reflito intensamente, os pensamentos se sucedendo em alta velocidade. A primeira visão de minha mãe que tive foi bem depois de esbarrar em Cole na rua. A primeira vez que incorporei um morto, Cole estava presente. A primeira vez que recebi os sentimentos de alguém sem tocar na pessoa, Cole estava presente. Mas isso é *absurdo*. Como Cole poderia ter algum efeito sobre meus dons? E como posso ficar sabendo sem me trair?

Uma coisa é certa. Se eu quiser proteger minha mãe, é melhor descobrir.

Passo o resto da manhã e parte da tarde fazendo uma faxina no apartamento, permitindo que o trabalho prosaico acalme meu caos emocional.

    A despeito de minha opinião sobre ele, o apartamento que Jacques arranjou para nós é maravilhoso. Ele conta com uma cozinha moderna – a primeira que já tive –, equipada com fogão, pia com água corrente quente e fria e um chão de ladrilhos pretos e brancos. Uma área de serviço se estende paralela a uma das paredes, e uma pequena mesa de madeira fica diante da janela ensolarada. A poucos passos da cozinha, desfruto do luxo inédito de ter meu próprio quarto – o primeiro na vida que não sou obrigada a dividir com minha mãe.

Quando termino a faxina, dou uma olhada no relógio. Ainda é cedo demais para sair. A encomenda de minha mãe vai ter que esperar, pois tenho outros planos para hoje à tarde. Planos que estão me deixando com os nervos à flor da pele. Mordendo o lábio, sinto o impulso de voltar ao meu quarto, e, lá chegando, retiro as caixas de chapéus de baixo da cama. Pego as algemas, tranco-as, e então as abro com a chave falsa várias vezes. A ação me acalma. Torno a guardá-las, e retiro um velho programa que mostra Houdini trancado dentro de uma arca. Estudo a arca como se fosse real, e não desenhada. Tenho quase certeza de que sei como ele consegue escapar, deixando a arca trancada e cercada de correntes. Só seria preciso substituir os parafusos mais compridos por outros mais curtos. É claro, ele precisaria de algum tipo de ferramenta para achatá-los. Mas não sei bem onde poderia escondê-la. Nos cabelos, talvez?

Fico olhando para a foto promocional, lembrando o dia em que minha mãe me contou que Houdini era meu pai. Eu devia ter uns quatro ou cinco anos, e era uma dessas raras ocasiões em que ela não estava trabalhando ou saindo com algum visitante do sexo masculino. Não me lembro em que cidade estávamos, mas me lembro de ser agradável, com calçadas limpas e lojas bem tratadas. Ela tinha comprado um pirulito para mim, e eu ia lambendo lentamente a sua doçura enquanto passeávamos de mãos dadas. Era gostoso sentir o calor do sol nas costas, enquanto ela me mostrava a diferença entre um chapéu que nunca sairia de moda e outro que estaria antiquado em um ano. Lembro-me de estar mais interessada no pirulito do que no seu discurso, mas ainda assim era bom ouvi-la falando comigo com tanta seriedade. De repente ela parou, olhando para um cartaz enorme numa vitrine.

– O que é isso, mamãe? – perguntei.

Por um momento achei que ela não fosse responder, mas então ela se abaixou e me pegou no colo. Lembro-me de me contorcer toda, furiosa por estar sendo carregada como um bebê em público, mas seus braços me apertavam com tanta força que eu me aquietei.

– Esse é seu pai.

Fiquei olhando em volta, confusa, até que ela apontou para o cartaz. Foi então que distingui a imagem de um homem cujos olhos pareciam estar olhando bem dentro dos meus.

– Aquele homem é meu pai? – Graças a um jogo de luz, por um momento pareceu que nós três estávamos juntos. Mas era apenas o nosso reflexo na vidraça. Aquela noite minha mãe me contou pela primeira vez como conhecera Houdini e como eu fora concebida.

Agora me pergunto se havia qualquer verdade em suas palavras.

Tornando a guardar o programa, retiro o folheto que o empresário me deu. O Hipódromo fica na Sexta Avenida. Não devo demorar muito para chegar lá.

Depois de esconder minha coleção, faço uma refeição rápida e visto meu casaco. O sol da tarde brilha fraco no céu poente de outubro, e quase não aquece. Antes de seguir para o show, resolvo explorar a vizinhança. Algumas das casas, como a nossa, foram divididas em apartamentos, enquanto outras continuam sendo suntuosos lares de família, com largos lances de escadas e corrimãos em ferro trabalhado. Não chega a ser um bairro grã-fino, mas tem tradição e me envolve no abraço seguro da classe média.

Aonde quer que eu vá, vejo pessoas normais – mães levando os bebês para tomar ar fresco e crianças brincando na rua. As jovens parecem ser todas irmãs por parte de figurino, com seus idênticos vestidos midi de corte enviesado, chapéus cloche ou em estilo capacete e braceletes tilintando. Elas passeiam de braços dados, trocando confidências. Sinto uma pontada de tristeza ao me dar conta de que sou a única a caminhar sozinha. Mas, também, eu sempre fui sozinha.

A maioria das meninas que conheci me esnobou por causa da vida escandalosa que levei, e pelo fato de minha mãe ter a aparência que tem. Enquanto eu destrancava cadeados, extorquia dinheiro de viúvas de guerra e me apresentava em teatros, outras meninas da minha idade frequentavam o ginásio, ajudavam as mães em casa e davam uma fugida para um baile ou outro nos fins de semana. Os poucos amigos que tive eram adultos ligados ao teatro e, como estávamos sempre nos mudando, essas amizades nunca duraram mesmo.

Olho para os dois lados ao atravessar a rua, lembrando o pressentimento que tive na noite passada, mas a única ansiedade que sinto no momento é em relação ao que vou encontrar no show de Houdini.

Subo num bonde que vai para o centro, sorrindo para o motorista banguela ao pagar por minha passagem. Há vários assentos vagos nesta tarde de domingo, e eu escolho um perto da frente.

Dando uma olhada ao redor, retiro o programa da bolsa e leio o cabeçalho:

UM MÁGICO ENTRE OS ESPÍRITOS

O que isso significa?

Conhecendo o ceticismo de Houdini, quase chego a ter medo de descobrir. Como a maioria dos artistas em início de carreira, ele mal ganhava para se sustentar, e foi então que se tornou habilidoso com truques de cartas, o truque da ervilha e outros clássicos de parque de diversões, para poder sobreviver. Ele também afirmava ser capaz de se comunicar com os mortos, e realizou todos os tipos de mágicas assombrosas para provar sua autenticidade. Quando seu ilusionismo começou a render frutos, ele deixou tudo para trás, menos o conhecimento que adquirira.

Por anos ele se ocupou com a própria carreira e nunca se importou que médiuns extorquissem dinheiro do público, mas isso mudou quando sua amada mãe faleceu. Desesperado para se comunicar com ela, Houdini ofereceu uma soma vultosa a qualquer um que pudesse entrar em contato com seu espírito. Muitos tentaram, mas ele expôs a todos como fraudes. Tornou-se um homem amargurado e cada vez mais convencido de que tal comunicação era impossível. Passado algum tempo, tornou-se uma missão em sua vida expor o espiritismo como uma fraude.

Desço do bonde e caminho meio quarteirão até o Hipódromo. Com seus pináculos imponentes, bandeiras e detalhes arquitetônicos rebuscados, ele se parece com um castelo, totalmente deslocado em meio às fachadas comerciais de Nova York. Uma multidão de gente já se aglomera do lado de fora, e eu entro na fila.

E é como um rosto na multidão que compro meu ingresso. É como um rosto na multidão que compro um pretzel quente embalado em papel pardo. E é como um rosto na multidão que ocupo meu assento no gigantesco auditório.

Mas é como filha de Houdini que tiro um caderno e um lápis da bolsa e tomo notas do que vejo. As pessoas ao meu redor estão tensas, excitadas, o que me faz lembrar o quanto ele é famoso.

Prendo a respiração quando Houdini é anunciado. Já o vi se apresentar antes, é claro. Eu era uma menina pequena observando no píer quando ele pulou no rio Hudson. Eu o vi pendurado, oito andares acima da rua, quando se libertou de uma camisa de força em Chicago. Mas a esses eventos eu compareci com minha mãe, que chegou comigo pouco antes da fuga e me carregou para casa pouco depois. Agora é diferente. Desta vez, posso estudá-lo à vontade.

Houdini aparece no palco e eu me inclino para a frente, a tensão se enrolando ao redor de meu estômago como uma corda. Ele é mais baixo do que eu me lembrava, todo músculos compactos e força. Mas é sua voz que realmente me surpreende. Sua persona é pura fanfarronice masculina. Mas sua voz, de timbre agudo, quase efeminada, não parece combinar com sua figura.

— Declaro que, em vinte e cinco anos de pesquisas, não descobri nada capaz de me convencer de que a intercomunicação entre os espíritos dos mortos e os dos vivos exista.

Minha pele se arrepia quando relembro o tabuleiro Ouija. Fico imaginando o que Houdini, o grande cético, pensaria de Walter.

Houdini esclarece que não está atacando o espiritismo como religião, mas apenas os médiuns que tiram proveito do sofrimento das pessoas para extorquir seu dinheiro.

Começo a me remexer, desconfortável. Ele está se referindo a gente como minha mãe e eu. Faço um esforço para manter a calma e acompanhar sua palestra.

— Imaginem o horror do médium quando, no meio da sessão, eu arranco o meu disfarce e exclamo: "Sou Houdini e você é uma fraude!"

Meu sangue gela nas veias. *Bem posso imaginar.*

Ele disserta sobre o modo como os médiuns pesquisam seus clientes antes de realizar cada sessão, e eu me lembro de quantos cemitérios visitei em cidades do interior antes de minha mãe e eu entrarmos nesse ramo. Quantas vezes fiquei prestando atenção no armazém local, em segundo plano, atenta a informações que pudessem ser usadas.

Quando Houdini termina de discutir o meticuloso planejamento que uma sessão exige, seus assistentes entram no palco.

— Agora, vou mostrar a vocês os truques mais comuns usados pelos médiuns para fazer vocês, o público incauto, acreditarem nos seus golpes.

Ele começa pelo truque da escrita na lousa, durante o qual o espírito escreve uma mensagem do "além-túmulo" para um dos clientes. Houdini exibe no dedo o pequeno anel que contém um pedaço de giz. Ele demonstra como a lousa é segurada tanto pelo cliente quanto pelo médium, e como este pode escrever no verso do objeto sem o conhecimento do cliente. Após algum gesto ou comentário (geralmente feito por um cúmplice) para distrair o cliente, a lousa é momentaneamente retirada de suas mãos e virada para o outro lado, sem o cliente sequer notar.

Sinto um desânimo mortal. Um dos melhores truques de minha mãe já não vale mais nada. Vamos ter que criar uma nova variedade de truques à prova de Houdini.

Meu lápis voa enquanto ele discorre sobre todo um repertório de técnicas, muitas das quais minha mãe e eu já utilizamos em incontáveis ocasiões. A ingestão de tições incandescentes, que nada mais são do que bolas de algodão acesas em álcool, as pancadas misteriosas produzidas por um mecanismo engenhosamente concebido e embutido no salto de um de meus sapatos, a levitação de mesas, que é mera obra do pé do médium ou de algum cúmplice.

Meu horror cresce a cada frase que ele pronuncia, a cada truque que expõe. Nosso meio de subsistência está sendo destruído pelo mesmo homem que minha mãe afirma ser meu pai.

Minhas pernas se inquietam, querendo correr e se esconder. Guardo o caderno na bolsa e aperto os braços de veludo da poltrona. Vim aqui para conhecer Houdini, e vou conhecer.

Ele conclui o show com algumas das fugas favoritas do público. É isso que as pessoas clamam para ver, e eu ocupo a mente observando os truques passo a passo à medida que são executados. Observo a inflexão dramática de sua voz e seus gestos marcantes enquanto ele impressiona a multidão.

Antes de cair o pano, é anunciado que o livro de Houdini, *Um Mágico Entre os Espíritos,* estará à venda no átrio, e que ele estará lá para autografá-lo.

Essa é a oportunidade pela qual tanto esperei, e eu me levanto da poltrona para tentar chegar primeiro.

Não tenho sorte. Quando finalmente consigo comprar o livro, já estou presa numa fila que se estende quase até a entrada. O cheiro misto de suor e perfume me faz franzir o nariz. Todo mundo quer contar sua história para Houdini. Ele inclina a cabeça e diz o que manda a etiqueta, mas sei que não está prestando atenção. Sem dúvida sua mente rápida já se ocupa com o próximo compromisso em sua agenda cheia.

Finalmente, chega a minha vez.

Olho para o rosto dele, prendendo a respiração, esperando que alguma coisa aconteça. Talvez um sentimento de perplexidade ou reconhecimento inconsciente. Mas sua expressão é a mesma que exibiu para a pessoa antes de mim – educada, simpática, social.

Pergunto-me se essa expressão mudaria se ele soubesse como ganho a vida.

Tenho a sensação de que o livro é letal quando o estendo para ele, como se as capas pudessem me engolir inteira.

— Gostaria que eu fizesse uma dedicatória?

Evito seus olhos, como se ele pudesse perceber meu sentimento de culpa.

— Sim, por favor.

Ele espera, com um breve toque de impaciência no olhar.

— Seu nome?

Pigarreio.

— Anna.

— Apenas Anna?

Balanço a cabeça. As palavras me fogem.

Ele assina sob meu olhar. *Felicidades, Harry Houdini.*

Felicidades.

Sinto uma onda de ressentimento e raiva se erguer dentro de mim quando uma morena baixinha vai até ele e sussurra em seu ouvido. Sua esposa. Ele dá um tapinha na mão dela e me entrega o livro com um sorriso distraído.

Tenho que ir embora para que a fila ande, mas não posso. Meus pés permanecem firmemente plantados no chão.

Ele levanta os olhos para mim, sobrancelhas erguidas:

— Sim?

Exibo o livro:

— O senhor deveria tê-lo intitulado *O Que Não Fazer.*

Houdini inclina a cabeça para o lado.

— E por quê?

— Porque nenhum médium jamais vai usar esses truques de novo… mas nós dois sabemos que eles vão criar truques novos, não é mesmo? — Dou um sorrisinho frio para ele e me afasto.

— Espere um momento — chama ele, mas continuo caminhando e me perco na multidão que se dirige para a porta.

Já do lado de fora, respiro fundo algumas vezes, inalando o ar frio.

Meu pai, um homem que só conheço de noticiários, filmes e recortes de jornal, é agora muito palpável para mim. E meu inimigo.

Continue andando. Continue andando. Passo apressada pelo meu ponto de bonde, segurando com força o livro de Houdini.

Saber que ele trabalhou com a Sociedade Científica Americana para desmascarar médiuns e que escreveu longas diatribes em jornais não me preparou para esse nível de exposição.

Tudo em que trabalhamos tanto está ameaçado por causa de Harry Houdini. Se por um lado odeio realizar sessões e não vejo a hora de parar, por outro, elas sempre desempenharam um papel importante na nossa subsistência. Às vezes uma sessão bem-sucedida significa a diferença entre ter um teto sobre a cabeça ou não, entre ir dormir de estômago cheio ou vazio.

Harry Houdini se empenha em desmascarar médiuns, mas o que será que diria se conhecesse uma autêntica? Alguém que tivesse realmente se comunicado com os mortos, visto o futuro em visões aterrorizantes ou sentido as emoções dos outros emanando em ondas?

Alguém como eu.

Esbarro em um transeunte na calçada cheia e atravesso a rua para evitar a multidão. Não preciso sentir as emoções de ninguém neste momento. Meus pensamentos correm em disparada, cada um mais alarmante do que o outro. Minha mãe e eu estamos tão perto de deixar nossa vida nômade para trás. Sinto um frio na espinha, imaginando quantos céticos ferozes esse último ataque vai inspirar. E se eles iniciarem uma campanha contra o nosso show? Por um lado tenho vontade de atirar o livro na sarjeta, mas não posso. Preciso saber que truques ele arruinou para nós. Guardo o livro na bolsa e continuo percorrendo uma rua mal iluminada após outra.

— Com licença, senhorita, será que tem um trocado para dar a este velho?

Assustada, levanto o rosto brevemente e vejo o mendigo de feições envelhecidas à minha frente. Os farrapos imundos que ele veste atestam as circunstâncias de sua vida, e, num gesto automático, levo a mão à bolsa. Coloco uma nota de dinheiro na sua mão e ignoro o agradecimento que ele murmura enquanto olho ao redor, de testa franzida.

Nada me parece familiar.

Fui para a direita ou para a esquerda? Uma coisa é certa, não estou mais na Broadway. Os restaurantes vistosos e lojas cheias ficaram para trás. Os prédios aqui são feios, maltratados. As famílias dando seus tranquilos passeios dominicais foram substituídas por homens entrando furtivamente em prédios sem numeração. Alguns deles me espiam de esguelha, curiosos, e me dou conta do quanto pareço deslocada em meu casaco azul-marinho de lã e meus sapatos boneca pretos. As poucas mulheres que se veem na rua usam vestidos que lhes chegam aos tornozelos, surrados e largos, e xales pesados que constituem sua única proteção contra o frio.

Caminho apressada até a esquina mais próxima, para ver se o nome da rua me dá alguma pista sobre a direção que devo tomar. O cheiro salgado, saturado de alcatrão, que o rio exala é mais forte aqui, e as ruas mais estreitas. Devo estar perto do cais do porto. Mordendo o lábio, aperto a bolsa e tento parecer mais confiante do que me sinto.

Quando passo por um prédio arruinado de janelas às escuras, a porta se abre. Música e luz enchem a rua, e um homem corpulento, segurando outro pelo paletó, sai do prédio.

– E não volte mais aqui até ter o dinheiro, seu mão de vaca! – diz ele, atirando o sujeito na sarjeta.

Fico paralisada, sentindo o coração bater nos ouvidos.

O homem me encara.

– Vai entrar?

Faço que não com a cabeça. Dando de ombros, ele volta para o prédio e bate a porta.

O homem na sarjeta geme e eu chego a ficar tentada a socorrê-lo, mas o medo me paralisa. Pela primeira vez me ocorre que estou correndo um risco muito real. Passando longe dele, aperto o passo. Os poucos postes de luz cintilam fracamente, e eu vejo uma esquina adiante. Caminho depressa em direção a ela, tentando não correr. Estou na esquina de West End com a 50. Nós moramos na 47 West. Quebro a cabeça tentando me lembrar do mapa de Nova York.

Começo a caminhar novamente, esperando estar indo na direção certa. Há menos pessoas na rua agora, e o vento sopra mais forte, espalhando o lixo pela calçada coberta de rachaduras. Ouço alguma coisa atrás de mim. Com o coração na boca, diminuo o passo. O som para. Volto a caminhar e ele recomeça. Passos. Minha respiração se acelera, e eu me contenho para não correr. Kam Lee, um acrobata de São Francisco, me disse uma vez que os criminosos são atraídos pelo medo e repelidos pela confiança. Ele se recusou a me ensinar kung fu, pois não era apropriado para uma moça, mas me ensinou, e bem, o que é um andar agressivo.

Empertigo-me para parecer mais alta e endireito os ombros. Dando passadas mais largas, meu andar passa de inseguro a arrogante.

Como quem não quer nada, olho para trás. Será minha imaginação ou algo acabou de desaparecer em meio às sombras? Será que estou sendo seguida?

Caminho mais depressa, e os passos recomeçam. Engolindo em seco, tateio o canivete borboleta que carrego na bolsa desde que minha mãe e eu fomos assaltadas em Kansas City, muitos anos atrás.

Tento permanecer calma, mas meus sentidos se aguçam ao máximo. No começo, apenas experimento uma vaga sensação de ameaça, e em seguida de maldade, uma maldade profunda e velada, que se desprende em ondas pulsantes e me cerca. Meu fôlego trava e eu puxo o canivete de dentro da bolsa. Apertando seu cabo com força, esqueço todos os ensinamentos de Kam Lee e irrompo numa correria desabalada.

Os passos atrás de mim acompanham meu ritmo, nunca chegando a se aproximar, mas tampouco se distanciando. Lágrimas escorrem de meus olhos, e logo não consigo ouvir mais nada além de meu próprio fôlego curto. Meu coração martela no peito, e uma vertigem me atordoa. Se eu não tomar alguma providência logo, vou cair de exaustão e ser alcançada.

O instinto assume e eu paro bruscamente, girando o corpo, canivete na mão. Kam Lee disse que é melhor encarar o adversário do que fugir. Pois se o meu perseguidor pensa que sou uma presa fácil, está redondamente enganado! *Venha me pegar,* penso, abrindo o canivete de estalo.

– Anna! Anna!

De repente, alguém me abraça por trás e eu grito. Girando o pulso com a rapidez de um raio, risco uma navalhada de alto a baixo num dos braços que me seguram. Escuto um palavrão abafado antes de ser empurrada de lado. Meu canivete cai no chão.

– Anna! Está tudo bem, sou eu!

Chocada, deparo com os olhos assustados de Cole Archer.

Agindo por instinto, tento pegar o canivete, mas Cole é mais rápido e o chuta para longe antes que eu possa alcançá-lo. Sento de cócoras no chão, cabeça virada para ele, olhos apavorados, ofegante.

– Anna, está tudo bem. – A voz dele me acalma e eu relaxo, apesar de ainda estar desorientada.

Por que ele está aqui? Será que foi ele quem… Mas, assim que o pensamento me ocorre, eu o descarto. Cole não está ofegante, nem suas roupas estão amarrotadas. Ele estende a mão. Com um olho em mim, ele se curva e apanha o canivete.

– Gostaria de me contar o que aconteceu?

Com um suspiro entrecortado, abro a boca para falar, mas, em vez disso, rompo em lágrimas. Cole me puxa para si e eu me permito ser envolvida, trêmula, em seu abraço. Seu calor e força me envolvem e eu torno a respirar fundo. Posso sentir a preocupação emanando dele em ondas. Essa é a única vez que consigo ter uma clara percepção de seus sentimentos.

– Alguém estava me seguindo.

Ele olha para trás de mim, seus olhos esquadrinhando a rua.

– Não tem ninguém aqui.

Olho também, com os olhos embaçados de lágrimas, mas a rua está praticamente deserta.

– Havia alguém – afirmo, convicta.

Estranhamente, volto a sentir a presença, mais distante dessa vez, mas ainda ameaçadora, espreitando na escuridão. Fico imóvel, atenta, e a pulsação vai morrendo, como se a ameaça estivesse se afastando de mim.

– Está indo embora – murmuro, e sinto que ele assente, aceitando minhas palavras, embora eu mal tenha consciência do que quero dizer. Meus próprios dons, tão íntimos para mim quanto minha própria pele, parecem estar mudando, crescendo e se transformando em algo que não reconheço mais.

Relembro a revelação que tive horas atrás e me pergunto se essas mudanças realmente se devem à presença de Cole em minha vida. Inquieta, eu me viro, apenas para me dar conta de que seus olhos estão a centímetros dos meus, tão próximos que posso ver pontinhos cor de mogno e dourados em meio ao castanho. Meu rosto enrubesce de vergonha e eu me desvencilho de seus braços, constrangida. Cole pigarreia e me estende um lenço. Dou as costas e seco o rosto, tão envergonhada por minha reação à sua proximidade quanto por minhas lágrimas. Devolvo o lenço ensopado, evitando seus olhos.

– Obrigada.

– Você está bem? Ele...?

– Não cheguei a ver quem era.

– Ótimo.

Olho com horror para o rasgão em sua manga.

– Acertei você?

– Não, mas foi por um triz. – Ele olha para o canivete aberto em minha mão e arqueia uma sobrancelha: – Que tipo de arma é essa?

Abaixo os olhos, constrangida.

– É um *balisong*, um canivete borboleta. – O tipo da coisa que uma verdadeira dama jamais carregaria na bolsa.

Ele franze a testa, observando o objeto em sua mão. O canivete se abriu em suas três partes articuladas: as capas em osso, com seus delicados desenhos lavrados, e a lâmina propriamente dita.

– E por que você tem um? – A voz dele soa ligeiramente divertida, mas também confusa, sem dúvida se perguntando por que uma moça respeitável precisaria de uma arma tão malvada.

Talvez porque eu nunca tenha podido ser classificada como respeitável.

– Para me proteger. – Percebendo sua curiosidade, pego o canivete e o giro entre as mãos com destreza, o clique sinistro da lâmina ao bater nos cabos fazendo os olhos de Cole se arregalarem. Dou outra girada nele, antes de fechá-lo e guardá-lo de novo na bolsa.

– Onde você o arranjou?

– Porqueiro, o Magnífico. – A incredulidade se estampa em seus traços fortes, e eu me aborreço: – Um engolidor de espadas. Foi ele quem me deu e ensinou a usar.

– Um engolidor de espadas? – A voz dele sobe de tom, incrédula.

A vergonha e a decepção me fazem desviar o rosto. Relembro como ele me dava sua sobremesa na tenda de alimentação todas as noites, como ficava preocupado quando eu perambulava sozinha por cidades desconhecidas e como tentava não rir das minhas tentativas de atirar facas.

Eu adorava Porqueiro. Por que deveria me envergonhar disso? Porque ele não era respeitável? Porque trabalhava em um circo e tinha os braços cobertos de tatuagens?

– Não deveríamos ir para casa? – pergunto, conscientemente evitando o assunto. Alguém tão certinho e cerimonioso como Cole jamais compreenderia a minha família circense.

– É claro. – Ele me oferece o braço, e, mais uma vez, sinto suas emoções estranhamente bloqueadas. Não um caos como senti em outras ocasiões, apenas inexistentes.

– Mas o que você está fazendo aqui, afinal? Esta não é uma zona segura, principalmente à noite.

Sinto um ímpeto de raiva ao ouvir suas palavras.

– Vim dar uma volta e me perdi – digo a ele.

– Você não deveria sair por aí sozinha à noite – diz ele, com o rosto sério. – O que sua mãe tem na cabeça?

Paro de caminhar e tiro meu braço do dele.

– Eu estava perfeitamente segura! Até me perder – me emendo. – E, afinal, o que é que *você* está fazendo aqui, se a zona é tão perigosa?

– Eu tinha um compromisso – informa ele, lacônico.

Que tipo de compromisso ele poderia ter por estas bandas numa noite de domingo? Mas não digo nada. Torno a lhe dar o braço e continuamos caminhando. Cole solta um pigarro, constrangido, e me ocorre que talvez eu o deixe tão confuso quanto ele a mim.

– Você tem parentes na cidade? – pergunta ele, como que retomando a conversa que tivemos no cinema.

— Não. Não tenho família, ponto final. Somos só minha mãe e eu.

Espero pela pergunta inevitável, que vem quase imediatamente:

— E o seu pai?

— Jamais conheci o meu pai – digo, dando de ombros. Ele que pense o que quiser. Eu é que não vou mesmo contar para ele que sou filha ilegítima de Harry Houdini.

— Com que idade você começou a se apresentar?

Será que ele está realmente interessado ou apenas sendo gentil? Dou uma olhada de soslaio em seu rosto. O luar suaviza seus traços, fazendo-o parecer mais jovem e menos sisudo. De repente, quero que ele entenda que ser amiga de um engolidor de espadas não faz de mim uma aberração de circo, e que algumas dessas supostas aberrações foram as melhores pessoas que já conheci.

— Eu devia ter uns oito, nove anos quando comecei a me apresentar. Antes, eu apenas ajudava minha mãe com as sessões. Em um circo itinerante, todo mundo ajuda.

— E de que modo você ajudava? — A voz dele parece confusa, e eu empino o queixo.

— Eu era a menina das facas — respondo, altiva.

— A menina das facas?

— Isso mesmo! — Fico irritada com seu tom de divertida incredulidade. — A menina das facas original fugiu com um caubói em Kansas City, e Porqueiro precisava de alguém em quem atirar as facas na segunda parte do número.

— E em que consistia a primeira parte?

— Em engolir espadas. Ele era talentoso, maravilhoso, e eu tinha adoração por ele. — Pronuncio as últimas palavras em tom de desafio.

— Menos quando ele atirava facas em você.

Dou uma risada, apesar de ainda estar aborrecida.

— Até nessas horas — insisto. Por um momento, quase caio na tentação de lhe contar do dia em que fui disparada de um canhão, mas mudo de ideia. Provavelmente, ele já pensa o pior de mim. Estou acostumada a ser julgada por minha vida pouco convencional, e tento não permitir que isso me aborreça muito, mas, por algum motivo, a ideia de Cole me julgando é irritante.

Caminhamos em silêncio por alguns momentos, até que ele finalmente diz:

— Anna, você levou uma vida muito excitante.

Arregalo os olhos. Decididamente, não é a reação que eu esperava. Talvez tenha sido excitante. Mas eu abriria mão de toda essa excitação por um único dia livre de preocupações com maus empresários, policiais a serviço da lei e o eterno ponto de interrogação pairando sobre a nossa próxima refeição.

— E você? — Talvez eu possa conseguir algumas respostas direto da fonte.

— Minha família vive na Europa.

— O que eles acharam de você ter vindo viver aqui?

— Eles sabem que não vou ficar para sempre.

Embora estivesse interessado na minha vida, é de má vontade que Cole responde sobre a dele, jamais oferecendo informações adicionais.

— A Europa é muito grande. Será que dava para ser mais específico? — Sinto meus nervos tilintando como moedas numa latinha. Ele agora sabe mais sobre mim do que praticamente qualquer pessoa, além de minha mãe. Ele me deve pelo menos o básico sobre sua vida. É no mínimo justo.

Para minha surpresa, ele dá uma risada.

— Acho que sim — diz, concordando com meus pensamentos.

O que ele é, algum telepata?

— Também acho — reitero.

— Muito bem, então. Meus pais são ingleses, mas meu pai trabalhava para o governo, de modo que viajávamos muito. Itália, França, Grécia. Quando eu já estava com idade bastante para ir à escola, fui mandado para um internato.

Visões de *Jane Eyre** me vêm à cabeça.

— Era horrível?

— Não mesmo. Pelo menos, não até a guerra. A escola ficava numa cidadezinha no Oeste da Alemanha. Recebi muito poucas notícias de meus pais durante quatro anos.

— Isso é terrível!

— Não era tão mau assim. — Ele dá de ombros. — Era um internato pequeno, numa cidadezinha sem importância. Passamos despercebidos durante a guerra. O maior medo dos professores era de que os meninos mais velhos fossem obrigados a lutar pela Alemanha. Eu tinha doze anos quando a guerra terminou, e era muito alto para a minha idade. Os professores nos escondiam sempre que havia rumores de soldados nas redondezas. A pior parte era não saber como meus pais estavam.

— E como eles estavam? — algo me leva a perguntar.

---

* Referência aos maus-tratos a que as internas são submetidas na Instituição Lowood, no romance da escritora inglesa Charlotte Brontë (1816-1855). (N. da T.)

— Minha mãe estava bem. Meu pai não sobreviveu à guerra.

— Sinto muito – digo, dando-lhe um breve olhar. Embora seu tom seja natural, a tensão enrijece suas feições já severas, fazendo-o parecer mais reservado do que nunca. O rapaz risonho de alguns minutos atrás desapareceu completamente.

— Vocês eram muito chegados?

Ele esboça um meio sorriso.

— Tão chegados quando se pode ser quando você é mandado ainda pequeno para um internato. Mas ele era um bom pai. Era íntegro e acreditava sinceramente no seu trabalho. Espero algum dia me tornar metade do homem que ele foi.

Sinto vontade de dizer a ele que parece estar no caminho certo, mas não digo.

Embora a caminhada e a conversa no escuro criem uma atmosfera de intimidade, o fato é que eu mal o conheço. Decido que é melhor mudar de assunto.

— De onde você conhece Jacques? Não foi uma coincidência você ter sido escolhido no show, foi?

Posso ver o rubor em seu rosto à luz do poste.

— Hum, não. O Sr. Darby me apresentou a Jacques. Depois de esbarrar em você na portaria, eu quis que fôssemos devidamente apresentados, e pedi a ele para fazer isso. Eu tinha esperado um encontro formal, não uma participação no seu show. Depois, fui convidado para a sessão.

Se não fosse pelo óbvio constrangimento dele, eu teria começado a rir. Estou curiosa para saber de onde ele tirou a ideia de tentar me enganar com duas agulhas, mas não quero correr o risco de ele perguntar como o truque é feito, por isso torno a mudar de assunto.

— E então, o que está fazendo nos Estados Unidos?

Por um momento, tenho a impressão de que ele não vai responder, mas então ele diz em voz baixa, como se falasse sozinho:

— Acho que eu tinha que encontrar você.

Paramos diante do lance de escadas de nossa casa.

— Como assim?

Seus olhos da cor do alcaçuz parecem misteriosos. Por que eu podia lê-lo com tanta facilidade antes, e agora não?

— Eu queria lhe dizer... – Ele pigarreia, parecendo constrangido. Fico esperando. – ... que você é enfeitiçadora no palco.

Prendo a respiração, e ele abaixa os olhos.

– Quero dizer, muito talentosa.

Uma onda de calor se espalha pelo meu peito.

– Obrigada.

Ele levanta a cabeça, aproximando-se.

– Sua mãe é uma fraude, mas você é autêntica, não é mesmo, Anna?

Solto meu braço do dele, o medo percorrendo meu corpo. Como posso responder a isso? A resposta condena tanto a mim quanto a minha mãe.

Um pensamento me ocorre.

— Foi por isso que você não me contradisse agora há pouco? Quando falei que ainda podia sentir a presença de alguém lá?

Interpreto seu silêncio como uma afirmação, e sinto uma pontada de medo. O quanto ele sabe? E, mais importante ainda, como sabe?

Sinto dificuldade em respirar, e ficamos em silêncio por um longo tempo. Tenho muitas perguntas a fazer, mas também medo de que qualquer coisa que eu diga termine por revelar mais sobre mim do que por me trazer esclarecimentos.

Assim que me viro para abrir a porta, o carro de Jacques para diante de nós, e minha mãe desce. Ela está toda arrumada, o que significa que deu um pulo em casa durante a minha ausência.

– Onde esteve? Passamos a noite inteira procurando por você.

– Fui dar uma volta e me perdi. – Não preciso mencionar Houdini, embora seu livro, escondido na minha bolsa, pese em minha consciência como uma daquelas correntes colossais de que ele se livra.

Minha mãe aperta os lábios perfeitamente pintados.

– Francamente, meu bem, isso foi muito inconsequente da sua parte. – Ela arqueia uma sobrancelha ao perceber que não estou sozinha. – Sr. Archer?

Ao ver seu nome transformado em pergunta, Cole se apressa em explicar:

– Eu encontrei Anna na rua e a acompanhei até em casa.

Olho para ele com gratidão, aliviada por ele não ter mencionado que me encontrou correndo, apavorada, pelas ruas de uma zona mal frequentada.

– Que sorte de Anna – murmura minha mãe.

– Foi um prazer poder ser útil – diz ele, com um meneio de cabeça cortês.

A formalidade, que ele havia abandonado durante a nossa caminhada, voltou, e eu fico pensando se minha mãe o faz se sentir constrangido.

Tento vê-la pelos olhos de um estranho. Ela exibe uma capa em lamê debruada de cetim preto e bordada com gotas de cristal. Seus braços cintilam de bijuterias, e seu rosto exibe um teor de maquiagem mais alto do que de costume. Uma perfeita – e intimidante – milionária.

Ou talvez ele esteja constrangido porque sabe que ela é uma trambiqueira.

Uma das portas traseiras do carro se abre e Owen desce. Sinto Cole se retesar ao meu lado. Owen é o retrato da elegância urbana, em suas modernas calças com bainha inglesa e paletó estruturado justo. Sua sofisticação é apenas ligeiramente prejudicada pelo largo sorriso que ilumina seu rosto quando ele me vê. Cole, de cara amarrada em seu terno preto básico, parece um agente funerário de mau humor. Sou obrigada a esconder um sorriso.

– A carruagem vos aguarda, milady! – Owen faz um largo gesto teatral para indicar o Packard Phaeton vermelho-escuro de Jacques. – Quereis vir?

Cruzo os braços, e, consciente do ar de desaprovação de Cole a meu lado, tento não rir da palhaçada de Owen.

– Depende do lugar para onde estamos indo.

– Para a lua, amoreco, para a lua! – Owen pisca o olho e eu caio na risada.

— Ora, pare com essa papagaiada – intervém minha mãe. – Estamos indo fazer uma ceiazinha no The Colony.

Ela me toca para casa a fim de trocar de roupa, mas eu paro e dou uma olhada em Cole, que ainda está fuzilando Owen com os olhos.

— Boa noite, Cole, e obrigada... por me acompanhar até em casa.

Ele responde com um curto meneio de cabeça.

Abro a porta, e a última coisa que escuto é Owen se apresentando: "Olá, meu velho, sou Owen." Solto um muxoxo e sigo minha mãe pelas escadas, imaginando o que Cole deve ter achado de ser chamado de "meu velho".

— Olhe o que comprei para você hoje! – anuncia minha mãe, quando chegamos ao meu quarto.

Estou prestes a repreendê-la por jogar dinheiro fora, quando vejo o vestido de noite em crepe georgette cor de pêssego bordado com contas prateadas e cintilantes pedras de strass. É indizivelmente lindo. Sem dar uma palavra, deixo que ela me ajude a vesti-lo, e por fim me olho no espelho, incapaz de acreditar na transformação. O tecido vaporoso contorna sutilmente meu corpo antes de cair em dobras graciosas até pouco abaixo dos joelhos. O tom intenso e acobreado complementa meus cabelos escuros e empresta uma quente luminosidade à minha pele. Pela primeira vez na vida, estou me sentindo tão bela quanto minha mãe. Viro-me para ela e digo, com os olhos brilhantes:

— É lindo. Muito obrigada.

— Tome cuidado para não entornar nada nele no restaurante – adverte ela, virando-se para a penteadeira. – Agora, temos que ir andando. Já deixamos os rapazes esperando tempo demais.

Ela me ajuda com a maquiagem – dando profundidade a meu olhar com kajal e rímel, delineando um coração em meus lábios com rouge cremoso. Quando me considera pronta, descemos correndo para o carro em tempo recorde.

Sento ao lado de Owen, encantada com seu olhar de admiração. Ele é tão bonito, com seu cabelo louro sedoso e suas covinhas, que é difícil de acreditar que estou saindo para um programa com ele. A única coisa que estraga um pouco a minha alegria é o fato de minha mãe e seu empresário estarem sentados no banco da frente. Apesar da infantilidade, é óbvio que Owen é muito mais sofisticado do que eu, sem dúvida a versão masculina das glamorosíssimas melindrosas que vi em alguns de nossos shows. Dando uma olhada no meu lindo vestido e nas pulseiras que minha mãe colocou no meu pulso, fico nas nuvens com a ideia de que eu mesma poderia ser confundida com uma melindrosa.

— Você está deslumbrante – diz Owen, chegando um pouco mais perto.

— Obrigada. – Sorrio e fico olhando para minhas mãos. Sem saber o que dizer, finjo estar interessada na animada discussão de minha mãe e Jacques sobre algumas pessoas que não conheço. Minha mãe está rapidamente se tornando uma nova-iorquina, o que me dá esperanças de que nos fixemos por aqui, apesar da caça às bruxas de Houdini.

— Um tostão por seus pensamentos – diz Owen, inclinando-se em minha direção.

Sua proximidade faz meu pulso acelerar. Ele cheira a brilhantina, gim e alguma coisa adocicada que não consigo identificar.

— Só um tostão?

— Depende dos pensamentos, não é? – diz ele baixinho, e eu prendo a respiração. Nesse momento o carro faz uma curva fechada e, quando vejo, ele está no meu colo, seu chapéu despencando no chão. Dou um gritinho e levanto as mãos. Ele trata de se endireitar depressa, o rosto morto de vergonha. – Preciso parar de fazer papel de bobo na sua frente – diz, tornando a colocar o chapéu. – Não é nada bom para o meu amor-próprio.

Caio na risada, invejando a autoconfiança inabalável de Owen. Ele transita pelo mundo com tanta desenvoltura. Gostaria de poder ser assim.

— Aposto que você tem muitos pensamentos interessantes – diz ele, voltando à oferta do tostão.

— Para dizer a verdade, estou pensando em como seria bom me fixar em Nova York.

— Tem certeza de que não quer conhecer a Europa? Você é uma ilusionista talentosa, poderia fazer uma turnê mundial. Adoro Nova York, mas daria qualquer coisa para poder viajar de cidade em cidade, me apresentando.

— É mesmo? Pensei que você trabalhasse em um banco.

— E trabalho. Mas também pratico um pouco de ilusionismo nas horas vagas – Ele fica olhando para as mãos, tentando, sem sucesso, parecer modesto.

Minhas sobrancelhas disparam para o alto.

— Eu não sabia! – Ele tinha dito que apreciava o ilusionismo, não que o praticava.

— Eu comecei quando estava na escola. Mas não tenho um décimo do seu talento, ou do de seu pai.

Felizmente, chegamos ao nosso destino antes de eu ter que responder.

O The Colony é o lugar a que os nova-iorquinos sofisticados vão para verem e serem vistos, explica Owen, e posso entender a razão. As paredes com suas listras extravagantes chamam a minha atenção logo de cara, mas são os lustres faiscantes e os frequentadores bem-vestidos que fazem o lugar. O maître parece conhecer Jacques, e somos conduzidos até uma mesa perto do centro do salão. Um homem alto, de cabelos encaracolados e um terno preto de tussor, se aproxima de nossa mesa pouco depois de nos sentarmos, apresentando-se como Cornelius Vanderbilt. Seus olhos exploram cada centímetro de minha mãe sem a menor cerimônia, apesar da presença de uma bela, embora tímida, loura a pouca distância.

– Minha esposa e eu comparecemos à sua noite de estreia – diz ele. – A senhora e sua filha estão de parabéns pelo show maravilhoso.

– Muito obrigada, Sr. Vanderbilt. – Minha mãe inclina a cabeça e abre um sorriso radiante que faz Jacques e o Sr. Vanderbilt piscarem, ofuscados.

– Por favor, me chame de Cornelius. E essa é minha esposa, Rachel.

Rachel Vanderbilt dá um sorriso forçado:

– Muito prazer. Querido, nós temos que voltar para junto dos Gould. – Centelhas de ciúme dardejam dela quando, a contragosto, aperta a minha mão. Fico aliviada quando Cornelius lança um último e longo olhar para minha mãe antes de se afastar com sua possessiva cara-metade.

– Os Vanderbilt são podres de ricos – cochicha Owen a meu lado. – Ouvi dizer que eles mandaram fazer um bolo de duzentos e cinquenta quilos para a festa de casamento.

Tento visualizar um bolo dessas dimensões, mas não consigo.

– Queria só ver o forno que poderia assar um bolo de duzentos e cinquenta quilos – cochicho para ele.

Owen solta uma gargalhada e eu relaxo. Jacques pede quatro Colony Specials.

– Que bebida é essa? – pergunto.

– Coquetéis de gim – explica Owen, inclinando-se para mim. – Até que são razoáveis, quando calha de a bebida contrabandeada não ser muito ruim.

Olho ao meu redor e percebo que todo mundo está segurando um coquetel.

– Como é que eles se safam num restaurante chique desses?

– Marco Hattem, o bartender daqui, guarda a bebida num elevador de carga nos fundos. Quando os federais dão uma batida, ele manda tudo para o último andar do prédio.

Caio na risada, imaginando o ardiloso bartender apertando o botão do elevador sempre que a ameaça ronda.

– De mais a mais – prossegue Owen –, quantos federais você acha que têm peito de dar uma batida num restaurante frequentado por Vanderbilts, Goulds e Carnegies? – Ele meneia as sobrancelhas e eu abro um sorriso.

O garçom traz nossas bebidas e nós provamos, cautelosos. É bem forte, com um toque de anis e laranja.

– Gostoso – comento, surpresa.

– Um brinde aos carregamentos de alta qualidade! – Owen levanta o copo e minha mãe, Jacques e eu fazemos um brinde.

– Jamais pude resistir a uma celebração! – diz Cynthia Gaylord, com sua vozinha cantada, às nossas costas. – O que estamos celebrando?

– O sucesso – Jacques se apressa em responder, levantando o copo para minha mãe. Ela inclina a cabeça levemente e sorri, lisonjeada com a resposta dele.

Os Gaylord puxam cadeiras e se espremem à mesa, enquanto o garçom traz mais uma rodada. Cynthia, como sempre, exibe suas joias e risos mais cintilantes, trocando mexericos com minha mãe e Jacques. Ninguém jamais adivinharia o desprezo que minha mãe sente por ela. Seu marido apenas observa, paciente.

Casais em seus glamorosos trajes de gala param diante de nossa mesa para cumprimentar minha mãe. A propaganda boca a boca está fazendo dela a nova sensação da cidade. Parece estranho, depois de termos fugido de tantos lugarejos com a polícia e um bando de cidadãos furiosos no nosso encalço. Ela aceita a homenagem como se lhe fosse devida, inclinando a cabeça e distribuindo sorrisos deslumbrantes. Nós apenas colhemos as migalhas de sua fama, enquanto nos empanturramos com as ostras, o caviar e o roquefort que acompanham as famosas torradinhas do The Colony.

Owen passa o tempo todo cochichando fofocas no meu ouvido, algumas verdadeiras e outras tão chocantes que tenho certeza de que ele as está inventando só para me divertir. E está conseguindo.

– Aquela é Lois Long. – Ele aponta uma bela morena num vestido ousado. – Ela escreve colunas escandalosas para a revista *The New Yorker* sob o pseudônimo de Lipstick. Dizem que passa as noites bebendo e dançando com a fina flor de Nova York, antes de sair trocando as pernas para o escritório às quatro da manhã. Ela escreve uma coluna inteira sobre gente com quem acabou de passar a noite, e depois ferra no sono sentada à mesa de trabalho.

Olho para ele com os olhos arregalados, imaginando uma vida dessas. Ela está cercada por um grupo animadíssimo, que bebe suas palavras. Nesse momento, percebo um cavalheiro bem-vestido, à margem do grupo.

– Quem é aquele homem que parece não estar se divertindo?

– Vincent Astor. Ele herdou milhões quando o pai morreu no naufrágio do *Titanic*.

Titanic. A palavra ecoa em minha mente, evocando a lembrança de minha primeira visão, embora eu fosse pequena demais para saber que era ele. Era final de primavera, e eu vinha caminhando pela neve com minha mãe, à procura de uma pensão barata. A sorte nos fora madrasta em Denver, e meus sapatos gastos estavam encharcados. Quando senti a primeira pontada no fundo dos olhos, parei, apertando a cabeça entre as mãos. Minha mãe, distraída, ainda caminhou por um momento antes de notar. Embora tenha me perguntado várias vezes qual era o problema, eu não podia responder, petrificada pelas imagens que se desenrolavam em minha mente. Um navio destroçado. Gente correndo, gritando, se afogando nas águas negras e geladas. Ainda me lembro do cheiro imperioso de açúcar queimado que senti pouco antes de desmaiar. Mas, embora aquele momento tenha sido aterrorizante, não foi nada comparado com o horror que senti ao ver as manchetes no jornal dando vida à minha visão.

– Você está bem, minha flor?

Levo um susto quando Cynthia, à minha direita, pousa a mão em meu braço. Seus dedos me transmitem fragmentos de preocupação entremeados com uma felicidade simplória, descomplicada. Embora sua emoção me conforte, sinto uma ponta de melancolia. Não sei se já me senti tão despreocupada assim na vida.

– Desculpe, acho que me distraí por um momento.

– Ah, antes assim. Por um momento você ficou com cara de quem está vendo assombração. – Ela acompanha a piadinha com uma piscadela, e eu sorrio sem vontade.

Mas a palavra *assombração* me relembra que quero perguntar a ela sobre aquela sociedade paranormal.

– Por que não me fala mais sobre a Sociedade de Pesquisas Paranormais?

– Ah, meu amor, aquele lugar é incrível. Pelo menos, foi o que ouvi dizer. Nunca cheguei a frequentar as reuniões, mas um convidado inglês que tem dado palestras na nossa igreja era membro de lá. Parece fascinante. Muito científico.

– Que tipo de igreja é essa que tem convidados dando palestras sobre fantasmas? – pergunto, com um muxoxo.

Ela solta uma risada.

— Uma igreja muito moderna com raízes muito antigas. Uma igreja fundada sobre os preceitos do místico sueco Swedenborg, chamada A Nova Igreja. Você e sua mãe precisam vir com a gente qualquer dia desses. Como médiuns, seriam muito bem-vindas.

Minha mãe fecha a cara, e eu sei que é porque Cynthia me chamou de médium.

— Acho que está na hora de irmos andando – sentencia ela, levantando da mesa.

Todos se levantam para ir embora e eu seguro o braço de Cynthia, enquanto Jacques ajuda minha mãe a vestir o casaco. Não estou disposta a deixar escapar essa oportunidade. Se existem outras pessoas como eu, estou determinada a encontrá-las.

— Eu adoraria visitar sua igreja qualquer dia desses.

— Supimpa! – diz ela, batendo palmas. – Fica na 35 East, entre a Lexington e a Park Avenue. Nós nos reunimos aos domingos às onze da manhã, embora as palestras geralmente sejam à noite. Eu aviso você.

— Estarei lá – prometo.

Não sei se foram os Colony Specials ou os acontecimentos do dia, mas me sinto embotada de exaustão quando recolhemos nossas coisas. Apoio-me sem a menor cerimônia no braço de Owen a caminho do carro, mais uma vez aliviada por não ter que me preocupar em saber como ele está se sentindo.

— Você parece ter nascido para levar essa vida, boneca – sussurra ele. Dou um sorriso sonolento e me recosto no assento.

Minha cabeça cambaleia duas vezes antes de ele chegar mais perto.

— Vamos, recoste a cabeça no meu ombro. Prometo que não vou mordê-la.

A oferta é boa demais para recusar, e eu recosto a cabeça no ombro dele com um suspiro exausto.

Não chegamos em casa antes de uma da manhã. Minha mãe, ainda deslumbrada com seu sucesso, pergunta alegremente aos homens se querem subir para tomar uma última dose. Jacques recusa, alegando a necessidade de minha mãe dormir, e ela sorri, acenando.

Sigo-a pelas escadas, meus pés se arrastando. O Sr. Darby enfia a cabeça pela porta quando passamos:

— Se continuar saçaricando à noite desse jeito, mocinha, vai acabar ficando doente, escreva o que estou lhe dizendo! – E bate a porta.

Minha mãe solta um bocejo.

— Que homem estranho – comenta.

Esboço um sorriso, sonolenta. O que ele realmente quis dizer foi: "Tome cuidado, mocinha, não quero que fique doente." É bom saber que alguém se preocupa com meu bem-estar. Mas não tento explicar isso para minha mãe.

Esfrego os olhos cansados e ardendo, maldizendo a insônia. Embora tenha chegado exausta a casa na noite passada, fiquei lendo o livro de Houdini até minha vista não aguentar mais. Pelo menos me impediu de ficar pensando em quem me seguiu e por quê. Foram três vezes na semana passada que senti alguém me observando, e tenho certeza de que não é porque sou irresistível. Mas essa não é a única razão por que não consigo dormir.

Estou com medo de ter outra visão.

Por que, de uma hora para a outra, comecei a ter visões sobre a minha vida? Elas sempre foram sobre outras pessoas ou acontecimentos, nunca sobre mim ou minha mãe. Será que foram apenas sonhos? Começo a me remexer, inquieta.

Mas, se não foram, será que eu não deveria tentar fazer alguma coisa? Descobrir mais? Mas como? Talvez a resposta seja aquela sociedade de pesquisas. Mesmo assim, por mais que eu queira encontrar outras pessoas que tenham os mesmos dons que eu, todo o meu ser se revolta contra a ideia de contar o meu segredo para quem quer que seja. Como se revela uma coisa que se escondeu a vida inteira? Principalmente quando se sabe, por intuição, que toda a sua sobrevivência depende de mantê-la escondida?

Mas o que poderia acontecer de pior se todos ficassem sabendo que tenho esses dons? A pergunta toca em algo doloroso e profundo no meu íntimo, levando meu pulso a disparar, mas eu me obrigo a refletir sobre o assunto.

Eu nunca seria capaz de levar uma vida normal e respeitável. As pessoas me assediariam com pedidos, não me dariam trégua, toda a minha privacidade acabaria. Até meu trabalho poderia ser prejudicado – ninguém viria ver Anna, a Ilusionista, e sim Anna, a Aberração. Não importa que pensem que minha mãe tem todos aqueles poderes especiais, não quero ser a garota que fala com os mortos ou tem visões do futuro. Não quero ser uma médium. E minha mãe – prendo a respiração – jamais permitiria que eu me tornasse o centro das atenções.

Percebo que estou tremendo e respiro fundo várias vezes. Mas será que alguma dessas coisas importa? Se minha mãe estiver correndo algum tipo de perigo, eu tenho que arriscar. Resolvo ir àquela palestra com Cynthia para descobrir mais.

Decidida a não pensar mais nisso, passo para o problema seguinte: Houdini e sua vingança contra os médiuns.

Será que nosso meio de subsistência está de fato ameaçado? Sempre tivemos que ficar de olho nos céticos, mas Houdini está fazendo de sua caça aos médiuns uma moda. O perigo da exposição está se tornando uma possibilidade cada vez maior. Será que posso confiar nas opiniões de Jacques sobre todas as pessoas que ele traz às nossas sessões? Sempre sonhei em abandoná-las e levar uma vida normal, mas será que temos condições financeiras de fazer isso?

Torno a analisar nosso caderno de despesas, com o coração na mão. Como sempre, minha mãe gasta até ficar à beira da falência, e depois espera que eu tire o dinheiro da cartola.

Sou uma boa ilusionista, mas não tão boa assim.

De acordo com o caderno, temos dinheiro bastante para nossas despesas de alimentação, mas não muito mais que isso. Franzo a testa. Minha mãe tem feito mais compras do que o caderno indica. Meu novo vestido ainda nem foi lançado. De onde ela tem tirado esse dinheiro? Espero que não esteja comprando fiado nas lojas – não preciso desse tipo de dor de cabeça.

Guardo o caderno na gaveta da escrivaninha e respiro fundo. Dando uma rápida olhada nos quartos, torno a contar o dinheiro do meu pé de meia, cuidadosamente escondido. Ainda está em trinta e oito dólares. O bastante para impedir que passemos fome ou fiquemos ao relento por algum tempo, mas não muito mais do que isso. Acrescento uma nota de dez da nossa última sessão e guardo o resto num envelope para depositar no banco. Hesitante, tiro outra nota de dez e a acrescento ao pé de meia.

Sabendo o que sei agora sobre a vingança de Houdini, não posso compartilhar do otimismo financeiro de minha mãe. O que significa uma única coisa: não apenas tenho que continuar realizando as sessões, como preciso torná-las espetaculares o bastante para cobrar ainda mais por elas. Alguma coisa diferente. Alguma coisa tão espantosa que as pessoas implorem para participar, e nós possamos cobrar uma quantia exorbitante. O que poderia ser exatamente, não sei. Mas, assim que nosso pé de meia engordar um pouco, vamos poder parar. E, se Deus quiser, isso há de acontecer antes que Houdini ou algum dos outros céticos vigilantes arruíne nossa credibilidade. Porque, se formos publicamente denunciadas como uma fraude, o Newmark Theater vai rescindir nosso contrato, e será a nossa desgraça.

Mas será que tenho o direito de continuar a fazer uma coisa que sei ser errada por lucro? As palavras de Harry Houdini reverberam em minha memória:

Não é difícil convencer pessoas que sofreram uma perda recente da possibilidade de se comunicar com seus entes amados. Para mim, os pobres crentes sofredores, na ansiosa busca de alívio para a dor que se segue à morte de um ente querido, são sacrificados pelos carniceiros que ganham dinheiro à sua custa.

Ele está falando de mim e de minha mãe. Carniceiras.

Com um suspiro alto, escondo o dinheiro e me visto para ir visitar o Sr. Darby. Mais uma vez verifico os cadeados cuidadosamente antes de sair.

Ainda nervosa por causa da perseguição da noite passada, decido não me afastar muito de minha rua, e acabo apenas dando um pulo na padaria da esquina para comprar pães doces antes de voltar.

O Sr. Darby abre a porta antes mesmo que eu possa bater.

– Bem na hora! – reclama. – Eu já estava ficando com fome. São quase onze horas.

— O que o senhor preparava para o café da manhã antes de eu me mudar para cá? Sim, porque tenho certeza de que não passou fome. – Dou uma olhada na sua pança volumosa e abro um sorriso.

— Não seja impertinente, mocinha! A chaleira já está no fogão.

Passamos para a cozinha, mas a surpresa de ver uma moça desconhecida varrendo o chão interrompe meus passos. Ela me olha de relance e desvia os olhos.

— Já estou quase acabando aqui, senhor. Quer que eu leve o lixo para o porão?

— Não! – Ele se enfurece. – Fique longe do meu porão, está ouvindo? Agora, caia fora daqui. Você já fez o bastante por hoje, e não quero que incomode a minha convidada.

Os olhos dela não param quietos, o que indica seu nervosismo, e eu noto que suas mãos parecem macias e bem-tratadas demais para serem de uma faxineira. Ela sai apressada do aposento, mais uma vez me olhando de relance, e eu coloco a cesta na mesa.

— Não tem croissant hoje? – pergunta o Sr. Darby, dando uma espiada no saco de papel.

— Não, eu queria experimentar uma coisa diferente. – Hesito. – Quem é aquela moça? – pergunto. Alguma coisa nela me pareceu um pouco estranha. Se bem que, felizmente, "estranha" num sentido normal, comum, daquela sensação que qualquer pessoa experimenta quando não simpatiza muito com alguém, e não de uma premonição decorrente de dons paranormais.

— Ela apareceu ontem procurando trabalho. – Ele dá de ombros, servindo nosso chá. – Cole ficou com pena e a contratou para vir aqui todos os dias, dar um jeito na casa. Acho que ela é uma espiã.

— Uma espiã?

— Sim, uma espiã a serviço de algum inventor rival.

— Acho mais provável que ela seja uma espiã a serviço de Cole. Provavelmente ele vai contar para os seus parentes o que o senhor faz enquanto ele passa o dia inteiro fora.

— Estou mais interessado no que *Cole* faz o dia inteiro fora! – rebate ele, com um muxoxo.

Então somos dois.

O Sr. Darby dá uma cheirada no pão doce, e em seguida crava os dentes nele. Seu rosto se enruga, concentrado, enquanto ele mastiga:

— Bom. Mas não tão bom quanto aquele croissant.

Estou curiosa a respeito da moça, mas ainda mais curiosa em relação ao que o Sr. Darby esconde no porão.

– Será que hoje é um bom dia para eu ver sua oficina? – pergunto, como quem não quer nada.

– Talvez sim. Talvez não.

Velho turrão, penso, comendo meu pão doce. Mas não digo nada. Se demonstrar interesse demais, ele vai ficar me cozinhando a vida inteira.

Fico em silêncio até nós dois acabarmos de tomar nosso café da manhã.

– Vamos lá. Sei que você está doida para dar uma espiada.

Sigo-o pela cozinha e depois por um longo corredor. Ouço uma movimentação no andar de cima, o que significa que minha mãe acordou.

O Sr. Darby abre uma porta e puxa um barbante que pende do teto ao lado das escadas. O cheiro de graxa, mofo e café queimado vai se tornando mais forte à medida que descemos.

Quando finalmente chegamos ao último degrau, dou uma olhada ao redor e solto uma exclamação. Não sei o que eu estava esperando, mas certamente não era esse amontoado de cobre, aço e arame. Meus olhos não sabem nem para que lado ir primeiro. O aposento tem o comprimento e a largura da casa, e é muito bem iluminado por lâmpadas que pendem do teto a cada três ou quatro vigas. Bancadas de madeira encostadas a uma parede exibem uma colossal barafunda de instrumentos em feitios estranhos, caixas e esferas. Num canto, vejo um gigantesco maçarico cilíndrico e um prato giratório; noutro, uma máquina enorme que não consigo identificar. Ou o Sr. Darby é um verdadeiro gênio, ou um louco varrido.

– Que beleza! – exclamo. – O que são todas essas coisas?

Ele bate as mãos, satisfeito:

– Isso, mocinha, é a obra da minha vida! Não é magnífico? – Seus braços se abrem para indicar o aposento inteiro, e eu balanço a cabeça em sinal de admiração ao passar com todo o cuidado por cima de um gigantesco rolo de arame farpado. – Eu sabia que você apreciaria. Sei reconhecer um espírito afim quando vejo um!

– Para que serve tudo isso?

– Antes, você tem que me mostrar um dos seus truques – decreta ele, de braços cruzados.

– Está bem. – Dou uma olhada ao redor do aposento. – Hum... Será que pode me amarrar? – pergunto, com um risinho malicioso.

As sobrancelhas dele quase chegam ao couro cabeludo:

— Como é que é...? Que tipo de truque é esse?

— O senhor me amarra a uma cadeira, e eu aposto que vou conseguir me soltar.

— Tem certeza?

— Absoluta. Eu consigo me soltar de praticamente qualquer coisa.

É com a incredulidade estampada no rosto que ele tira uma corda comprida e suja de uma caixa de ferramentas. O que não o impede de fazer um bom trabalho, me amarrando com várias voltas apertadas a uma cadeira.

— Não estou machucando você, estou?

— Já fui amarrada com correntes antes – esnobo.

— Você levou uma vida muito estranha, mocinha – diz ele, fazendo uma careta.

Dou uma risada. Números de escapismo acabaram se tornando parte de meu repertório graças à frequência com que tive de ajudar minha mãe a fugir da cadeia. Eles dão um ar de credibilidade às sessões, quando os clientes querem uma garantia de que não estou por trás da materialização do espírito. Claro, eles não sabem que posso me soltar, aparecer como espírito e tornar a me amarrar antes mesmo que eles pisquem os olhos. Acho que minha mãe encorajou meus esforços porque assim eu me pareceria mais com meu pai. Mas eu gosto do desafio.

— Agora, vire de costas.

— Por quê? – pergunta ele, irritado.

— Porque um bom mágico nunca entrega seus truques – explico. – Eu disse que lhe mostraria um truque, não que revelaria meus segredos.

A expressão em seu rosto deixa claro que ele acha que foi trapaceado, mas mesmo assim faz o que peço. A verdade é que não faz diferença se alguém assiste, mas eu gosto de envolver meu número em uma aura de mistério.

— Agora, conte até dez. Devagar.

Ele suspira, mas faz o que digo, sem saber que já desatei metade dos seus previsíveis nós de marinheiro. Poucas pessoas entendem que um monte de cordas não significam necessariamente amarras eficientes.

— Pode virar – digo, antes de ele chegar a oito.

Ele se vira e eu dou uma risadinha ao ver seus olhos esbugalhados de espanto.

— Ora, ora! Isso sim é um truque e tanto! Posso tentar de novo?

— Não, trato é trato. O senhor prometeu me mostrar uma das suas invenções.

— Tem razão — assente ele, um tanto contrariado. Depois de refletir, esquadrinhando o aposento, faz um gesto para que eu o siga. Para minha decepção, ele não se dirige à máquina no canto e sim a outra, muito menor, de metal dourado.

— Essa aqui é a menina dos meus olhos — anuncia, fazendo festinhas na máquina. — Ainda não resolvi todos os problemas dela, mas, quando isso acontecer, vou ganhar uma fortuna, você vai ver.

Observo a máquina com ar de pouco caso.

— Mas o que ela é?

— Eu a chamo de MDO: Máquina de Deslocamento de Objetos.

— Mas o que ela faz?

— Desloca objetos! — diz ele, com um gesto impaciente.

— Que tipo de objetos?

Ele apanha um pequeno botão cinzento.

— Vou lhe mostrar. Chegue para lá.

Ele olha ao redor e pega uma vassoura. Então, prende o botão nela com fita adesiva e a deposita no canto. Em seguida, desenrola um fio comprido.

— Eu costumava usar peças de relojoaria em tudo — conta, meneando a cabeça em direção à máquina. — Mas isso foi antes de eu compreender perfeitamente o potencial da eletricidade.

Ele liga a máquina na tomada e ela emite um zumbido quase inaudível.

No começo, nada acontece. De repente, meu queixo cai quando a vassoura começa a andar sozinha em zigue-zague, descrevendo um círculo. Meu pulso acelera quando me aproximo à procura de fios transparentes, mas não vejo nenhum. A dança da vassoura se torna frenética e eu salto para trás no momento em que o cabo pula no meu rosto, por pouco não o acertando em cheio. O Sr. Darby se apressa a desligar a máquina.

— Esse é o ponto fraco dela — admite. — Ainda está em fase experimental. Mas, assim que eu descobrir uma maneira de controlá-la, o céu será o limite. Donas de casa no mundo inteiro vão poder ficar no bem-bom enquanto a máquina faz todo o trabalho para elas!

Apanho a vassoura e estudo o botão cinzento com admiração.

— Como funciona?

— Magnetismo. Descobri uma maneira de controlar a eletricidade para tornar os ímãs mais potentes. — Ele aponta para o teto, onde vejo outro botão cinzento preso a uma viga.

— É incrível!

Ele balança a cabeça, com um largo sorriso.

De repente, solto uma exclamação, minha cabeça um redemoinho de possibilidades. Não há nada no maldito livro de Houdini sobre qualquer coisa desse gênero. É praticamente indetectável.

– Será que ela funcionaria em qualquer lugar?

– Não vejo por que não – diz ele, dando de ombros. – Por quê?

Sorrio para o meu vizinho.

– Porque eu tive uma ideia. Será que gostaria de participar de uma sessão, Sr. Darby?

Massageio os músculos do pescoço, que estão esticados como cordas de violino. A meu lado, no banco traseiro de seu luxuoso Isota Fraschini vermelho-escuro, Cynthia Gaylord tagarela sem parar, enquanto tento entender por que estou tão nervosa.

Quando Cynthia me telefonou, hoje à tarde, agarrei com unhas e dentes a oportunidade de comparecer a uma palestra em sua igreja. Uma igreja que mistura ciência com espiritismo? Conexões com uma sociedade que realmente estuda o sobrenatural? Talvez eu consiga algumas respostas para minhas perguntas sobre meus dons, as visões sobre minha mãe, e – um calafrio – a inesperada visita de Walter. Talvez até descubra por que meus dons estão mudando e como posso usá-los para saber quem está me seguindo. Não havia a menor possibilidade de eu recusar esse convite.

Intrigada, observo o chofer no banco da frente. Ele é diferente da maioria dos chóferes que já vi dirigindo para os ricos. Tem um pescoço grosso, um nariz quebrado, e, se não estou enganada, falta-lhe a ponta do dedo mindinho da mão esquerda.

Enrolo uma mecha de cabelo no dedo e me viro para Cynthia, tentando me distrair:

– Me fale mais sobre esse palestrante convidado.

Ela para no meio de uma frase, e percebo que a interrompi. Quase dá para ver seu cérebro processando a mudança de assunto por trás daqueles lindos olhos azuis.

– Ah. Bem, ele é inglês, e muito inteligente. Eu simplesmente adoro os ingleses, você não? – Uma imagem de Cole me vem à cabeça, e eu logo trato de esquecê-la. Balanço a cabeça, e ela continua: – Ele é uma espécie de médico, mas não me lembro de que tipo. Jack sempre diz que sou distraída feito uma criança. Enfim, ele já trabalhou com todos os maiores especialistas em paranormalidade do mundo, e vai discutir os resultados da pesquisa da Sociedade de Pesquisas Paranormais sobre como os mortos estão à nossa volta o tempo todo, apenas esperando para nos guiar na nossa jornada. Eles fazem experiências com eletricidade e coisas assim. – Ela faz um gesto distraído, e eu entendo que cheguei ao fim dos seus conhecimentos sobre o assunto.

– Parece muito interessante – comento.

– Você vai simplesmente adorar. Não posso acreditar que sua mãe não tenha querido vir. Ela é uma médium tão boa, embora eu tenha certeza de que você também tem o mesmo dom. O que você fez na sessão...

– Não – apresso-me a dizer: – Foi a presença de minha mãe que atraiu o espírito.

Cynthia franze o nariz e, pela primeira vez, me dou conta de como ela é jovem. Provavelmente, ainda não tem nem vinte e cinco anos. Como será ser assim tão jovem e rica? Não me importo que minha mãe ache que ela é uma casca-grossa. Aposto que ela nunca teve que raspar as economias para não precisar passar a noite na rua. Hoje, ela está usando um casaco acinturado de arminho com uma enorme gola de raposa branca que provavelmente poderia pagar um ano de aluguel.

– Bem, quem sabe só agora você está recebendo o dom? Talvez seja hereditário.

Não conto a ela que já me fiz a mesma pergunta.

Sou salva de ter que responder quando o carro estaciona diante de uma linda casa em estilo renascentista, construída em pedra cinza-claro. As largas janelas salientes dão à fachada um ar acolhedor que contrasta com a alta e ameaçadora cerca de ferro que guarda a frente. Mas, por algum motivo, não me sinto acolhida.

Cynthia me reboca pelo portão e pelo lance de escadas, sua silhueta esguia um contraste moderno com a arquitetura clássica do local. Hesito diante da porta, meus nervos à flor da pele.

– Vamos lá, sua boba. – Cynthia segura minha mão. – Temos que conseguir bons lugares.

Ela me puxa pelo corredor, acenando com a cabeça como uma jovem rainha para algumas pessoas já sentadas nos bancos. Acho que agora sei qual é o segredo de ser uma socialite – fazer de cada ocasião uma festa.

As paredes são feitas de um gesso em tom pastel de textura macia que empresta ao aposento uma luminosidade acolhedora, e o gracioso estilo italiano se mantém nos arcos decorativos e urnas ornamentais. Na verdade, toda a atmosfera do santuário é tão tranquila e serena que acho difícil acreditar que seus membros tentem invocar os mortos regularmente aqui.

O aposento continua a encher, e eu fico surpresa de ver quantas pessoas se interessam pela ciência paranormal. Há alguns homens espalhados aqui e ali, mas, na sua maioria, os frequentadores são mulheres bem arrumadas, vestindo roupas da moda.

Cynthia me cutuca e aponta discretamente para um canto da sala:

– Aquele é o reverendo Herbert Cullen, e o homem diante dele é o palestrante convidado.

O reverendo, baixinho e gorducho, está tapando quase completamente o homem alto à sua frente. Não posso ver o rosto do visitante, que está de costas, mas a expressão do pastor é de deferência.

O pastor faz um meneio de cabeça simpático para o homem, e então se posta atrás do púlpito. Ele pigarreia e a congregação faz silêncio.

– Muitos de vocês assistiram à notável palestra que o nosso convidado deu, na semana passada, sobre espiritismo, ciência e cristianismo – começa o pastor com sua voz fanhosa. – Somos abençoados por tê-lo novamente conosco para mais uma iluminadora palestra, intitulada "A Ciência por trás da Pesquisa Paranormal". Tenho o prazer de lhes apresentar o Dr. Finneas Bennett.

Aplaudo educadamente com o resto da congregação, e então fico paralisada ao ver quem é o convidado palestrante.

O homem da livraria.

Curiosa, observo o Dr. Bennett tomar seu lugar atrás do púlpito. Na livraria, ele disse que o espiritismo era um hobby. Eu diria que é mais do que isso.

— Obrigado, Dr. Cullen — agradece o Dr. Bennett, assumindo o púlpito e a sala com tranquilidade.

A meu lado, Cynthia Gaylord se inclina para a frente, os olhos acesos. Talvez seu interesse pelo palestrante tenha a ver tanto com o homem quanto com o tema. O Dr. Bennett, com sua tez corada e cabelos cheios e ondulados, parece mais um nobre rural inglês do que um investigador paranormal, e seu sotaque é muito mais pronunciado que o de Cole. Claro, Cole fez algumas viagens com os pais quando era mais jovem. Talvez ele tenha uma maneira mais europeia de falar.

— Minhas senhoras, meus senhores e companheiros espíritas, mais uma vez obrigado por me convidarem a esta ilustre igreja para compartilhar com vocês os conhecimentos que logrei obter durante meus anos de estudos sobre telepatia, aparições, percepção extrassensorial e os aspectos físicos do espiritismo.

Seus maneirismos teatrais são tão incompatíveis com o homem que conversou brevemente comigo na livraria, que na hora fico de orelha em pé. Reconheço no Dr. Finneas Bennett um vigarista de marca maior.

Naturalmente, é preciso um vigarista para reconhecer outro.

Sua voz é quase tão envolvente quanto a de minha mãe, enquanto ele explica as diferenças entre anjos, demônios e espíritos guia. Até agora, não me disse nada que eu já não tenha apurado em minhas próprias pesquisas aleatórias. Então, ele menciona algumas investigações preliminares sobre percepção extrassensorial e precognição — a capacidade de saber o que os outros estão pensando, ou que um fato vai ocorrer antes que isso aconteça.

Presto a máxima atenção.

— Inicialmente, avaliamos nossos sujeitos com testes de cartas simples. Quando eles passam nesses testes, procedemos a uma análise mais complexa. A pesquisa ainda não é conclusiva, mas parece muito promissora. Espero publicar minhas descobertas sobre o assunto dentro de um ou dois anos.

Torno a me recostar no assento. Bem, isso não me ajudou em nada. Além da sugestão de que existem outras pessoas no mundo com os mesmos dons que eu, não ouvi nada de novo. Talvez, se eu falar com ele pessoalmente, possa apurar mais alguma coisa, mas algo em mim hesita diante da ideia de aprofundar minhas relações com o Dr. Bennett.

A meu lado, Cynthia oscila o corpo para os lados levemente, como um fino bambu em meio à brisa. Franzo a testa, observando os outros membros da congregação; todos parecem hipnotizados pelo Dr. Bennett.

– Portanto, minha boa gente, vocês compreendem a importância de meu trabalho. É com grande entusiasmo que anuncio meu interesse em adquirir um imóvel em Nova York, com o intuito de construir a filial americana da Sociedade de Pesquisas Paranormais.

Ele ergue a mão para atalhar os aplausos.

– Mas, meus caros fiéis e companheiros, um projeto como este custa dinheiro, e eu... – ele abaixa a voz – ... não passo de um pobre cientista.

A congregação permanece imóvel, prendendo a respiração. Estreitando os olhos, analiso os rostos dos que estão mais perto de mim. A maioria parece relaxada, receptiva, perplexa. Alguns, como Cynthia, oscilam o corpo levemente.

O Dr. Bennett prossegue:

– Seu bom pastor generosamente se ofereceu para passar o proverbial chapéu, assim proporcionando ao novo laboratório um auspicioso começo.

Meu queixo cai quando o proverbial chapéu – na verdade, um prato – é passado pelos bancos. Não tenho a menor dúvida de que vai estar transbordando de notas quando voltar para o púlpito. Já presenciei transes sendo induzidos em grandes grupos por hipnotizadores de palco, mas, nessas ocasiões, a plateia participou voluntariamente. Por algum motivo, não acho que seja o caso desta congregação.

Os olhos do Dr. Bennett percorrem a multidão, um sorriso se esboçando em seus lábios. Eles passam por mim e então voltam, o sorriso se desfazendo. Cruzo os braços e levanto as sobrancelhas. Ele me cumprimenta com um leve aceno de cabeça, e esboça um vago sorriso. Se está nervoso por ter sido apanhado, não demonstra. Talvez eu tenha me enganado.

Neste momento, vejo Cynthia retirar da bolsa uma nota de cem dólares e colocá-la no prato.

Ou talvez eu não tenha me enganado.

Depois que o prato é passado, nos reunimos para fazer um lanche. A multidão espaneja as últimas teias de aranha do cérebro e sai correndo para exigir seus biscoitos de chocolate com aveia e bolachas de gengibre. Cynthia se oferece para servir o café. Depois de aceitar uma xícara e recusar os biscoitos, eu me dirijo discretamente para um grupo que cerca o Dr. Bennett.

Embora não o tenha visto propriamente hipnotizar a multidão, reconheci alguns dos sinais, o que poderia significar que a congregação foi hipnotizada em outra ocasião, e hoje o Dr. Bennett apenas usou uma palavra estímulo. Pessoas em estado de transe são altamente vulneráveis a sugestões – como a de encher um prato de coleta.

– Acho que a escrita automática nos dá uma clara visão do mundo dos espíritos, mas são muito poucas as pessoas que conseguem realmente praticá-la – diz o Dr. Bennett.

– O senhor é médium, Dr. Bennett? – pergunta um homem com um bigode portentoso, e um sotaque alemão igualmente portentoso.

– Infelizmente não, Sr. Huber – diz o Dr. Bennett, rindo. – Meus talentos são de outra natureza.

– Realmente – murmuro.

O Dr. Bennett vira a cabeça na minha direção.

– E a senhorita é...?

– Anna Van Housen.

– Está interessada em espiritismo e médiuns, Srta. Van Housen?

Ele realmente me reconheceu da livraria.

– Sim, entre outras coisas – digo, com um sorriso inocente. – Como hipnotismo.

– Ah, sim, hipnotismo. – O Dr. Bennett pigarreia. – Um assunto fascinante.

– Concordo. Principalmente os estudos de Gustave Le Bon sobre psicologia de massas e sugestão. – Isso vai ensinar a ele a tentar enfeitiçar uma feiticeira.

A surpresa se estampa no rosto do Dr. Bennett por um momento, mas é logo substituída por um sorriso astuto:

– A senhorita é muito lida, Srta. Van Housen.

– Como disse – abro um sorriso –, eu me interesso pelo sobrenatural. Lamento ter perdido suas palestras anteriores. Poderia me falar um pouco mais sobre a Sociedade de Pesquisas Paranormais?

– Naturalmente. A Sociedade de Pesquisas Paranormais é composta por pesquisadores, escritores e outros que se interessam pelo sobrenatural. No início apenas estudávamos materializações de espíritos e aparições, mas então fizemos algumas descobertas notáveis no que diz respeito a outros poderes paranormais.

Dou um gole no meu café, com naturalidade.

– E de que outros poderes paranormais o senhor estaria falando?

Ele sorri.

— Lamento não ter liberdade para divulgar essa informação em público, mas não me importaria de discutir o assunto em particular. Afinal, é uma aficionada, como eu. Será que a senhorita e sua conhecida... Cynthia, não é?... gostariam de se encontrar comigo em outra ocasião?

Cynthia chega a meu lado, e só faltam aparecer cifrões nos olhos dele.

Meu corpo se retesa. *Por favor, que ela não conte a esse homem o que minha mãe e eu fazemos,* penso. A regra número um quando se quer obter informações sobre alguém é não dar muitas informações sobre si mesmo em troca.

— Obrigada pelo convite — agradece ela, passando o braço pelo meu. — Anna é muito jovem, como o senhor vê. Acho que seria melhor se eu a acompanhasse nesse encontro. Tenho certeza de que a mãe dela ficaria mais tranquila.

Para dizer a verdade, fico feliz que Cynthia tenha se convidado. O Dr. Bennett pode ser um pesquisador paranormal, mas também é um picareta. Não posso julgá-lo, mas *posso* tomar cuidado. E talvez consiga convencer Cynthia a não ser tão mão-aberta assim.

— Seria um prazer. Vou dar uma olhada na minha agenda e lhe telefono durante a semana. — Ele dá um tapinha condescendente no braço de Cynthia e se afasta.

— Ele é bonitão, não é? — pergunta ela, observando o Dr. Bennett conversar com o Sr. Huber. — Não tão bonitão quanto Jack, claro, mas ainda assim é bem distinto.

Cynthia e eu caminhamos para a porta, minha cabeça girando de possibilidades. Depois de passar anos sem qualquer informação sobre meus dons, será que estou realmente chegando perto de consegui-las? É uma pena que não tenha tido chance de segurar a mão dele; teria gostado de saber como estava se sentindo. Antes de cruzar a porta, lanço um último olhar para a sala apinhada, apenas para ver que o Dr. Bennett está me observando.

Enquanto organizo a sessão da noite seguinte, percebo que estou mais nervosa do que jamais fiquei antes de uma apresentação. Entre o medo exacerbado de ser desmascarada por algum cético e a estreia da MDO do Sr. Darby no nosso repertório, estou tensa como uma equilibrista na corda bamba. *Só mais algumas*, prometo a mim mesma. *Só mais algumas, e então poderemos parar.*

Horas atrás, um garoto de recados me entregou um bilhete que dizia:

Eu enfrentaria monstrinhos e fantasminhas, bichinhos de perna comprida e coisas que fazem barulho à noite, só para passar mais tempo com você... até mais tarde.*

Está guardado no meu bolso. O bilhete me faz rir, como Owen. É verdade que ele é meio teatral, mas, com uma mãe como a minha, quem sou eu para julgar? Todo mundo na minha vida é mesmo meio exagerado e teatral.

Menos Cole, sussurra uma vozinha. Não, Cole não é nenhuma dessas coisas. Perto de Owen, Cole parece um pouco austero, salvo por aquelas raras ocasiões em que se descontrai. Aí, ele quase parece outra pessoa.

Abano a cabeça, com vergonha de meus pensamentos. Por que estou aqui, sonhando acordada, quando tenho que cuidar dos preparativos para uma sessão?

Depois que minha mãe saiu à tarde, o Sr. Darby e eu passamos o resto do dia adaptando a Máquina de Deslocamento de Objetos, para que pudesse ser comandada do andar de baixo. Ele deve estar embaixo de mim neste exato momento, manipulando-a.

– Tem certeza de que vai dar certo? – perguntei a ele.

– Bem que eu gostaria de ver a cara deles! – Ele esfregou as mãos, satisfeito.

Pelo menos, o Sr. Darby não faz restrições morais ao que estamos planejando: ele encara tudo como uma grande peça que vamos pregar nos nossos convidados. O truque, naturalmente, consiste em não deixar que vejam os pequenos botões que controlam a máquina, e tomar cuidado para que não me ouçam bater o pé no chão três vezes, que é o nosso sinal. Colocamos um botão na luminária acima da mesa e escondemos o outro dentro de um relógio barato que comprei especialmente para a ocasião. Mesmo que o relógio se quebre em mil pedaços ao aterrissar de seu voo pela sala, imagino que vão pensar que o botão é uma peça dele.

Só vamos fazer algumas vezes, prometo a mim mesma, tentando aplacar minha consciência. No momento em que correr à boca pequena que às vezes os objetos saem voando pela nossa casa, as pessoas vão implorar para participar das sessões. Já aumentamos os nossos honorários, e a sessão de hoje vai nos render mais de duzentos dólares. Cobrando mais alto, vou poder economizar o bastante para impedir que fiquemos na miséria. Então, vamos finalmente poder parar.

---

* Referência às palavras de uma oração tradicional escocesa: *From ghoulies and ghosties / And long-leggedy beasties / And things that go bump in the night / Good Lord, deliver us!* (N. da T.)

Minha mãe entra na cozinha em passos altivos, vestindo um longo e amplo cáftan oriental de seda, com uma cintura alta e mangas morcego. Em uma das mangas, ela esconde a chave das algemas que serão postas em seus pulsos quando ela entrar na cabine. Também escondida em seu vestido está a máscara de papel machê que ela vai usar para a materialização. É um dos nossos truques mais chocantes, pois a máscara parece convincente e fantasmagórica à luz de velas.

A menos que algum dos nossos convidados tenha assistido à última palestra de Harry Houdini.

— Quem vem mesmo? – pergunto a ela, pondo a chaleira no fogão.

— Os Gaylord, um casal húngaro a quem Jacques nos recomendou, não lembro os nomes, e uma mãe e uma filha de Cleveland, Joanna e Lisette Lindsay. Todos levam o espiritismo a sério, portanto não haverá céticos desta vez.

Os olhos de minha mãe, delineados com kajal, se destacam em seu rosto branco como giz, e ela usa na testa uma faixa egípcia com uma franja de canutilhos. Está igualzinha a Theda Bara em *Cleópatra* – exótica, bela e misteriosa. Meu figurino é mais modesto: um vestido de seda georgette azul-marinho debruado de branco. Minha mãe acha que esse contraste é "simplesmente delicioso" – o que quer que isso signifique. Pessoalmente, acho que ela só está cuidando para que todos os olhos fiquem colados nela hoje à noite.

— Ah, sim, Owen ligou quando você estava na rua, e praticamente se convidou. – Ela me olha de soslaio, e eu lhe dou as costas.

Preparo uma xícara de chá para mim mesma e uma bandeja de pequenos sanduíches para os nossos convidados. Enquanto minha mãe se ocupa em saquear o armário de bebidas, torno a verificar a luz no teto, para ter certeza de que o botão não está visível.

— Ah, pare com isso – reclama ela, dando um gole no seu xerez. –Você está me deixando nervosa. Não se preocupe, Jacques investigou quase todos eles, e também me contou umas fofocas incríveis sobre os Gaylord.

Quase todos eles!

Ouvimos uma batida na porta, e eu a abro para nossas primeiras convidadas: a dupla mãe e filha de Cleveland. Com seus cabelos louros frisados e olhos azuis saltados, elas mais parecem irmãs do que mãe e filha. Nunca vou conseguir distinguir uma da outra.

— Gostariam de comer alguma coisa? – Ofereço a bandeja de sanduíches, mas as duas fazem que não com a cabeça, ríspidas. A filha evita meus olhos, enquanto a mãe me encara sem a menor cerimônia.

— Mas eu aceitaria alguma coisa para beber. Será que algum *espírito etílico* pode baixar no meu *copo*? — O gracejo da mãe é acompanhado por uma risada estridente.

— Gim? Xerez?

— Gim está ótimo, obrigada.

— Eu aceito um copo d'água — diz a filha, dando um breve olhar para a mãe.

Busco a bebida e a água, e lhes entrego os respectivos copos, mas a mãe esvazia o dela antes de eu me virar para oferecer algo ao casal húngaro que acabou de chegar.

— Outro, por favor.

Arregalo os olhos.

— Pois não. — Finjo não notar que a filha lhe dá outro olhar de advertência. Por impulso, pouso a mão com delicadeza no braço da filha: — Tem certeza de que não quer um sanduíche? — Fico com a boca seca quando sua agitação passa para mim. Por que ela está tão nervosa?

A noite *não* está começando nada bem.

Depois disso, as Lindsay, nos seus vestidos que parecem saídos do catálogo da Montgomery Ward,* ficam em silêncio num canto. Isso é bastante atípico. A maioria da clientela adora ser convidada para nossas "festas" exclusivas e ter uma chance de confraternizar conosco.

Mas não tenho tempo para me preocupar com isso, pois, em questão de minutos, os outros convidados chegam e eu fico ocupada conversando e tornando a encher copos e xícaras. O casal húngaro devora quase todos os sanduíches, e ambos parecem extrovertidos demais para realmente se interessarem por espiritismo. O Sr. Gaylord está com um ar entediado, mas tenho a impressão de que seu ar é sempre esse. Cynthia é o filhotinho de cachorro cheio de vida a que ele não pôde resistir. Owen ainda não chegou. Noto que a bandeja de sanduíches está quase vazia e faço um sinal para minha mãe, indicando que está na hora de começar.

Ela bate as mãos:

— Bem, tenho certeza de que vocês não vieram aqui por causa da comida. Podemos começar?

Nesse momento, tornam a bater à porta. Embora eu estivesse esperando, levo um susto. Owen. Respirando fundo, atravesso a sala depressa e abro a porta. Owen está encostado no batente, a cabeça inclinada num ângulo petulante:

---

* Primeira loja de departamentos dos EUA a vender por reembolso postal. (N. da T.)

— Perdi os fantasminhas?

— Não, estamos começando.

Nesse momento, ouço uma porta se fechando no andar de baixo, e fico horrorizada. E agora?

Mesmo antes de ele aparecer, eu já sabia que era Cole, pelos passos firmes e cadenciados nas escadas. Ele olha Owen de alto a baixo e se vira para mim.

— Espero que não se importe que eu me junte a vocês.

— Fique à vontade, meu velho. Mas é capaz de estar um pouco cheio — diz Owen, fanfarrão, com um falso sotaque inglês.

Cole recebe o deboche com uma sobrancelha arqueada.

— Entrem, por favor. — Eu me afasto para que os dois possam entrar.

— Você está lindíssima — elogia Owen, ao passar por mim.

Dou um sorriso distraído para ele e fecho a porta.

— Mãe, os convidados que faltavam acabaram de chegar — aviso em voz alta do corredor. Owen vai para junto dos outros, mas Cole me retém pelo braço:

— Que bom que podemos ficar a sós por um momento. — Sua voz é baixa, insistente. — É importante que eu fale com você sobre seus dons.

Engulo em seco, meu coração disparando como uma parelha de tordilhos numa daquelas antigas corridas de charretes.

— Como disse?

A voz dele se torna mais urgente:

— Você sabe do que estou falando, Anna. Precisamos conversar.

Minha cabeça está girando. Não posso admitir ou negar nada, enquanto não souber quem ele é ou o que quer. Respiro fundo.

— Sou uma ilusionista, Cole — murmuro. — Minha mãe é que é uma médium. Agora, temos que ir para junto dos outros.

Dou as costas para me dirigir à sala, mas, antes que possa dar um passo, Cole se inclina às minhas costas, quase encostando em mim:

— Preciso que você me dê um voto de confiança, Anna. Por favor.

Estremeço ao sentir seu hálito em meu ouvido e pescoço. Engolindo com força, eu me afasto dele, sem saber o que mais fazer. Ele me segue até a sala, e sinto meu estômago se enrolar em nós mais apertados do que os das cordas que já me prenderam.

Sento ao lado de Owen, e Cole à nossa frente, perto das Lindsay.

— Peço desculpas pelo atraso — diz ele aos outros. — Obrigado por me convidar, Madame Van Housen. É uma honra.

Olho zangada para minha mãe, que me dá um sorrisinho satisfeito e, em seguida, fecha os olhos.

— Vamos todos dar as mãos e as boas-vindas ao mundo dos espíritos, para que se junte a nós.

Fico me roendo de raiva, enquanto ela pede a todos que fechem os olhos, para então dar início ao cantochão de costume. Por que ela não podia me contar que tinha convidado Cole? Por que tudo tem que ser sempre uma manobra?

Com esforço, torno a me concentrar na sessão. Minha mãe usa a voz como uma ilusionista para enfeitiçar os outros. Olho ao redor da mesa, analisando suas reações. Os belos traços de Cynthia esbanjam entusiasmo, embora seu marido pareça um pouco nervoso. Não o culpo, considerando o que aconteceu na última sessão de que ele participou. O casal da Hungria está quase explodindo de expectativa. As sobrancelhas de Owen se franziram numa expressão concentrada, enquanto o rosto de Cole está impassível. Então observo a mãe e a filha trocando olhares furtivos. Fecho os olhos quando elas se viram na minha direção, e observo de soslaio a filha lentamente se inclinar e espiar debaixo da mesa. A mãe vistoria o aposento, os lábios franzidos. Sinto um aperto no peito como se fosse um acordeom sendo fechado entre duas mãos. Alguma coisa está muito, muito errada.

Remexendo-me na cadeira, estico a perna por baixo da mesa até encostar na mãe. No momento em que meu pé encontra sua perna, recebo um choque elétrico de profunda animosidade. Não exatamente de ceticismo, mas alguma coisa mais sinistra. Bem atrás da animosidade está uma inveja venenosa, de dar engulhos. Então, eu finalmente compreendo.

Ela não é uma cética, é uma rival.

Afasto o pé depressa, mas o impulso cresce, rastejando por minha pele como um verme, e subitamente me atinge com tanta força que eu solto uma exclamação. É a mesma sensação que experimentei quando Owen me trouxe para casa. Era *ela* que estava me observando em meio às sombras aquela noite.

Sinto um nó no estômago. Abro a boca para perguntar a minha mãe se quer um copo d'água, mas, antes que possa articular as palavras, ela se levanta graciosamente da cadeira:

— Os espíritos exigem que eu entre na cabine.

Em total desespero, ainda pergunto:

— Não quer um copo d'água antes de fazer esse esforço?

Seus olhos se abrem de estalo, mas ela abana a cabeça.

— Tarde demais – diz, com voz abafada. – Os espíritos já estão me possuindo.

Quase grito de frustração. Por que ela está me ignorando? Será que está tão determinada a mostrar quem é que manda, que não tem medo de pôr tudo a perder?

Ajudo-a a colocar as algemas, enquanto vigio as duas mulheres o melhor que posso. O que estarão tramando? Será que estão aqui para aprender os truques de minha mãe ou para desacreditá-la? Na Inglaterra, uma médium contratou um brutamontes para atirar ácido no rosto de uma rival durante uma materialização. Tento enviar a mensagem para minha mãe com os olhos, mas ela está tão enfronhada em seu papel de veículo do mundo astral que ou não nota, ou está me ignorando.

Com um suspiro, convido Cynthia e o marido a verificarem as algemas. Normalmente peço a todos os convidados que façam isso, mas não quero que a Sra. Lindsay chegue perto de minha mãe.

Fecho a porta da cabine e a tranco. Hesitando apenas por um momento, sopro todas as velas, deixando apenas uma pequena acesa no centro da mesa. Tudo que posso fazer agora é ajudar a criar a ilusão. Fico de olho nas mulheres ao dar início ao cantochão. Minha voz está longe de ser tão eficiente quanto a de minha mãe, mas dá para o gasto. É apenas para dar tempo a ela de se livrar das algemas e do cáftan, e se esgueirar pelo painel escondido.

No meio do cantochão, os olhos de Cole se abrem de súbito à luz mortiça, e sua cabeça se vira bruscamente para as duas mulheres. Então ele olha para mim, o rosto carregado de preocupação.

Ele sabe que alguma coisa está errada.

Ele pode senti-la.

Meus braços se arrepiam quando sinto pela primeira vez alguém tentando ler meus pensamentos. É quase como se ele tivesse lançado um fio de prata para mim e estivesse tentando se conectar comigo. Minha voz falha por um momento antes de eu conseguir me recompor. Minha mãe está contando comigo. Em pânico, torno a olhar para as mulheres. Ambas ainda estão sentadas em suas cadeiras, vigilantes.

Uma nuvem de fumaça explode ao lado da cabine. Os presentes soltam uma exclamação quando o vapor paira no ar por um momento, cintilando à luz da vela.

Cynthia e a húngara gritam ao ver uma aparição fantasmagórica flutuando na escuridão ao lado da cabine. A máscara cobre o rosto e os cabelos de minha mãe e, por efeito da malha escura que está usando, antes coberta pelo cáftan, o rosto não parece pertencer a um corpo.

Sem aviso, a temperatura cai no aposento, e um calafrio de medo me percorre a pele. Viro a cabeça de um lado para outro, esquadrinhando a escuridão, o pavor oprimindo meu peito. Da última vez que me senti assim... Segue-se outro clarão, e em seguida uma figura aparece atrás de minha mãe. Fico paralisada e olho fixamente para ela, meus olhos ardendo da fumaça, ao que a imagem oscila, para então se tornar mais nítida. Meus dedos apertam a beira da mesa com tanta força que é de surpreender que não se quebrem. Um jovem, vestindo um uniforme militar verde, se perfila em posição de sentido, os olhos escuros fixos em mim.

Viro a cabeça para ver se mais alguém pode vê-lo, mas é difícil dizer, pois todos têm a mesma expressão chocada. Apenas os olhos de Cole parecem estar voltados para além de minha mãe, seu cenho franzido de concentração.

Quando volto a me virar para a figura, vejo que sua mão está estendida.

— *Preciso falar com você.*

Um calafrio de medo me percorre a espinha.

Walter.

Faixas de luz se estendem em minha direção e sons de rugido enchem meus ouvidos.

— Não! – grito, esperando que Walter possua meu corpo.

— Anna! – Ouço a voz de Cole, mas ela me chega como que através de uma camada de gelo.

Com o canto do olho, vejo a Sra. Lindsay levantar da cadeira. Ela murmura alguma coisa incoerente, em tom de raiva. Desesperada, exclamo *Go sabhála Dìa muid ar fad!*, que significa "Deus nos salve a todos!" em gaélico. O uso de outro idioma impressiona os clientes. Enquanto grito, bato o pé no chão três vezes – meu sinal para o Sr. Darby.

Um sorriso se esboça no rosto de Walter:

— *Eu também posso falar com a sua mãe.*

Salto da cadeira, os punhos armados.

A Sra. Lindsay caminha para minha mãe, mas Cole pousa a mão no seu braço. Ele me lança um olhar alarmado, mas não tenho tempo de decifrar seu sentido. Ainda estou concentrada em Walter, cujos dedos estão pousados de leve no ombro de minha mãe.

— *Go sabhála Dìa muid ar fad!* – grito de novo, meu pé batendo no chão com mais força, uma curta e sincopada explosão de som. Walter hesita. Cole aperta o braço da Sra. Lindsay, que agora murmura um cantochão estranho, ininteligível.

A filha agarra seu outro braço e cochicha furiosamente no seu ouvido. Owen deve ter percebido meu desespero, porque também se levantou. De repente, ouço o leve zumbido da máquina vindo do andar de baixo e quase desmaio. Tem que dar certo. Em meio ao caos que se seguirá à movimentação do relógio, minha mãe terá tempo de voltar para a cabine.

Se Walter deixar que ela volte.

Nesse momento a húngara solta um grito de gelar o sangue, apontando para o relógio que flutua acima da cornija da lareira. Cynthia se agarra ao marido e olha, hipnotizada. A mãe e a filha se viram para o relógio e eu vejo as duas olharem para cima, como que esperando ver cordões.

De repente, o relógio dispara pelo espaço e vai se espatifar contra nosso belo abajur rosa em vidro sextavado. A húngara dá um grito histérico, e até a médium rival empalidece à luz da vela. Minha mãe desaparece e, para meu horror, Walter também.

Será que ele foi atrás dela? Será que neste momento está possuindo seu corpo?

Começo a esmurrar a porta da cabine.

— Mamãe! Você está bem?

Nada.

— Walter! — grito, para logo tapar a boca. Ninguém além de mim sequer desconfia que ele esteja aqui.

— *Estou aqui* — murmura uma voz à minha esquerda.

Giro o corpo em direção a ele, respirando com força. Não posso ver muito mais na escuridão além de um vulto. Viro-me de novo para a cabine dos espíritos, meu corpo sacudido por tremores.

— *Lamento pelos truques. Não tenho muito tempo. Você me ajudou, e agora eu posso ajudar você.*

Quero perguntar um milhão de coisas para ele, mas estou petrificada. Petrificada porque estou falando com uma pessoa morta, e petrificada de medo de que os outros saibam que estou falando com uma pessoa morta. Olho fixamente para a cabine.

Ele parece decepcionado.

— *Você não quer que eles saibam que estou aqui, não é?*

Faço que não com um meneio de cabeça quase imperceptível. Posso ouvir Cynthia confortando a mulher húngara, que ainda está gemendo, e a Sra. Lindsay cochichando em tom zangado com a filha.

— *Estou aqui para avisá-la, Anna. Você ajudou minha pobre mãe, e agora eu quero ajudar você. Sua mãe e você estão cercadas de perigos.*

Viro-me para ele, sem me importar que os outros pensem que estou louca.

— Que tipo de perigos? – sussurro.

— *Não sei. Mas há pessoas aqui presentes que seriam capazes de lhes fazer mal. Tome cuidado.*

Sua imagem começa a tremular na escuridão.

— Espere!

Mas Walter já se foi.

Viro-me de novo para a cabine. Será que ele invadiu o corpo de minha mãe, afinal?

— Mamãe!

Faz-se silêncio por alguns momentos, e então minha mãe começa a soluçar, exatamente como deveria fazer.

Meus joelhos se dobram. Cole está a meu lado em instantes, me amparando. Todos se reúnem ao redor da cabine para ver minha mãe.

— Afastem-se! – ordeno. Parte de mim está morrendo por dentro, querendo ter certeza de que ela está bem, mas também tenho que lhe dar tempo; há muitas coisas que podem sair errado quando ela faz o papel de uma aparição, e ela tem que estar exatamente com a mesma aparência de quando nos deixou.

Por favor, meu Deus, permita que ela esteja igual e não possuída por um menino morto.

— Tenho que verificar se os espíritos se foram.

Lentamente, destranco os cadeados, e prendo a respiração quando a porta se abre alguns centímetros.

15

Solto um sonoro suspiro de alívio ao encontrar minha mãe sentada exatamente como deveria. Apesar de tudo, não fomos apanhadas, e ela está sã e salva.

Por ora.

Agora, só quero que aquelas mulheres saiam de minha casa. Se estou cercada de perigos, como Walter disse, provavelmente é delas que eles vêm.

– Que foi isso? – Cynthia torce sem parar as contas de seu colar entre os dedos, os olhos azuis arregalados.

– Acho, minha querida, que acabamos de ser agraciados com uma visita do além-túmulo – diz o Sr. Gaylord com voz arrastada. Pela primeira vez, seu rosto parece verdadeiramente animado.

Desamarro minha mãe e a conduzo de volta à mesa. Ela ainda está chorando baixinho, lágrimas autênticas escorrendo por seu rosto. Se tivesse seguido carreira como atriz de teatro, não resta dúvida de que poderia ter sido a melhor.

— Ela sempre tem essa reação depois de incorporar um espírito — explico aos outros. — Sentem-se, por favor. Ela estará bem em alguns momentos.

Todos voltam a sentar, menos Cole, que pergunta se eu gostaria que ele varresse os cacos de vidro. Balanço a cabeça, enquanto cuido de minha mãe, e digo a ele que a vassoura está no armário do corredor.

Minha mãe solta um longo suspiro entrecortado e corre os olhos ao redor da mesa, como se tivesse acabado de sair de um estado semelhante a um transe.

— O que aconteceu? — pergunta, com uma vozinha de menina. Mas o que eu escuto é bem diferente, quando seus olhos fixam os meus. *Que diabos aconteceu por aqui?*

Cynthia e a húngara se levantam e ficam cuidando de minha mãe, enquanto acendo a luminária do teto. Corro os olhos rapidamente pela sala, para me certificar de que tudo está no seu devido lugar, de que tudo está como deveria estar.

— Isso foi incrível — diz o húngaro para mim. — Nunca vi uma médium tão talentosa. Será que você se importa se eu falar de sua mãe com nossos amigos?

— Claro que não — respondo, exausta. Afinal, é exatamente isso que eu quero, não é?

Elevando a voz, digo aos presentes:

— Acho que está na hora de todos irem andando. Minha mãe precisa descansar. — Ela assumiu sua expressão patética, que não me engana. Tenho certeza de que está com os sentidos aguçadíssimos por causa da sessão, e pronta para me dar uma bronca por ter quebrado o abajur. O casal húngaro vai embora imediatamente, mas Cynthia me segura pelo braço e caminha comigo até a porta.

— Entrei em contato com o Dr. Bennett. Ele vai presidir ao primeiro encontro da filial americana da Sociedade de Pesquisas Paranormais, amanhã à noite, e nos convidou para irmos. — Ela bate as mãos, empolgada. Não posso deixar de sorrir, apesar de ainda estar agitada por causa da sessão. O entusiasmo dela é contagiante.

— Tenho um show amanhã à noite — explico.

— Eu disse isso a ele, por isso vou assistir ao show, e depois nós podemos ir ao encontro juntas. Ele disse que estaria esperando por nós.

Sorrio e concordo em ir, apesar do sobe e desce de montanha-russa no estômago. Embora tenha medo de ser exposta, estou ainda mais preocupada em proteger minha mãe. O que foi que Walter disse mesmo? Que estávamos cercadas de perigos por causa de alguém na sessão. Viro e olho para a sala. Meu palpite é a Sra. Lindsay. Mas gostaria de ter certeza. Preciso de respostas palpáveis e, se o Dr. Bennett as tem, tenho que dar um jeito de consegui-las, mesmo não confiando nele.

Os Gaylord e o casal húngaro já foram embora, mas, por algum motivo, as Lindsay ainda não. A Sra. Lindsay caminha até minha mãe, e eu me reteso.

— Aquilo foi mesmo muito impressionante. — Seus olhos esquadrinham a sala sem cerimônias, à procura de sinais de fraude. — Você precisa me dizer como é feito.

Minha mãe arqueia uma sobrancelha, e então senta na poltrona mais próxima, como se estivesse se sentindo fraca.

— O mundo dos espíritos é um mistério, até mesmo para mim.

— Conversa fiada! — rebate a mulher, com desprezo. — Você e eu sabemos muito bem que aquilo foi algum tipo de engodo. Foi, sim. Ninguém consegue fazer o que eu...

— Mãe! — O rosto pálido da filha fica vermelho e ela aperta o ombro da mãe.

Rapidamente passo para o lado de minha mãe, que se levanta.

— Posso lhe garantir, Sra. Lindsay, que aquilo não foi nenhum engodo. O mundo dos espíritos...

— ... é um mistério — ela conclui por minha mãe, sorrindo sem vontade. — Assim você disse. Vamos, Lisette. Acho que não temos mais nada a fazer aqui.

Owen arqueia a sobrancelha assim que elas saem.

— Bem, vocês duas certamente sabem se divertir.

Minha mãe solta um muxoxo e entra na cozinha, sem dúvida para preparar uma bebida forte. Ouço vozes e sei que ela está conversando com Cole, que despeja no lixo a última leva de cacos de vidro. Seguro o braço de Owen e o acompanho até a porta.

— Muito obrigada por vir.

Ele cai na risada.

— Sei entender uma indireta, mas você sabe que na verdade não vim aqui para participar da sessão, não sabe? Vim só para perguntar se você gostaria de sair comigo sexta à noite depois da sua apresentação. Alguns amigos e eu vamos a um *speakeasy** no Harlem, e eu achei que você gostaria de lá.

---

* Estabelecimentos que vendiam bebida alcoólica ilegalmente durante a Lei Seca (1920-1933). (N. da T.)

Fico ansiosa ao perceber o súbito silêncio na cozinha.

– Não sei se minha mãe...

– Pode ir! – Vem a voz dela da cozinha. – Você devia sair mais com gente da sua idade.

Meu rosto arde de vergonha. Então, fico com raiva de mim mesma. Que me importa se Cole está ouvindo?

– Bem, nesse caso, eu adoraria.

– Vou ficar esperando ansiosamente – diz Owen, apertando minha mão.

Seu toque acrescenta vários batimentos cardíacos ao meu pulso. Seu cabelo, comportadamente penteado para trás quando chegou, está caído sobre a testa. Com seu nariz ligeiramente torto, olhos azuis brilhantes e sorriso malicioso, ele parece uma criança travessa. Sorrio ao fechar a porta.

Não há dúvida de que Owen está interessado em mim, mas será que eu também estou interessada nele? Bem, por que não deveria estar? Ele é bonito, divertido, sofisticado, sempre a alma da festa e, o mais importante de tudo, tem um emprego estável e uma vida estável. É claro que estou interessada. Qualquer garota normal estaria.

Cole aparece no vestíbulo. De cara fechada. Seus olhos estão cheios de raiva e alguma outra coisa... Seriam ciúmes? O pensamento me faz estremecer e eu olho para ele, surpresa. Ele parece muito mais velho do que eu a maior parte do tempo, tão certinho e sisudo, que nunca me ocorreu que olhasse para mim desse jeito.

Ocorreu sim, sussurra uma vozinha traidora.

– Acho que eu também deveria ir andando. Está ficando tarde – diz ele, com um cumprimento cerimonioso de cabeça.

Ele tenta passar por mim, mas fico à sua frente e ponho as mãos na cintura. Logo agora que quero conversar, ele resolve ficar apressado para ir embora? Veremos.

– Espere aí, eu achei que nós íamos...

Ele pressiona um dedo em meus lábios e eu fico paralisada, todos os meus terminais nervosos subitamente concentrados no calor gerado por aquele simples toque. Nossos olhos se encontram. A raiva em seu olhar recua e seus lábios se curvam sutilmente. Ele meneia a cabeça em direção à cozinha silenciosa.

– Amanhã – diz, por mímica labial, retirando o dedo de meus lábios. Eu os pressiono, sentindo falta daquele calor.

Então, ele simplesmente me deseja uma boa noite e vai embora.

Está bem, mas amanhã vou querer respostas.

— E então, o que achou da Sra. Lindsay? – pergunta minha mãe quando entro na cozinha. – A cara de pau daquela mulher! Detesto céticos. São uns mentirosos, uns sonsos.

Escondo um sorriso. O roto rindo do esfarrapado.

— Não acho que ela seja uma cética, mãe. Acho que ela é uma médium e sua rival.

Minha mãe franze os olhos.

— Faz sentido. Vou dar uma palavra com Jacques. Vamos precisar de informações mais detalhadas sobre nossos clientes de agora em diante. Está ficando arriscado demais. – Ela retira a máscara de dentro da manga e coloca a chave das algemas em cima da mesa. – Mas, afinal, que foi que aconteceu por aqui?

Como eu já estava pronta para a pergunta, respondo sem hesitar:

— Eu puxei o fio do abajur com a ponta do pé. A Sra. Lindsay parecia prestes a agredir você, por isso eu o derrubei. Desculpe por fazer aquela sujeirada, mas pelo menos você conseguiu voltar para a cabine.

Vejo por sua expressão pensativa que ela está tentando lembrar onde eu estava quando aconteceu, mas sei que a máscara permite uma visibilidade limitada, e, além disso, estava muito escuro na sala.

— Desculpe pelo abajur – peço, com sinceridade.

— Não se preocupe com isso. Jacques compra um novo para mim, se eu pedir. Fico séria. Detesto depender de alguém em quem não confio.

— E então, você e Owen...?

— Eu e Owen o quê? – pergunto, com um suspiro.

— Bem, você vai sair para dançar com ele na sexta, não vai? Você gosta dele?

Dou de ombros, pensando que é um pouco tarde para recatadas conversas de mãe para filha. Quem obriga a filha a extorquir dinheiro das pessoas como forma de sustento perde o direito de lhe dar lições de vida.

— Você vai se divertir – garante ela.

— Por que você convidou Cole para a sessão? – pergunto, tentando dar à voz um tom natural.

Ela se ocupa em esfregar a bancada já limpa.

— Eu queria que você tivesse escolhas.

Sinto que ela quer discutir o assunto mais a fundo, mas hesito. Será que realmente quero saber o que ela tem em mente? Uma de minhas táticas de sobrevivência sempre foi fazer vista grossa para as motivações de minha mãe. Então, finjo bocejar e me dirijo para o quarto.

— Estou muito cansada. Acho que vou me deitar.

Por um momento, tenho a impressão de ver um ar decepcionado em seu rosto, mas por fim ela sorri.

— Boa noite, então. Durma bem.

Ela se inclina para mim e eu dou um beijo no seu rosto, como uma boa filha.

— Boa noite, mãe.

Fico pensando naquela expressão ao me dirigir para o quarto. Será que ela ficou mesmo decepcionada por eu não querer lhe confidenciar meus pensamentos e sonhos? Será que acabei de perder uma oportunidade de me aproximar de minha mãe? Ou terá sido mais uma encenação? É impossível saber.

O peso de minhas roupas me arrasta para o fundo. Não posso respirar. Mamãe. Tenho que ajudá-la. Meus pulmões ardem por falta de oxigênio. Ela está gritando meu nome. Não posso respirar. Me perdoe.

Acordo toda encharcada de suor, minhas pernas presas numa barafunda de lençóis. Chuto-os para o lado e presto atenção. Nada. Vou até o quarto de minha mãe, meu pulso aos poucos voltando ao normal. Depois de beber um copo d'água na cozinha, volto para o quarto, minha cabeça a mil. Por que isso está acontecendo? Será real? Torno a me deitar e puxo as cobertas até o queixo.

O medo senta sobre meu peito como um gato pesado, me olhando nos olhos. Walter, as visões, um desconhecido me seguindo... Gostaria de ter alguém com quem pudesse conversar. Alguém que me compreendesse. Alguém que me ajudasse. Enrosco-me em posição fetal e puxo as cobertas até a cabeça.

Nunca me senti tão sozinha na vida.

Acordo horas mais tarde, feliz por ver o sol brilhando na janela. O medo não consegue me dominar nos dias de sol. Nessa manhã, converso com Cole.

Depois de me lavar rapidamente, dou mais atenção à minha aparência do que de costume. A lembrança do dedo de Cole sobre meus lábios me faz trocar de chapéu três vezes, embora eu me chame de mil sinônimos de idiota por fazer isso. Sinto o estômago aos pulos, como se tivesse engolido um gnomo malabarista, tanto pela perspectiva de ver Cole quanto pelo que posso ouvir dele. Porque sei o que senti na noite passada quando suas emoções se estenderam em minha direção. Ele pode fazer o mesmo que eu.

Passo rouge cremoso nos lábios e logo em seguida trato de removê-lo, insatisfeita. Não fiquei vistosa ou misteriosa. Olhando minha imagem no espelho, fico imaginando o que as outras pessoas veem. "Uma mulher lindíssima", disse Owen. Será que Cole também me acha linda? Vivendo com minha mãe, que vira cabeças ao passar pela rua, é difícil saber.

Ao contrário de minha mãe, que se transforma de acordo com seu estado de espírito, eu pareço sempre a mesma – séria e pensativa –, a despeito do que visto ou do tipo de maquiagem que faço. Hoje, estou usando meias de seda fumê, um vestido de lã azul-marinho e meu casaco traspassado preto. O chapéu que finalmente escolho é o novo cloche preto, com uma flor de contas do lado. Uma combinação elegante e moderna, mas nem um pouco sedutora. Impaciente, dou as costas para o meu reflexo e trato de apanhar minhas coisas.

Desço as escadas e paro diante da porta. Será que devo bater? Apenas perguntar ao Sr. Darby se posso falar com Cole? O que uma moça respeitável faria?

Sou salva de ter que descobrir quando a porta se abre e Cole sai.

– Bom dia.

– Bom dia.

Ficamos olhando um para o outro por um momento, até que ele faz um gesto indicando a porta. O sol pode estar brilhando, mas está fazendo um frio cortante, e eu trato de calçar minhas luvas de napa.

– Gostaria de ir ao Child's comer um waffle? – pergunta ele, me oferecendo o braço.

Concordo, e caminhamos em silêncio até a parada do trem elevado.* Homens de ternos escuros e chapéus-coco passam apressados de um lado para outro. Mulheres, na sua maioria secretárias, correm para chegar ao escritório antes dos patrões e colegas do sexo oposto, a fim de preparar o primeiro bule de café do dia.

O El está apinhado de gente, mas, como bons nova-iorquinos, Cole e eu metemos a cara e entramos na base do empurrão. Não podemos conversar aqui, mas ele me dá um sorriso reconfortante quando me seguro à alça que pende do teto. Seu corpo está tão apertado contra o meu que sinto o aroma limpo do seu sabonete por baixo do cheiro de suor, perfume e cigarros que os outros passageiros exalam. Minha cabeça bate no seu peito, e meu olhar se eleva até onde o colarinho da camisa branca encontra a reentrância no seu pescoço. Fico olhando para aquele ponto, hipnotizada, imaginando como seria apertar meus lábios

---

* O Third Avenue El foi a primeira linha elevada do metrô de Nova York, aberta em 1868. (N. da T.)

contra ele. Meu rosto pega fogo e minha garganta fica seca. Nunca me senti tão insegura e confusa na vida.

Então, resolvo afanar o que ele tiver no bolso.

Sem a menor vontade. É algo que não faço há séculos, desde que tinha onze ou doze anos, para ser mais exata, e nós precisamos ganhar um dinheiro rápido para fugir de trem de uma cidade. Mas, estando assim tão perto dele, e me sentindo tão estranha, não consigo me conter. Acho que vou ter que fingir que foi uma brincadeira e lhe devolver a carteira, o chaveiro ou o que quer que saia na minha mão. Uma piada sobre os perigos de viajar num trem superlotado, e assunto encerrado. Porém, no momento em que meus dedos se dobram em volta de um envelope, imediatamente me vem à cabeça a imagem daquela caligrafia feminina floreada na carta endereçada a Cole que vi na escrivaninha do Sr. Darby, e agora sei que não vou devolvê-la. Passo o envelope para meu bolso, o rosto ardendo.

Cole está com os olhos baixos, uma expressão confusa. Dou um sorrisinho para ele e abaixo os olhos também, a culpa estampada no rosto. Tinha me esquecido de que ele pode me ler tão bem quanto eu aos outros.

No Child's, o chamativo toldo azul e a máquina de fazer waffles na vitrine nos dão as boas-vindas, mas estou ansiosa demais por respostas para apreciar esses detalhes. Mordo a língua e fico esperando que Cole fale, mas ele parece estar sem a menor pressa. Fico só observando enquanto ele passa manteiga nos waffles, depois despeja uma quantidade de xarope de bordo por cima. Finalmente, ele começa a comer, e eu espero um momento antes de começar a cortar meus waffles. Embora o cheiro seja delicioso, estou com o estômago embrulhado demais para comer.

– Os waffles não estão do seu agrado?

Aquele tom empolado e irritante de novo. Respirando fundo, ponho o garfo na mesa e simplesmente fico encarando-o. Ele também me encara.

– Eu gostaria... – Ele se interrompe, sua boca voltando a ser uma linha reta. Inclino-me para a frente, meu coração se enchendo de esperança:

– Do que você gostaria?

Seus lábios se curvam ligeiramente.

– Gostaria que tivéssemos nos conhecido em outras circunstâncias. Que eu não tivesse que fazer tanto esforço para me explicar. – Ele abana a cabeça, como que impaciente consigo mesmo.

– Mas você ainda não explicou nada!

— Eu sei. Não levo o menor jeito para isso. Nunca imaginei que seria você. — Ele está falando em círculos, como se desejasse que um buraco se abrisse no chão e o tragasse.

— Não estou entendendo.

— Eu gostaria que estivéssemos apenas tomando o café da manhã juntos, sem todos esses problemas. — As palavras saem de supetão.

Fico boquiaberta por um momento, antes de me endireitar.

— Você é tímido!

— Acho que sim. — Cole desvia os olhos. — Um pouco. Pelo menos com as mulheres. Em minha defesa, tenho a dizer que o internato era *só para meninos*.

Faz todo o sentido. A formalidade. O constrangimento na presença de minha mãe. Sinto um aperto no coração, uma ternura, uma pena dele. Então me lembro da razão de estar aqui. Respostas.

— Acho que sei o que você está tentando dizer — arrisco, cautelosa, como se navegasse por um mar de cacos de vidro. — Mas preciso muito saber o que está acontecendo, preciso que você explique o resto.

Cole fica olhando para as mãos. São fortes, com dedos longos e unhas curtas. Ainda me lembro da sensação de seu dedo sobre meus lábios.

— Eu sei o que você é.

Meus olhos voltam depressa para o seu rosto.

— Pelo menos o que acho que você é — esclarece ele.

Mordo o lábio e abaixo os olhos.

— O quê? Uma mulher? Uma ilusionista? — Não digo "uma fraude", mas a palavra paira entre nós, nítida e mortal.

— Não, uma sensitiva.

A palavra "fraude" despenca no meu prato feito uma mosca morta.

— Uma o quê...?

— Uma sensitiva. Alguém com poderes paranormais.

Mordo o lábio e desvio os olhos, com medo do que ele poderia ver neles.

— É mesmo? — pergunto, num fio de voz. — E que tipo de poderes você acha que tenho?

— Eu sei que você sente as emoções das outras pessoas. Também sei que consegue se comunicar com os mortos, embora não tenha certeza se isso é uma coisa que você pode fazer por si mesma, ou só na minha presença. Você disse que nunca tinha feito antes, não foi?

Balanço a cabeça antes de assimilar totalmente suas palavras.

— Espere aí. O que você quis dizer com "só na sua presença"?

Ele desvia os olhos.

— Também sou um sensitivo. Bem, não exatamente. Na verdade, sou mais um conduto. Meus dons têm a capacidade de exacerbar os seus. Posso até imitá-los, desde que esteja com você.

Minha cabeça gira e meu coração palpita dolorosamente no peito. O restaurante se inclina e oscila, depois se endireita e eu me agarro à beirada da mesa.

— Isso explica o que aconteceu com Walter.

Ele concorda e fica olhando para as mãos.

— Não sei se teria acontecido de qualquer maneira, ou se a minha presença exacerbou os seus dons. É por isso que eu queria tanto conversar com você ontem à noite. Me perdoe por ter esperado tanto tempo.

Fecho os olhos por um momento, a sensação de Walter usando meu corpo é tão forte que tenho ânsias de vômito.

— Eu sei, Anna. Não quis que aquilo acontecesse. E eu interrompi o episódio, no momento em que me dei conta de que...

— Quando você segurou minha mão.

— Exatamente. Eu tenho a capacidade de bloquear, ou mesmo de interromper uma manifestação dos seus dons. Lembra aquela tarde no cinema? Quando você sentiu as emoções daquela indigente? Assim que eu percebi o que estava acontecendo, interrompi a manifestação, mas depois me distraí com o filme e ela retomou o seu curso.

Como então, eu estava certa. Era mesmo a presença de Cole que estava alterando os meus dons. Sinto uma náusea violenta e dou um gole no café quente para acalmar o estômago. O contato da pele com a louça grossa é reconfortante. Envolvo a caneca com as mãos e dou outro gole. O vozerio do restaurante nos rodeia, mas nada consegue abafar o zum-zum de ansiedade e esperança nos meus ouvidos.

— Você pode... hum... controlar os dons?

— Sim, mas leva tempo. Algumas pessoas demoram mais a aprender do que outras.

É como se meu coração parasse de bater. Por um momento, não consigo respirar. Finalmente, observo os olhos de Cole, que estão carregados de preocupação e algum outro sentimento que não consigo identificar.

— Então há outros? – sussurro.

Ele desvia os olhos.

— Sim.

Não estou sozinha.

Sinto um alívio gigantesco, sublime, libertador. Torno a me recostar no assento. Houve ocasiões no passado em que pensei que estava louca, imaginando coisas. E, no entanto, o tempo todo, outras pessoas passavam pelo mesmo. Não que eu nunca tivesse desconfiado disso. Há livros demais sobre fenômenos paranormais para ser uma coincidência, mas uma confirmação é outra coisa.

– Quem? – Minha voz chega de algum lugar perdido e solitário no fundo de mim mesma.

Cole me entrega seu lenço.

– Não posso responder a isso – diz ele, em voz baixa.

– Por que não? – pergunto, parando de secar os olhos.

– Não posso responder a isso também. Não neste exato momento. – E, embora seu tom seja o de alguém que lamenta profundamente, sei que ele pretende cumprir sua palavra.

– Quando você pode responder?

Ele dá de ombros, os lábios apertados. Uma mescla de mágoa e desespero se irradia por meu peito. Seguro a mão dele, concentrando-me ao máximo, tentando ler suas emoções. Mas estão bloqueadas.

Não sei por que me sinto tão traída. Mal conheço Cole. Eu apenas... Uma súbita ideia me ocorre:

– Quando perguntei a você por que veio para os Estados Unidos, você me disse que foi para me conhecer. O que quis dizer?

– Isso eu posso explicar. Eu vim para encontrar outros sensitivos. Você é a primeira sensitiva autêntica que encontrei. – Seus olhos, carregados de simpatia, percorrem meu rosto.

Minha cabeça dá voltas tentando ligar todos os pontos.

– É isso que você passa o dia inteiro fazendo? Procurando sensitivos?

Ele assente.

– E era isso que estava fazendo naquela zona mal frequentada na noite em que me perdi?

Ele torna a assentir.

– Eu me encontro com inúmeros cartomantes, quiromantes, médiuns e que tais. Há muitos charlatães nesse ramo, mas nunca se sabe.

– Foi por isso que você se apresentou a Jacques. Para ser convidado para a nossa sessão.

– Quando encontrei você na portaria, eu soube.

Meu coração mergulha num poço profundo de decepção. E eu pensando que tinha sido porque ele quis me conhecer. Mas ele não estava interessado em mim, apenas nos meus dons.

– Por que está procurando pessoas como eu?

Ele fecha os olhos, fazendo que não com a cabeça por um momento.

– Entenda, não posso falar sobre isso como se o segredo fosse apenas meu. Há outras pessoas...

– Então de que adianta falar, se não pode me explicar nada do que diz? – Fecho as mãos em punhos, frustrada.

– Bem que eu disse a eles que iria estragar tudo. – Ele abana a cabeça.

– A eles quem? – Ao ver a expressão em seu rosto, trato de me levantar. – Não, não responda. Você não pode me dizer.

– Anna, espere. Por favor, você tem que me dar um voto de confiança. – Percebo o tom de súplica em sua voz, mas não tenho nada a dizer. Só quero tomar o máximo de distância possível. Ele se levanta para me seguir, mas estendo a mão para deter seus passos: – Agora. Não. Cole.

Ele fita meus olhos, assentindo brevemente com a cabeça.

Saio em direção à manhã gelada, trincando os dentes, sem ter certeza se minhas emoções tumultuadas são fruto de raiva, decepção ou sentimentos não correspondidos.

16

A raiva que me devora por dentro me mantém aquecida durante minha marcha. Passo direto pela estação do El e sigo adiante pela rua.

Como ele se atreve a me dizer coisas sobre mim mesma que eu sempre quis saber, para então se recusar a entrar em detalhes? Me deixar nesse suspense, com essas migalhinhas de informação e mais nada?

– "Me dê um voto de confiança" – resmungo, me desviando dos transeuntes na calçada cheia. Como posso dar um voto de confiança a ele? Não confio em ninguém. Paro de caminhar.

Talvez eu seja mais parecida com minha mãe do que imaginava.

Continuo caminhando, tentando pôr ordem nos pensamentos que giram na minha cabeça como confetes presos num redemoinho. Há outras pessoas como eu. Pessoas que podem controlar os seus dons. Desligá-los, talvez? Levar uma vida normal? Como anseio por isso. Poder desligar os meus "dons" e ser como todo mundo.

E Cole é o único que pode me ensinar a fazer isso. Cole, que oscila entre o alheamento e a simpatia mais depressa do que um mágico pode dizer "abracadabra".

Paro por um momento, quando outra ideia me ocorre. Minha visão. Se a presença dele exacerba meus dons, isso talvez explique por que, de uma hora para outra, comecei a ter múltiplas visões sobre minha vida.

Penso em tomar um bonde, mas decido que o ar fresco vai ajudar a clarear minhas ideias e expulsar os últimos vestígios de raiva. Ainda faltam horas até ter que me aprontar para a apresentação no teatro. Além disso, está fazendo um lindo dia, apesar do frio. O sol faz brilhar as imaculadas fachadas de mármore dos prédios mais antigos conforme passo.

Minha raiva se dissolve, deixando-me sozinha como uma criança que, chegando ao centro de um labirinto, descobre que ele não tem saída.

Continuo caminhando pela Sexta Avenida, por entre arranha-céus que me fazem sentir como se estivesse no fundo de um cânion abissal. A caminhada me acalma, e tento esquecer a conversa com Cole.

Já devo estar caminhando há mais de uma hora, quando subitamente paro, deslumbrada com o grande letreiro que pende de uma marquise.

THE MARTINKA-HORNMANN MAGIC CO.

Fico olhando para o letreiro, o espanto dando lugar ao entusiasmo. Que me importa a minha vida pessoal, quando a loja de mágicas mais famosa do mundo se encontra à minha frente? Como qualquer ilusionista que se preze, sei que os irmãos Martinka a fundaram no fim da década de 1860, permanecendo à sua frente por quarenta anos, até finalmente a venderem para Carter, o Grande, que, por sua vez, a passou para Harry Houdini. Passados muitos anos, Houdini a vendeu para outro mágico famoso, Otto Hornmann.

E agora lá está ela, bem diante de mim. Dou uma olhada ao redor. Terá sido a sorte que me trouxe aqui, depois daquela conversa com Cole? Ou alguma outra coisa? Fico atenta, mas não sinto nada além das batidas fortes de meu coração.

Por pouco não sou atropelada por um táxi ao atravessar a rua correndo, no meio do trânsito intenso. Pouco antes de abrir a porta, paro e respiro fundo. Neste momento, não sou uma garota com uma mãe dominadora. Não sou uma garota gostando de um rapaz que só está interessado nos seus estranhos dons. Neste momento, sou uma ilusionista.

Meus olhos demoram alguns momentos para se acostumarem com a luz fraca do interior, mas, quando isso acontece, solto uma exclamação de assombro. As paredes são cobertas por prateleiras que vão do chão ao teto, e o ambiente é tão atravancado de objetos que faria a oficina do Sr. Darby parecer arrumada.

Não há ninguém por trás do balcão e o lugar parece deserto, mas um murmúrio de vozes numa sala aos fundos indica que não estou sozinha. Meus olhos são novamente atraídos para as mercadorias empilhadas aleatoriamente sobre cada superfície disponível. Em uma prateleira, baralhos precariamente empoleirados; em outra, lenços se derramando em cascatas de cores chamativas; nos fundos da loja, guarda-louças mágicos e caixas de todos os tipos. Cada canto da parede que não está ocupado pelas prateleiras exibe cartazes e programas de mágicos famosos; localizo imediatamente vários de Houdini.

Farejo intensamente o cheiro estagnado de madeira, livros velhos e pó antiaderente para cartas de baralho.

Minhas mãos são atraídas por um maço de cartas fora da embalagem que vejo a meu lado, e logo me ponho a embaralhá-las, uma, duas vezes. O baralho é lindo, com uma intrincada estampa de varinhas e espadas decorando o verso. Ainda com as cartas nas mãos, caminho até um conjunto de caixas de madeira polida com fundos indetectáveis.

— Posso ajudar?

Assustada, viro-me e vejo que um senhor de idade, com óculos de fundo de garrafa, enfiou a cabeça pela porta da sala dos fundos.

— Estou só olhando, obrigada.

Suas sobrancelhas se emendam de curiosidade, mas ele apenas assente, e sua cabeça torna a desaparecer.

— É só uma garota dando uma olhada — ouço sua voz dizer.

Só uma garota. Embaralho uma única carta entre os dedos várias vezes, atiro-a para o alto e a apanho na metade do baralho. Em seguida faço um corte de uma mão só, um flip back, e por fim, como floreio, uma longa cascata.

Só uma garota. Pois sim.

— Muito bom.

Com o coração na boca, eu me vejo encarando o rosto tranquilo de Harry Houdini. Cravo os olhos no chão. Não posso acreditar que dei de cara com ele. Mas, também, esta é a loja de mágicas mais famosa do mundo. É claro que ele tinha que estar aqui.

Talvez, lá no fundo, eu tivesse esperanças de que estivesse?

— Obrigada — murmuro, o rubor me aflorando às faces. Talvez ele não se lembre de mim. Deve ter autografado centenas de livros aquela tarde.

— Gosta de cartas, Anna?

A maneira como ele diz meu nome me deixa arrepiada. Com seu sotaque húngaro, ele o pronuncia exatamente com a mesma entonação de minha mãe: Ahnah.

— Sim. — Mordo o lábio. — Eu gosto de mágica.

Ele levanta as sobrancelhas.

— Ah, uma aficionada.

Olho-o bem nos olhos.

— Não, uma ilusionista.

Ele torna a levantar as sobrancelhas.

— Você faz shows?

Maldigo minha língua de trapo. Por que não pinto um alvo nas costas de minha mãe logo de uma vez? Fico calada, apenas fazendo floreios com as cartas. Em resposta, ele apanha outro baralho e começa a manipulá-lo. Ele é bom, mas não resta dúvida de que eu sou melhor.

— Tive a impressão de que voltaria a vê-la — diz ele, com os olhos nas cartas.

Meu sangue gela nas veias. Será que ele quis dizer uma impressão normal, um palpite ou uma visão do futuro? Muitas pessoas, entre elas Sir Arthur Conan Doyle, o autor de *Sherlock Holmes,* acreditam que Houdini tem poderes paranormais — uma alegação que o próprio Houdini nega terminantemente.

— E eu que achava que o senhor *não* fosse um mentalista — digo, atrevida, colocando o baralho na mesa.

— E não sou — responde Houdini no mesmo tom. — Foi pura intuição.

— Boa intuição.

Ele esboça um sorriso.

— Mas me diga, Anna, a Ilusionista, este nosso encontro foi acidental ou proposital?

Agora nervosa, caminho até outro estande de objetos.

— Quer saber se eu o estava seguindo? – Pego uma caixa e abro o fundo falso, evitando seus olhos. Eu não o estava seguindo, então por que me sinto culpada?

Com o canto do olho, vejo-o dar de ombros.

— Bem, já aconteceu de pessoas me seguirem antes.

É claro que já. Com a fama dele, seria de surpreender que nunca tivesse acontecido.

— Pois bem, não é o meu caso. – Coloco a caixa no lugar e passo para as bolas de malabarismo. Apanhando um conjunto, arrisco alguns números com elas no ar. Ele cruza os braços, criando vincos nas mangas do paletó que o fazem parecer ainda mais baixo do que já é.

— Você faz malabarismos e floreios de cartas muito bem, mas isso é coisa de circo, não ilusionismo.

— Não como seus truques de fuga, é o que quer dizer? – Minha voz se torna defensiva. *Mostre a ele*, incita a ilusionista em mim. *Vá embora!*, rebate o instinto de sobrevivência.

— "Truque" é a palavra-chave aqui. – Ele torce a boca, com ar astuto. – Adrian Mons e Robert Houdin, esses sim foram verdadeiros ilusionistas.

— "Verdadeiros ilusionistas"? – Abro um sorriso. Num ímpeto de coragem, vou em frente: – Mas o senhor dedicou um livro inteiro a expor Robert Houdin.

— Eu era jovem e impetuoso – argumenta ele, dando de ombros.

Então inclina a cabeça, franzindo os olhos como se refletisse, antes de levar a mão ao bolso e retirar um cartão.

— Meu cartão de visitas. Acho que o mundo precisa de mais ilusionistas talentosas. Minha própria esposa é bastante jeitosa. Fique à vontade para vir nos fazer uma visita e mostrar seu número. Talvez eu pudesse lhe dar algumas dicas.

Faço mais alguns malabarismos com as bolas antes de colocá-las de volta no estande. Apanho o cartão com cuidado, como se pudesse explodir no meu rosto, e guardo-o no bolso. A tentação de mostrar a ele o que sei é mais forte do que o bom-senso.

— Será que eu poderia lhe mostrar uma coisa agora?

Ele levanta as sobrancelhas pontudas, divertido, enquanto eu disfarçadamente empalmo a chave falsa que guardo na bolsa.

— Tem um par de algemas? – indago.

— E o que você sabe sobre algemas?

Meu pulso acelera, e eu lhe dou um sorriso impertinente.

— Por que não me põe à prova?

O sorriso dele se torna mais largo, e ele vai para trás do balcão atulhado. Curvando-se, remexe no material, e volta segurando um par de algemas Lovell.

Não deixo meu alívio transparecer. Por um momento, tive medo de que ele fosse me dar xeque-mate com um par de Giant Beans. Como não tenho um extensor na chave falsa, teria que reconhecer minha derrota. Mas dessas que ele trouxe, posso escapar tranquilamente.

Ele prende meus pulsos com firmeza nas algemas, sem poder ver a chave falsa dentro da manga do meu casaco. Em seguida, ele gira meu corpo até ficar de frente para ele.

— Vire de costas — ordeno.

Ao contrário do Sr. Darby, ele não pergunta por quê. Houdini realiza a maioria de suas fugas atrás de uma cortina.

Por um momento, apenas fico olhando para seu pescoço e o jeito como seus ombros enchem o paletó. Ele e eu somos quase exatamente da mesma altura.

— O que você quis dizer quando falou que os médiuns descobririam novas maneiras de enganar os clientes?

Tenho um sobressalto que quase me leva a deixar cair a chave falsa.

— Quis dizer que elas vão criar ilusões cada vez melhores, exatamente como os mágicos fazem.

Meus dedos se atrapalham por um momento, até que acalmo a mente e deixo que o corpo assuma o controle. Meus músculos se lembram do que fazer.

— E o que você sabe sobre esse assunto?

Em vez de responder, rebato:

— Como o senhor sai de dentro daqueles baús trancados?

Ele dá uma risadinha satisfeita.

— *Touché!*

Aproximando-me dele, sussurro:

— Acho que o segredo são parafusos mais curtos.

Em seguida, largo as algemas sobre o balcão à sua frente e saio correndo pela porta.

Como prometido, Cynthia está me esperando na frente do teatro à noite, após o show. A excitação e o nervosismo disputam minha atenção a tapas. Um lado meu quer aprender tudo que puder sobre a Sociedade de Pesquisas Paranormais, enquanto outro lado tem medo do que eu possa vir a descobrir – a saber, que as premonições não podem ser impedidas e que as visões que ando tendo vão se realizar de uma maneira ou de outra, por melhor que eu vigie minha mãe.

O rosto de Cynthia está aceso de expectativa, e ela enverga um lustroso cardigã coral, combinando com uma saia plissada bege e um chapéu de feltro na mesma cor, no estilo gigolô, sobre os reluzentes cabelos louros. Sua figura parece estranhamente recatada, muito diferente da Cynthia exuberante de sempre. Ainda estou vestindo meu traje de palco, e me sinto ridiculamente emperiquitada no meu brilhante vestido oriental de seda.

– Está animada? Estou tão animada!

Sorrio, assentindo, e entro no automóvel.

O percurso até a igreja é curto, com Cynthia tagarelando alegremente a meu lado. É bom saber que ela ainda é a mesma, apesar da nova estampa. Ter que prestar atenção ao seu falatório me distrai da angústia.

Em vez de nos encontrarmos no santuário, nos dirigimos a um aposento situado nos fundos, mais parecido com um escritório do que com um cômodo de uma *villa* italiana. Num canto, vê-se uma escrivaninha maltratada, e o carpete marrom-escuro está gasto e manchado. No centro do aposento, oito cadeiras de espaldar alto estão dispostas em círculo. Várias pessoas estão conversando perto delas, quando Cynthia e eu entramos.

Feitas as apresentações, sento em uma das cadeiras, enquanto Cynthia continua conversando. Não tenho a menor condição de ficar trocando amabilidades no estado de espírito em que me encontro. Não sei quais são minhas expectativas em relação a esse encontro, mas tenho esperanças de obter algumas respostas, já que é muito improvável que Cole venha a dá-las.

Franzo a testa. Ele disse que havia outras pessoas com os mesmos dons que eu. Embora nunca tenha mencionado a Sociedade de Pesquisas Paranormais, fico pensando se ele estava se referindo a ela. Reflito sobre a possibilidade. Talvez, mas há milhares de sociedades espíritas no mundo. Ou será que ele estava aludindo a algum tipo bem mais sinistro de sociedade, como aquela que tem Aleister Crowley e outros entre seus membros? Como ele não quer me dizer, não tenho como saber.

Embora eu esteja de costas para a porta, fico sabendo que o Dr. Bennett entrou no momento em que isso acontece. Sua energia chega até mim antes mesmo de ele cumprimentar os outros animadamente. Meus dons estão se tornando cada vez mais fortes e aguçados, exatamente como Cole previu que aconteceria. A visão salta em minha mente, e eu estremeço.

Por que me sinto como se meu tempo estivesse acabando?

— Fico feliz que tenha podido vir, Srta. Van Housen.

Assustada, levanto os olhos para o rosto corado do Dr. Bennett.

— Hum, sim. Obrigada por me convidar.

— O que espera aprender com esse encontro?

Eu já esperava por uma pergunta desse gênero, por isso estou com a resposta na ponta da língua. Abrindo um sorriso digno de Cynthia Gaylord, respondo:

— Ah, só estou interessada nos fenômenos paranormais em geral.

Ele inclina a cabeça, me estudando. Sorrio até as bochechas doerem. Só porque quero respostas, isso não significa que eu confie nele. Pelo menos, ainda não.

— Veio ao lugar certo – diz ele, por fim. E, apertando as mãos, pergunta: – Vamos nos sentar?

Com os dedos entrelaçados sobre o colete, ele conta um pouco da história da Sociedade de Pesquisas Paranormais.

— É o grupo de investigações paranormais mais antigo do mundo, e já contou com sumidades como Dickens, Yeats e, atualmente, Sir Arthur Conan Doyle.

— E o que eles investigam? – pergunta o Sr. Huber, o cavalheiro alemão que conheci na palestra anterior.

— Percepção extrassensorial, teoria de interpretação de sonhos e, naturalmente, a comunicação com os mortos em todas as suas formas, tais como psicografia e telecinese.

Observo o Dr. Bennett atentamente enquanto fala. Ele não hesita ao dar suas respostas, e fala com autoridade. Mas não é exatamente isso que minha mãe faz?

— A Sociedade de Pesquisas Paranormais encontrou provas irrefutáveis de que esse tipo de atividade existe? – pergunta Cynthia, para minha surpresa.

O Dr. Bennett sorri.

— Isso, minha cara senhora, é o que a comunidade científica deseja saber. Até agora, a Sociedade de Pesquisas Paranormais tem sido reticente em relação às suas descobertas, para não alarmar o grande público. No entanto, posso lhe garantir que eu mesmo já presenciei algumas de suas investigações, e vi as provas com meus próprios olhos.

— Que tipo de provas o senhor viu? – pergunto finalmente.

— Aparições, atividade telecinética e psicografia. Também conheço pessoalmente indivíduos altamente dotados em termos de percepção extrassensorial.

Cruzo os braços e franzo a testa. Eu também já vi todas essas coisas. Ah! Eu *criei* todas essas coisas.

— Parece cética, Srta. Van Housen. – Ele sorri ao dizer isso, mas acho que é porque já marcou a Cynthia e a mim como agitadoras.

— Sou uma pessoa cautelosa, Dr. Bennett. Pode me falar mais sobre percepção extrassensorial? – Parece ser o que mais se aproxima do que eu tenho. Não quero nem pensar em Walter.

— A percepção extrassensorial é a capacidade de ler pensamentos ou emoções, ou prever o futuro. Alguns dos testes que vi usam cartas, outros são mais complexos e exigem um eletroencefalógrafo, que é um aparelho empregado para ler as ondas elétricas do cérebro, e foi desenvolvido por um amigo meu, Richard Caton.

Faço menção de levantar a mão de novo, e ele assente.

— O senhor mencionou a clarividência. Será que já conheceu alguém que tivesse visões do futuro? E, em caso afirmativo, as visões mostram fatos inevitáveis, ou o senhor já viu alguém ser capaz de alterar os eventos antecipados por essas visões? – Estou brincando com fogo ao fazer uma pergunta tão precisa, mas não vejo nenhum outro modo de obter respostas.

— Pelo que pude constatar – diz ele, arqueando uma sobrancelha –, o clarividente está, de fato, vendo o que *vai* acontecer, não o que *poderia* acontecer. Disseram-me que ver o futuro é muito parecido com recordar o passado, o que se vê é imutável. – Ele sorri e corre os olhos pela sala. – Próxima pergunta?

Meu coração dispara e eu aperto as mãos no colo. *Imutável*. Dou um suspiro trêmulo, tentando não chamar atenção. Concentre-se.

O Sr. Huber levanta a mão.

— O senhor está tentando criar uma filial norte-americana da Sociedade de Pesquisas Paranormais?

O rosto do Dr. Bennett se contrai, uma ruga profunda vincando a sua testa.

— Essa era a minha missão quando cheguei aos Estados Unidos, mas tenho de ser honesto com o senhor e admitir que a Sociedade de Pesquisas Paranormais e eu tivemos... como direi... uma divergência. Sim, é uma boa palavra para descrever o que ocorreu.

O tom de sua voz é receptivo, o que leva uma mulher enrolada num boá de plumas a perguntar o que ocorreu. O Dr. Bennett solta um suspiro pesado.

— Não desejo falar mal de uma organização pela qual eu tinha tanto respeito. Tive problemas com seus métodos, pois acredito sinceramente que todos os seres humanos deveriam ser tratados como iguais. Infelizmente, sou da opinião de que os cientistas da Sociedade de Pesquisas Paranormais perderam esse ideal de vista, ao tratar seus valiosos sujeitos como cobaias de laboratório. Mas já chega. Direi apenas que pretendo criar minha própria organização, onde a ciência será valorizada, mas não mais do que aqueles a quem ela servirá.

Ele se levanta ao pronunciar a última frase, e uma senhora de bom coração bate palmas. Ah, ele é um artista.

— Agora, podemos passar diretamente para os testes? Embora alguns possam parecer estranhos, posso lhes garantir que são todos altamente científicos. Pensem nisso! Alguns de vocês podem ter dons paranormais autênticos!

Seco as mãos no vestido, nervosa. Será que ele vai realmente conseguir detectá-los em mim? De repente, não quero que ele saiba. Ainda não. Minha desconfiança em relação às pessoas é profundamente arraigada e, até agora, ele não me deu nenhum motivo para confiar nele.

Em seguida, o Dr. Bennett discorre sobre uma série de testes, inclusive um que consiste em adivinhar que desenho vai aparecer em uma série de cartas com símbolos. Embora as respostas passem pela minha cabeça, eu lhe dou a resposta errada todas as vezes. Nunca fui capaz de ler os pensamentos dos outros, e me pergunto se esse é mais um efeito de Cole sobre os meus dons, ou se sempre fui capaz de fazer coisas desse tipo e apenas não sabia.

Quando ele termina, anuncia que gostaria de entrevistar cada um dos presentes em particular.

— Gostaria que todos vocês preenchessem o formulário de inscrição. Por favor, incluam seus nomes e endereços para que possamos lhes mandar notícias sobre encontros e que tais. Fiquem à vontade para se servir de café e biscoitos. Conversem entre si, enquanto converso com cada um de vocês. Srta. Van Housen? — Ele meneia a cabeça em direção a duas cadeiras dispostas num canto da sala.

Quando já estamos sentados e prestes a começar, o Sr. Huber se aproxima.

— Desculpe por interromper, mas não consigo encontrar uma caneta.

— Ah, sinto muito. — O Dr. Bennett tira uma do bolso do colete e a estende para ele, uma luxuosa peça em prata lavrada, com uma tampa de jaspe negro.

O Sr. Huber olha para ela, franzindo a testa:

— Onde a encontrou? O Sr. Parker perdeu uma igualzinha a essa outro dia.

O Dr. Bennett sorri tranquilamente:

— Eu a comprei na Harrods antes de deixar Londres. É uma beleza, não?

O Sr. Huber concorda e volta para a escrivaninha, perto da qual os outros comem biscoitos e conversam.

Sua desonestidade me atinge no peito como um tijolo.

— Está mentindo – disparo, logo tapando a boca.

O Dr. Bennett estreita os olhos e, então, se recosta na cadeira.

— E como é que sabe disso?

Engulo em seco, a mente um pandemônio.

— Desculpe, não sei, é claro.

— Ah, acho que sabe, sim, Srta. Van Housen. Não tente esconder. A senhorita é uma jovem muito bem-dotada.

Reteso-me na cadeira, mas estou tremendo por dentro.

Ele sabe.

Não confio nem um pouco nele, mas, ainda assim, um lado meu quer desesperadamente confiar. Quer poder apenas pôr todas as cartas na mesa diante de alguém que obviamente sabe muito mais sobre percepção extrassensorial do que eu. Mas, ao contrário de minha mãe, não tenho alma de jogadora, e ainda é cedo demais para confiar em um homem que, obviamente, é um picareta científico.

Ele espera que eu responda, seu rosto quase estourando de excitação contida.

Não. Ainda não confio nele. Tento fazer uma expressão perplexa.

— Não faço a menor ideia do que o senhor quer dizer. Está falando do meu show de mágica?

— Na verdade, não – diz ele, rindo. – Estou falando de seus dons paranormais. É a única pessoa que já testei que errou todas as respostas, sem exceção. Isso é uma afronta à lei das probabilidades. Portanto, entenda, seu lapso sobre a caneta não a entregou, minha cara, porque eu já sabia. Minha dúvida é: por que está escondendo seus dons?

Maldigo minha estupidez e fico completamente sem saber o que fazer ou dizer que não me entregue mais ainda. Por fim, abano a cabeça.

— Acho que por ora a entrevista está encerrada, Dr. Bennett. Mesmo assim, estou muito interessada na sua pesquisa e na sua organização.

Como eu, ele se levanta.

— Muito bem, Srta. Van Housen, compreendo sua posição. A senhorita não é a primeira pessoa que já quis esconder seus dons. Eu a manterei informada. Espero sinceramente que, no futuro, possa confiar em mim. Há outros testes que eu gostaria de realizar, e acredito que posso lhe prestar uma valiosa ajuda.

Seus olhos cinzentos parecem límpidos e totalmente sinceros, mas não combinam com as mensagens conflitantes que ele me transmite.

– Está pronta para ir? – pergunto a Cynthia quando ela termina sua entrevista. Quero ir embora daqui para poder refletir sobre o que fiquei sabendo.

Os olhos dele me seguem à medida que me afasto, e eu tenho um palpite de que muito em breve o Dr. Bennett vai entrar em contato comigo.

17

Vários dias depois, fico surpresa ao voltar das compras e encontrar minha mãe já de pé e vestida. Seu comportamento tem sido impecável nos últimos dias – temos emendado um show no outro, e ela não fez mais qualquer comentário sobre a última sessão. Pergunto-me o que ela estará aprontando.

Até agora, consegui evitar Cole, mas talvez ele esteja me evitando também. Estou um pouco aborrecida por ele não ter me procurado para saber como tenho passado. Talvez esteja esperando que eu o procure. Provavelmente vou acabar fazendo isso, mas não estou com a menor pressa.

Não voltei a ter a visão, e estou rezando para que tenha apenas sido algum tipo de anomalia estranha. Mesmo assim, as palavras do Dr. Bennett dão voltas e voltas na minha cabeça. E se ele tiver razão? E se eu não puder impedir?

— Onde você esteve, meu bem?

— Fazendo compras. – Balanço a cesta para ela.

— Você só compra comida. Quero sair com você para comprar algumas roupas novas. Você não tem nada para usar amanhã à noite.

— Amanhã à noite? – Tenho um branco total. – Pensei em usar o que eu sempre uso no show.

— Não, eu quis dizer depois, com Owen. Você quer ficar elegante, não quer?

— Ahhh. – Solto um suspiro. – Eu tinha esquecido. – O que é que há comigo? Cá estou eu, na véspera do dia em que vou sair para dançar com um rapaz bonito, e isso tinha saído completamente da minha cabeça. Às vezes perco as esperanças de algum dia ser uma mulher normal.

— O que eu faço com você? – Ela joga as mãos para o alto, fingindo desespero. – Vamos lá, vou ligar para Jacques e ele manda o carro nos buscar. Vamos à Bonwit Teller procurar alguma coisa.

— Não, eu já tenho roupas demais. Ou posso pegar emprestado alguma coisa no seu guarda-roupa.

— Mas você não prefere comprar um vestido novo?

— Mãe, eu não preciso. E, de mais a mais, nós não podemos pagar.

Ela senta à mesa, a boca franzida de decepção.

— Às vezes, é difícil acreditar que você seja minha filha.

— Então somos duas – rebato, irônica.

— Olhe o respeito! E o que você quer dizer com "não podemos pagar"? Estamos ganhando um bom dinheiro, não estamos? Praticamente não pagamos aluguel, e a eletricidade é barata. Não sei por que você vive preocupada.

Porque alguém tem que se preocupar, penso.

— Somos quase do mesmo tamanho, e você tem um monte de roupas. Eu bem que podia me aproveitar disso. Vamos lá, vamos ver o que você tem.

A ideia de dar uma espiada nas suas roupas abranda minha mãe, e eu passo uma hora com ela escolhendo o que vestir. Por fim, o eleito é um vestido bege reto de mangas curtas, com contas prateadas na frente. Ele tem uma ousada barra em pontas, e eu vou usá-lo com uma longa echarpe de seda amarrada no pescoço. É muito mais empetecado do que eu gosto, e muito menos do que minha mãe prefere.

Depois de escolhermos o vestido, batem à porta e eu atendo, esperando que não seja Jacques de novo. Ele agora deu de aparecer aqui em casa quase todo santo dia.

Para minha surpresa, é Cole, segurando um buquê de flores. Duas rodelas de rubor colorem seu rosto, e ele parece tão encabulado e infantil que na mesma hora o perdoo.

Sem palavras, ele me estende as flores. É um buquê misto de rosas, lírios, orquídeas e margaridas.

– Para mim? – pergunto, encantada até a raiz dos cabelos.

– Hum-hum. Eu não sabia qual era a sua flor favorita, então pedi à florista para misturar várias diferentes. Espero que goste.

– São lindas – declaro, afundando meu rosto nelas para aspirar sua deliciosa fragrância.

– Eu só queria me desculpar... – Ele pigarreia, olhando para o meu lado.

Compreendo o que ele quer dizer e saio para o hall, fechando a porta atrás de mim sem fazer barulho. Olho para o seu lindo rosto. Seus olhos escuros estão pensativos, como se ele se sentisse inseguro quanto à recepção que vai ter. Tenho um ímpeto violento de tocar seu rosto e tranquilizá-lo. Mas resisto. Quero ouvir o que ele tem a dizer.

Ele tenta outra vez, num tom cerimonioso:

– Eu só queria me desculpar por estragar a nossa conversa outro dia. Eu ia esperar até saber exatamente o quanto podia contar a você, mas tive uma sensação urgente de que você precisava saber logo.

Ele se cala, e a visão de minha mãe me volta à cabeça. Ele não faz ideia do quanto é urgente.

– Se dependesse só de mim – prossegue ele –, eu lhe contaria tudo, mas há muito mais em jogo do que apenas nós dois, e esses segredos não são exatamente meus para poder revelá-los livremente.

Seus lábios continuam se movendo, e sua incerteza e dúvida chegam até mim como se ele as houvesse sussurrado ao meu ouvido. Sinto meu coração se encher de uma ternura tão intensa por ele que, num impulso, fico na ponta dos pés e roço os lábios no seu rosto.

– Eu compreendo – digo baixinho. Não sei qual de nós dois fica mais surpreso com o gesto, mas sei que ele gostou por causa do sorriso em seus olhos.

– Obrigado – diz simplesmente.

Ficamos nos entreolhando por um momento, até que por fim pigarreio.

– É melhor colocá-las na água. Quer entrar?

Ele olha para a porta, as faces ainda levemente coradas.

– Não, eu tenho um compromisso. Que tal mais tarde?

– Claro – digo a ele, abrindo a porta do apartamento enquanto ele se dirige para as escadas. – Mais tarde. E Cole... – Ele se vira. – Preciso conversar com você sobre uma coisa que está acontecendo com... – Hesito, sabendo que minha mãe está em algum lugar do apartamento. Preciso contar a ele sobre as visões. Talvez ele possa pelo menos jogar alguma luz sobre elas. – ... com meus dons – sussurro.

Ele assente e desce as escadas, enquanto entro no apartamento com minhas flores, só faltando dançar.

Quando acordo na manhã seguinte, recebo um bilhete do Dr. Bennett, perguntando se posso me encontrar com ele num pequeno café a alguns quarteirões de minha casa. Com a lembrança da última visão ainda dando voltas na minha cabeça, resolvo concordar, mas, enquanto vou vendo os minutos passarem com o tique-taque do enorme relógio acima do balcão, fico em dúvida sobre minha decisão. Já estou começando a me arrepender. É hora do almoço, e uma multidão de clientes invade o café. O barulho está me dando dor de cabeça. Ou talvez sejam meus nervos.

A garçonete torna a me servir café. Seu uniforme preto e branco está sem o cinto, como se ela estivesse no fim de um longo turno, e o avental branco e comprido exibe várias manchas.

– Tem certeza de que não quer ver o menu? – pergunta ela.

– Tenho, obrigada. Ainda estou esperando uma pessoa.

Ela me dá um sorriso cansado, e eu quase sinto o cheiro da ansiedade que emana dela em ondas exaustas. Deve ter problemas em casa, penso, deprimida. Isso tem que acabar. Talvez esteja na hora de ser honesta com o Dr. Bennett. Ele disse que poderia me ajudar, e eu estou cansada de ter que enfrentar tudo sozinha. Apesar das flores, não tenho certeza se posso contar com Cole.

Como se eu o tivesse invocado, o Dr. Bennett entra pela porta, mais encantador do que nunca com seu ar de nobre inglês, usando um elegante terno em *pied-de-coq* e um sobretudo cinza. Embora esteja atrasado, não demonstra a menor pressa, sorrindo e conversando com as garçonetes e acenando com a cabeça para os outros clientes. Ele abre um largo sorriso ao me ver e caminha com seu andar confiante até a mesa no canto, que escolhi por uma questão de privacidade.

— Boa tarde, Srta. Van Housen. Obrigado por se encontrar comigo assim, de uma hora para outra. Espero que sua manhã tenha sido boa. — Ele tira o chapéu-coco e senta diante de mim.

— Muito boa – digo a ele, cerimoniosa. Não consigo evitar. Uma hora decido aceitar sua oferta de ajuda, no momento seguinte estou tirando o corpo fora. – Espero que a sua também tenha sido boa.

— Foi interessante. Muito interessante.

Estou prestes a lhe perguntar por que foi interessante, quando a garçonete volta, caminhando em passos um pouco mais animados. O Dr. Bennett pede um café, e ela se desmancha em sorrisos diante de seu jeito jovial e forte sotaque inglês.

Já estou com os nervos à flor da pele, e a sua teatralidade me irrita.

— E então, por que quis se encontrar comigo, Dr. Bennett? – pergunto, assim que a garçonete se afasta.

Ele sorri.

— Sua objetividade. Eu não esperaria menos de uma jovem do seu gabarito.

Fico séria.

— E, no entanto, o senhor se recusa a retribuir a cortesia.

Seu sorriso diminui um pouco e ele inclina a cabeça, concordando.

— Muito bem colocado, Srta. Van Housen. Estou aqui porque sei que a senhorita está interessada na minha nova organização, e eu gostaria que fizesse parte dela. – Ele levanta a mão para impedir que eu fale: – Não, não, eu estou sendo honesto. Conduzi uma pequena investigação sobre a sua pessoa. Sei que a senhorita e sua mãe estão fazendo muito sucesso com seu show, mas também sei que não podem estar ganhando nenhuma fortuna com ele. Não quero um centavo do seu dinheiro. É nos seus talentos paranormais que estou interessado.

Sinto um aperto no peito, tanto pelo fato de ele ter me investigado quanto por suas palavras. Olho para a mesa, seguindo o veio da madeira com o dedo. O impulso de fugir é forte, mas meu desejo de ser ajudada é ainda mais forte. Preciso saber se realmente posso fazer isso. Levanto os olhos.

— Por quê?

— O grupo que tenho em mente é muito especial. Preciso de pessoas inteligentes e talentosas para começar a formá-lo. São dois os meus objetivos: estudar os fenômenos paranormais e revelar as suas manifestações para o mundo, e ajudar aqueles que estão se sentindo esmagados pela responsabilidade que essas manifestações implicam.

Um arrepio nervoso percorre minha nuca e braços. Será que ele espera que eu acredite que seus motivos são estritamente nobres? Tem que haver uma maneira de descobrir o que ele realmente quer de mim. Então, uma ideia me ocorre. Quão honesto estará ele disposto a ser comigo? Pouso as duas mãos sobre a mesa e me inclino para a frente.

– O senhor mesmerizou os espectadores da plateia para lhe darem dinheiro?

Nossos olhos se fixam. Neste momento, ele não faz ideia do tipo de talento que possuo, só que consiste numa espécie de percepção extrassensorial. Vejo o dilema estampado em seu rosto. Deve mentir e se arriscar a ser apanhado ou optar pela verdade?

Ele finalmente se decide:

– Sim, mesmerizei.

Paramos de conversar quando a garçonete traz o café. Então torno a encará-lo, com o coração na mão.

– Quer dizer que o senhor é um golpista?

– Sou um cientista.

Olho irritada para ele:

– Resposta errada.

Ele curva um canto da boca.

– Sou um golpista científico – concede. – Quando um cientista precisa de dinheiro para levar suas pesquisas adiante, ele faz o que pode. Por acaso, o que posso fazer é um pouco heterodoxo.

– Por que o senhor realmente abandonou a Sociedade de Pesquisas Paranormais?

– Minha vez – diz ele, abanando a cabeça. – O que a senhorita e sua mãe fazem... é uma fraude, não?

Contrariando meu primeiro impulso, não desvio os olhos dos dele.

– Pergunta errada – digo num fio de voz. Não há a mais remota possibilidade de eu lhe dar munição para usar contra mim ou minha mãe.

Ele assente, um sorriso se esboçando nos lábios. Fico apavorada. Por que estou com a sensação de que acabei de mostrar a ele meu calcanhar de aquiles?

– Protegendo sua mãe. Entendo. Muito louvável. E então, que tipo de dons a senhorita tem?

– Não pôde determiná-los com os testes? – pergunto, cruzando os braços.

O rosto dele se torna inexpressivo e ele se inclina para a frente:

– Meu tempo é muito valioso, Srta. Van Housen. Não o desperdice. – Seu tom de voz é baixo, mas o significado é claro.

Afasto o corpo da mesa a contragosto, e ele relaxa, vendo que a mensagem foi recebida. Sim, eu entendi. Ele não vai me dar nada até que eu lhe dê alguma coisa.

— Posso me comunicar com espíritos.

— Uma alegação feita por muitos – diz ele, franzindo os olhos. – Como posso saber se está dizendo a verdade?

— Como *eu* posso saber se *o senhor* está dizendo a verdade? – rebato. Em seguida, respiro fundo. – Tudo está em risco. O importante é descobrir se esse risco vale a pena ou não. Entrar em contato com os mortos é apenas uma das minhas habilidades, e, infelizmente, é muito real. O que eu gostaria de saber é o que ganho em troca ao permitir que o senhor me estude.

Ele me analisa por um longo momento, e sinto que desconfia de mim tanto quanto eu dele. Estranhamente, essa constatação me conforta. Pelo menos, nós dois sabemos em que pé estamos.

— A oportunidade de colaborar com outros que têm as mesmas habilidades, por exemplo – diz ele, por fim. Então, inclina-se sobre a mesa, os olhos brilhantes: – E o poder de controlar essas habilidades.

Olho fixamente para ele, mal podendo respirar. Se eu não tivesse juízo, diria sim aqui e agora, mas sei que o segredo de um golpe bem-sucedido é a ilusão de dar à vítima o que ela quer. No caso de minha mãe, ela parece dar aos clientes a chance de falar com os entes amados que se foram. O Dr. Bennett parece estar me oferecendo o que eu mais desejo. O que apenas mostra o quanto ele é competente.

Antes que eu possa reagir, ele consulta o relógio.

— Agora, Srta. Van Housen, preciso comparecer a uma reunião. Por favor, reflita sobre o que eu disse. Gostaria demais que fizesse parte de minha organização.

Ele se levanta, coloca o chapéu-coco e se despede com um cumprimento de cabeça.

— Por que eu não deveria apenas entrar em contato com a Sociedade de Pesquisas Paranormais e trabalhar para eles? – pergunto depressa.

Ele fica imóvel. O olhar que me dá é insondável, mas a suspeita emana dele como incenso.

— A Sociedade de Pesquisas Paranormais é muito dura com pessoas como a senhorita, Srta. Van Housen. Foi por isso que a abandonei. Ao contrário da óbvia opinião que tem de mim, eu tenho escrúpulos. – Ele toca de leve a aba do chapéu. – Tenha um bom dia. Aguardo seu contato.

No momento em que ele sai, jogo as costas no espaldar da cadeira e solto um suspiro. Um filete de suor me escorre pela espinha. Por que estou sequer considerando a hipótese de colaborar com alguém em quem não confio? Porque, apesar de tudo, tenho que proteger minha mãe.

Dobro a esquina de meu quarteirão e vejo o carro de Jacques estacionado a alguns metros de nossa casa. Que maravilha. Agora vou ter que passar o resto da tarde vendo-o bajular minha mãe. Mas, nesse momento, ele sai apressado da casa e caminha pela rua. Entrando no carro, sai a toda a velocidade, nem mesmo me notando quando passo.

Meu coração lateja nos ouvidos, e uma centelha de pânico se acende no meu sangue. Corro pela rua, lágrimas brotando nos olhos. Alguma coisa está errada. Se ele tiver feito mal a ela...

Subo correndo as escadas e passo pela porta destrancada. O apartamento está totalmente silencioso quando entro.

– Mamãe – chamo, correndo de quarto em quarto.

Ela está sentada na cama.

– O quê? O que foi?

Paro e solto um longo suspiro trêmulo.

– Nada. Achei que tinha acontecido alguma coisa com você.

Ela franze a testa, seus olhos penetrantes avaliando meu ar frenético.

– Eu estava aqui deitada, descansando um pouco.

Mordo o lábio. Meu alívio é tão enorme que tenho vontade de abrir um berreiro, mas se fizesse isso ela saberia por que fiquei tão transtornada.

– Você e Jacques brigaram? – pergunto.

Ela volta a se deitar nos travesseiros envoltos por lindas fronhas de babados e a se cobrir com o edredom.

– Claro que não. Nem o vi o dia inteiro.

Fico paralisada, meu pulso tornando a acelerar. Então, o que ele estava fazendo aqui? Por que tinha que sair feito um alucinado no seu automóvel?

Minha mãe me dá um meio sorriso e fecha os olhos. Ainda não estou pronta para deixá-la sozinha. Enrolo-me numa colcha e me aconchego na poltrona em frente à sua cama. Fico prestando atenção até sua respiração se tornar mais suave e regular.

Ela parece mais jovem quando dorme – vulnerável, mais acessível. Fico imaginando o que aconteceu com ela antes de eu nascer que a fez ficar desse jeito. Ela raramente fala da família, e o pouco que deixou escapar sugere uma infância de pobreza e privação. Ela fugiu de casa aos quatorze anos, e nunca olhou para trás. Observá-la enquanto dorme sempre me faz sentir protetora, embora, na realidade, Marguerite Estella Van Housen seja perfeitamente capaz de proteger a si mesma. Naturalmente, quando toda a sua existência depende de uma única pessoa, a sobrevivência dela se torna muito importante. Minha mãe sempre foi tudo que eu tive. E agora?

Agora não sei.

Não querendo mais ficar a sós com meus pensamentos, resolvo ir dar um rápido passeio pelo Central Park, tendo o cuidado de trancar a porta ao sair. O vento sopra mais forte à medida que avanço, espalhando folhas mortas no meu caminho.

Minha antipatia pelo Dr. Bennett só se equipara à necessidade que tenho de seus conhecimentos. Devo procurá-lo? Não sei. Seria tudo tão mais fácil se Cole fosse totalmente franco comigo. Posso não confiar nele cem por cento, mas certamente gosto mais dele do que do Dr. Bennett. Sorrio, relembrando as flores que me deu ontem.

Se por um lado ainda estou aborrecida porque Cole não quer me dar mais informações sobre os sensitivos, por outro eu o compreendo. Ele tem padrões morais tão altos que não posso imaginá-lo me contando nada, a menos que esteja convicto de ter esse direito.

Meu rosto enrubesce quando imagino o que ele pensaria se descobrisse quão baixos são os padrões morais que compartilho com minha mãe. A trapaça, a mentira, o roubo e a fraude são atividades corriqueiras na rotina profissional das Van Housen. Se eu for ser honesta comigo mesma, vou ter que admitir que não sou realmente digna da amizade dele.

Mas isso não quer dizer que não precise de respostas. Se soubesse controlar meus dons, talvez fosse capaz de conseguir mais informações da próxima vez que tivesse uma visão.

Como, por exemplo, quem quer fazer mal à minha mãe e por quê.

Aperto mais o cachecol no pescoço, refletindo intensamente. Será alguém que conhecemos? A Sra. Lindsay e sua filha figuram em primeiro lugar na lista de possíveis suspeitos. A Sra. Lindsay não parece ser uma pessoa equilibrada, e eu sei que foi ela quem me seguiu na noite em que me perdi. Sua filha não parece fazer o tipo criminoso, mas nunca se sabe. Por mais que eu desconfie de Jacques, não resta dúvida de que ele está ganhando dinheiro com nosso show, e não consigo imaginá-lo pondo essa situação em risco. Não apenas ele é um bom homem de negócios, como não parece fazer o tipo violento. Sinto um nó no estômago, relembrando como ele fugiu de nossa casa hoje. O que estava fazendo? Descarto o Sr. Darby e Owen. O Sr. Darby nem mesmo conhece minha mãe, e Owen não tem nenhum motivo para fazer mal a ela. Cole? Um aperto no coração. Por favor, não. Sim, ele tem segredos. Eu sei disso. Mas certamente eles não têm nada a ver com minha mãe.

O que me leva de volta à Sra. Lindsay e sua filha.

Dobro uma esquina e, mal decido voltar para casa, sou atingida por uma onda sombria de emoções, tão sinistra que paro bruscamente. Tento me concentrar, novamente lamentando não saber controlar meus dons. Sentir as emoções dos outros quando os tocava já era bastante ruim, mas isto agora é muito, muito pior.

A sensação se torna mais forte e eu giro o corpo, olhando para os lados.

— Ora se não é a filha da charlatã!

Fico paralisada ao me deparar com os olhos cheios de ódio da Sra. Lindsay. Tento demonstrar uma confiança que não estou sentindo.

— Olá, Sra. Lindsay. Que curioso encontrá-la por aqui. Pensei que vivesse em Cleveland.

— E eu pensei que sua mãe não a deixaria sair de perto dela.

A Sra. Lindsay veste um casaco velho e puído, seu cabelo louro uma massa de nós achatada contra o couro cabeludo. Um lado do rosto está com uma mancha de sujeira, e as unhas também estão escuras. Ela parece ter passado a noite no parque. Começo a me afastar lentamente, mas ela se aproxima e o cheiro de álcool me dá ânsias de vômito.

— Não sei o que quer dizer. Sua filha não está com a senhora? — A filha parecia ter um certo controle sobre a mãe, e eu espero sinceramente que apareça. Logo.

— Não, querida. Somos só nós duas. Eu costumava ter sessões marcadas todas as noites... a nata de Nova York me procurava, porque eu sou autêntica. Está me ouvindo? Autêntica.

Balanço a cabeça, o coração disparado.

— Mas isso acabou.

Ela se aproxima e eu fico petrificada, com medo de que qualquer movimento brusco a faça perder a cabeça.

— Agora todo mundo só fala na sua mãe! — ela cospe as palavras, seu rosto contraído e feio. — E sua mãe é uma fraude, uma embusteira! Uma ladra!

Não vejo sua mão voando, e o tapa arde em meu rosto antes que eu possa reagir. Ela me esbofeteia com tanta força que cambaleio para trás, e então olha para a própria mão, como se não pudesse acreditar no que acabou de fazer.

Aproveito sua surpresa para recuar.

— A senhora é louca de pedra! — Lágrimas brotam nos meus olhos.

— Não, sua mãe é que é louca de achar que pode fazer o que faz impunemente. Eu conheço pessoas. Todos os tipos de pessoas.

Seu olhar é desvairado e, quando me viro e começo a correr, ela grita:

— Trate de dizer a ela para tomar cuidado! Vou acabar com a sua festa! Dê o recado a ela! Os mortos não estão gostando nada disso!

Corro longamente até a dor me obrigar a parar, um dos tornozelos latejando e a respiração ofegante. Ela é louca, totalmente insana. Corro o resto do caminho até nossa casa para avisar minha mãe.

— Eu vou matar aquela mulher – diz minha mãe, aplicando gelo no meu rosto. – Nunca vamos conseguir esconder isso.

Olho para ela, boquiaberta:

— É só com isso que você está preocupada?

Uma ruga aparece entre seus olhos, e eu me dou conta de que minha mãe está envelhecendo. Ela ainda é muito bonita, mas as pequenas marcas do tempo estão começando a se alastrar pelos cantos de seus olhos.

— Claro que não. Mas não podemos deixar uma louca dessas nos intimidar. – Ela dá um sorriso sombrio. – Ela não sabe com quem se meteu, sabe?

Não, não sabe. Reflito sobre isso ao sairmos para o teatro. Minha mãe tem uma memória de elefante, e nunca esquece alguém que lhe tenha feito mal. Uma vez ela entregou um empresário vagabundo para a polícia antes de sairmos às carreiras da cidade. Hoje, ela está sombria, e eu me pergunto o que estará pensando. Ou planejando.

Encosto o rosto na vidraça fria do carro, refrescando o ardor do tapa da Sra. Lindsay, que ainda não passou. Dobramos a esquina, e cada centímetro de meu corpo se paralisa quando vejo um certo casal do outro lado da rua. Eles estão juntos sob o toldo listrado do açougue de que sou freguesa, seus rostos parcialmente ocultos pelas sombras. Mas não importa, eu sei quem eles são.

Cole e a Sra. Lindsay.

Ao passarmos por eles, eu instintivamente me abaixo, mas não antes de vê-lo empurrar alguma coisa na mão dela.

— Que está fazendo? – pergunta minha mãe ao lado.

— Ah. Nada. Deixei cair meu nécessaire de maquiagem. – Demoro mais um segundo até ter certeza de que eles já ficaram para trás, antes de me endireitar, minha cabeça quase tão acelerada quanto meu pulso.

Por que Cole falaria com a Sra. Lindsay? Ele estava na sessão. Sabia que ela pretendia fazer mal a minha mãe. A mágoa se espalha por meu peito, e minhas mãos se fecham em punhos no meu colo. Será que a Sra. Lindsay estava se referindo a Cole quando disse que conhecia pessoas?

Relembro o vínculo que senti durante nosso passeio, e depois novamente no Child's. O calor de seu dedo sobre meus lábios. Ele à minha frente com um buquê de flores. Pisco os olhos para conter as lágrimas. Será que algum desses momentos foi real?

Quando subimos ao palco, já praticamente superei o trauma, e conduzo a apresentação automaticamente, sorrindo nas horas certas e obedecendo a todas as deixas com a facilidade que a prática me permite. Nada deve prejudicar o show. A casa agora vive cheia, e nossa fama cresce a cada dia. Quando minha mãe e eu voltamos para o camarim, já decidi tirar Cole e a Sra. Lindsay da cabeça e passar uma noite maravilhosa ao lado de Owen. Owen, o bancário. O doce, descomplicado e desejável Owen.

Meu cabelo já está frisado, e combina bem com o cloche bege-claro que estou usando. Quando tiro meu traje para pôr o vestido, minha mãe tem um inusitado ataque de instinto maternal:

— Não quero que você passe a noite toda fora. E quero falar com Owen antes de vocês irem a qualquer lugar.

— Sim, mãe.

Passo um pouco de rouge colorido nos lábios e me olho no espelho. O hematoma está quase imperceptível sob o pancake. Estou bonita. Talvez não linda como minha mãe, mas, sem dúvida, bem bonita. Tenho os cabelos escuros dela, e nossos narizes são iguais, finos e curtos. Mas, enquanto me observo, começo a me perguntar se outras partes de mim, as partes que não se parecem em nada com minha mãe, teriam sido herdadas de meu pai. Minha pele é mais rosada do que a dela, e o contorno do queixo mais firme. Meus olhos azuis contrastam fortemente com os dela, que são escuros. Será que realmente sou filha de Harry Houdini?

Batem à porta e minha mãe atende. Jacques e Owen entram no camarim, ambos muito elegantes em seus ternos caros. Espio Jacques de soslaio, desconfiada. Depois de minha briga com a Sra. Lindsay, eu já tinha quase me esquecido dele saindo às pressas do nosso prédio. O que estava fazendo lá, se não foi ver minha mãe? Uma ideia terrível me ocorre. Será que ele foi lá para ver Cole? Mas por quê?

Owen faz uma expressão teatral de surpresa ao me ver.

— Alguém está simplesmente linda — diz, interrompendo meus pensamentos.

Apesar de tudo, estou ansiosa para sair. Quando estou com Owen, não penso nos meus dons, nem me preocupo se ele vai descobrir que minha mãe e eu somos uma fraude. Na verdade, não me preocupo com nada quando estou em sua companhia; eu simplesmente me divirto.

Reviro os olhos, e ele sorri.

— Duas *alguéns*, na verdade — diz Jacques, sua voz cheia de admiração. Fecho a cara, mas ele está ocupado demais observando minha mãe para notar.

Minha mãe, que está habituada à admiração masculina, se sai muito melhor do que eu. Ela inclina a cabeça e olha para ele por sob os longos cílios pintados:

— Ora, vamos, Jacques, aposto que diz isso para todas as suas clientes.

— Nem todas, querida. Tenho certeza de que Chloë e sua pulga amestrada não apreciariam muito.

— Talvez a pulga apreciasse — graceja Owen, e todos riem. — Eu adoraria ficar por aqui conversando a noite inteira, mas Anna e eu temos que ir andando. Vamos nos encontrar com amigos.

— Aonde vocês vão? — pergunta minha mãe, enquanto procuro a estola de pele falsa que ela me emprestou.

— A um lugar chamado The Cotton Club* – informa Owen.

— Meu bem, posso ficar a sós com Owen alguns minutos? – pergunta minha mãe, me entregando a estola.

Estreito os olhos e ela me encara, os olhos arregalados de inocência. Com um suspiro, termino por ceder.

— Vou ficar esperando você no foyer – aviso a Owen.

Caminho apressada pelo corredor com meus sapatos de saltos quadrados, desviando de dois zeladores que já fazem a faxina. Espero que Owen não se arrependa de ter me convidado para sair.

Entro no foyer, e paro bruscamente quando vejo Cole encostado a uma parede.

— Anna.

Só de olhar para ele meu coração dói.

— Olá, Cole.

— Você disse que podíamos nos encontrar mais tarde. É mais tarde. – Ele abre um sorriso que ilumina seu rosto.

Por que estou sentindo esta súbita vontade de chorar? Então, lembro-me dele falando com a Sra. Lindsay, e trato de controlar minhas emoções.

— Hoje é sexta. Você sabia que eu ia sair na sexta.

— Aí está você. – Ouço a voz de Owen atrás de mim. – Achei que tinha se perdido.

Os olhos de Cole se movem na direção dele, sua expressão impassível.

Owen cumprimenta Cole com um meneio de cabeça.

— Olá, meu velho. O que está fazendo aqui? – Ele passa o braço por meus ombros. – Que tal vir exibir seus dotes de pé de valsa?

Cole ignora Owen e me cumprimenta brevemente com a cabeça, saindo do caminho.

— Por favor, não me deixem tomar seu tempo.

— Ah, não vamos deixar mesmo – diz Owen alegre, segurando meu braço e me conduzindo com firmeza pelo foyer.

— Quem sabe amanhã? – Dou uma rápida olhada para trás, hesitando entre a raiva e o arrependimento, mas Cole não está olhando para mim. Ele está encarando Owen, com um olhar carregado de hostilidade.

---

* Casa noturna de Nova York especializada em jazz que funcionou durante a Lei Seca (N. da T.).

Meus dedos se atrapalham quando tento prender a estola ao redor dos ombros. Deixar Cole para trás no foyer parece errado, mas não sei o que ele estava esperando, para aparecer assim sem mais nem menos. Para não falar de seu encontro com uma mulher que é obviamente minha inimiga.

Owen coloca o borsalino de feltro preto e veste o sobretudo de lã. Ele está elegantíssimo em seu paletó tipo jaquetão e calças largas. Fico imaginando o que Cole vestiria para ir dançar… se é que alguma vez ele sai para dançar.

— Sua mãe é uma pândega – diz Owen aos risos, abrindo a porta para mim.

— O que ela disse? – pergunto, já fora do teatro.

— Ela me disse para fazer você se esbaldar, mas que você tem um show amanhã, portanto que eu tratasse de trazê-la de volta inteira – conta ele, abanando a cabeça.

Owen abre a porta do carro para mim, e eu entro. Está tão frio que posso ver minha respiração à luz do poste. Em seguida, ele dá a volta ao carro e entra.

— Está pronta para se divertir, boneca?

Sorrio.

— Só se você parar de me chamar de boneca. Eu não sou, e jamais fui, uma boneca.

— Será que "doçura" pegaria melhor? – Ele abre um sorriso para mostrar que está brincando.

— Que tal só Anna?

— Certamente. E então, está pronta para se divertir como nunca, Só Anna?

Solto uma risada, o peso se erguendo de meu peito. Talvez Owen tenha razão. Por que a vida deveria ser séria o tempo todo?

No momento em que entramos no Cotton Club, percebo que Owen também tem razão em relação a outra coisa: este é, decididamente, o lugar para alguém se divertir. O ar é espesso de fumaça, a música barulhenta e insistente. Owen me conduz pelo perímetro de um salão em feitio de ferradura, passando por várias mesas aglomeradas e grupos de palmeiras artificiais. Não paro de olhar em mil direções, observando as mulheres em seus vestidos, xales e adereços de cabeça vivamente coloridos. Alguns dos chapéus são verdadeiras maravilhas, criações em plumas e paetês tão brilhantes que quase dói olhar para elas.

Owen me leva para uma longa mesa onde já estão sentadas umas seis ou sete pessoas. Os rapazes o cumprimentam efusivamente, enquanto várias das moças me lançam olhares curiosos, embora não exatamente amigáveis.

— Essa é Anna, a garota de quem lhes falei – berra Owen, enquanto nos espremermos em duas cadeiras vazias que se materializaram do nada. – Anna, esse é todo mundo.

Dou um breve sorriso. Uma bebida aparece na minha frente como que num passe de mágica, e uma das moças me oferece um cigarro. Aceito, embora não tenha o hábito de fumar. Eu me sentiria boba se não aceitasse, quando todo mundo à mesa está fumando. A moça ao meu lado me estende um isqueiro aceso e eu trago, engasgando quando a fumaça acre chega aos meus pulmões. Dou um gole na bebida à minha frente e torno a engasgar quando o líquido desce feito fogo pelo meu esôfago.

Uma das garotas perto de mim cai na risada.

— Leva um tempo até você se acostumar com as biritas que servem aqui. — Ela estende a mão. — Meu nome é Addy. Essas são Prissy, Ella e Maryann.

Aperto sua mão e aceno para as outras, deslumbrantes em seus vestidos cintilantes e chapéus justos, modelados. Todas usam o mesmo corte de cabelo que eu, *à la demi-garçonne*, com as pontas viradas em frente às orelhas.

— É difícil acreditar que a Lei Seca esteja em vigor aqui — tento berrar mais alto que a música.

— Essa é exatamente a questão — diz Prissy. — A Lei Seca *não* está em vigor aqui! — As outras caem na gargalhada como se essa fosse a piada mais engraçada que já ouviram na vida.

— Como eles conseguem burlar a lei desse jeito? Por que a polícia não fecha o clube?

As garotas riem ainda mais alto.

— Está vendo aquele gordo ali? — Addy aponta.

Sigo seu dedo até ver um sujeito gorducho ao lado de uma mulher igualmente gorducha, usando uma faixa de cabeça com um penacho de plumas pretas. Estão sentados com um homem de cabelos escuros e uma lourinha estontante usando um vestido de tule preto, bordado de paetês.

Balanço a cabeça.

— Pois bem, aqueles são o chefe de polícia e sua esposa. Ele está sentado ao lado de Nico "Faca" Giulliani, um graúdo da gangue Morello. Ninguém encosta um dedo no Cotton Club.

Arregalo os olhos, e Addy ri de novo.

— Você é inexperiente *mesmo*! Não se preocupe, garotinha, ninguém vai dar uma batida aqui hoje.

Começo a me remexer, constrangida por ser apanhada. Agora todo mundo sabe que sou uma novata na vida noturna. Dou outro gole cuidadoso na minha bebida. Desce mais fácil dessa vez, o que pode ou não ser um bom sinal.

De repente, Owen se retesa ao meu lado.

– O que ela está fazendo aqui? – murmura. Em seguida, ele se vira para mim: – Volto já.

Ele se levanta apressado da cadeira e desaparece, me deixando com aquele bando de estranhos.

Vejo Prissy e Addy trocando olhares de novo.

– O quê? – Maryann estica o pescoço. – Que foi que eu perdi?

– Lorraine – informa Addy para ela por mímica labial.

– Ah! – Os olhos de Maryann se arregalam.

– E está armando um charivari daqueles!

As garotas esticam o pescoço, tentando ver o que está acontecendo, mas nossa visão está bloqueada por um homem alto. Quando ele sai da frente, vejo Owen discutindo com uma loura. Ela está de costas para mim, por isso não posso ver seu rosto, mas Owen está furioso. Ele agarra o braço dela e gesticula freneticamente. De repente, a mulher solta o braço e sai pela porta afora, pisando duro. Owen endireita a gravata e se vira para a mesa. Desvio os olhos, para ele não perceber que eu o estava observando.

Meu rosto fica vermelho e eu me sinto mais deslocada do que nunca. Ele senta a meu lado e dá um gole em sua bebida.

– Está tudo bem? – pergunto, fingindo observar os dançarinos.

– Claro. Minha ex-namorada apareceu para fazer uma cena. Eu rompi com ela semanas atrás. – Ele apoia o braço no meu ombro. – Assim que conheci você, para ser mais exato.

Suas covinhas se acentuam quando ele sorri para mim e eu me sinto melhor, até ver as outras moças trocando olhares de novo. Será que é isso que as moças normais fazem? Vão a *speakeasies* e matam os outros de vergonha? Para mim, já chega. Levanto e seguro a mão dele:

– Nós não viemos aqui para dançar?

Ele parece surpreso por um momento, depois ri.

– Assim é que se fala!

Ele me leva até uma pista de dança lotada, e nós começamos a dançar. No começo fico insegura, mas a música é moderna, irresistível, e logo estou abrindo os braços e me sacudindo num *shimmy* como todo mundo. O calor no salão é quase insuportável, mas a cega determinação de cair na farra é contagiante. Owen é um bom dançarino e sorri para mim o tempo todo, como se estivesse feliz por ver que ainda sou sua parceira.

A orquestra começa a tocar uma música lenta e eu me viro para sair da pista, mas Owen segura minha mão e me gira para ele, piscando um olho.

— Devagar, Só Anna. Passei a noite inteira esperando por essa música.

Ele me puxa para si, elevando minha mão direita numa posição básica de valsa.

— Essa música lenta é um foxtrote, mas não somos cavalos para trotarmos, então vamos chamá-la de A Lentinha – sussurra ele no meu ouvido.

Inclino a cabeça para trás a fim de poder ver seu rosto melhor. Seus olhos azuis e brilhantes, geralmente tão brincalhões, estão cheios de admiração.

— Será que você faz ideia do quanto é linda?

Abaixo os olhos, tão nervosa quanto lisonjeada. O calor de sua mão, pousada de leve em minhas costas, se espalha por todo o meu corpo. Como sempre, as emoções que ele emana estão totalmente misturadas, mas dessa vez a mais forte é a alegria, uma felicidade que se irradia como o calor de uma lareira. Chego mais perto, a fim de desfrutar a magia desse momento. Dou mais uma olhada em seu rosto e prendo a respiração; ele é tão lindo. Fecho os olhos e ficamos oscilando ao sabor do ritmo, a melodia envolvendo nossos corpos como fitas de seda.

Seu braço me estreita e seu rosto pressiona o meu.

— Queria poder ficar dançando assim com você para sempre, e mandar o resto do mundo para o inferno.

Meu coração vai às nuvens. Neste momento, com as luzes cintilando como diamantes e seus braços apertados ao redor de meu corpo, quase desejo o mesmo que ele. A imagem de Cole segurando o buquê de flores à minha porta se acende na minha cabeça, e eu enrubesço. Que tipo de garota sou eu, para gostar de dois homens ao mesmo tempo? Além disso, ainda estou zangada com Cole.

A música termina e eu faço menção de parar, mas, antes de deixarmos a pista de dança, Owen leva minha mão aos lábios.

— Obrigado pela dança – murmura. Seus olhos azuis brilham para mim quando ele roça os lábios nas costas de minha mão.

Engulo com força, minha boca tão seca que não posso responder. Então eu lhe dou um tênue sorriso, e ele me leva de volta à nossa mesa.

Viro o resto da bebida, esquecendo que é como engolir fogo, e acabo cuspindo metade em cima da mesa. Eles deviam comprar do fornecedor de minha mãe. Inclino-me em direção a Owen, ainda tossindo:

— Preciso urgente de um copo d'água.

— Tudo que Só Anna pedir! - Ele abre os braços, expansivo, e sai à procura de alguma coisa fresca para beber, rindo às gargalhadas. Pelo jeito, metade de Nova York vai estar com uma senhora ressaca amanhã de manhã. A banda faz uma pausa e o resto do grupo volta em peso. Os rapazes, pingando de suor, tiram os paletós, e as moças se abanam com as mãos. Owen volta com um jovem negro a reboque.

— Esta rodada é por minha conta – anuncia, em tom grandioso.

— Isso aqui é tudo que sobrou de gelo, portanto aproveitem – avisa o garçom, pondo as bebidas na nossa frente.

O garçom se afasta e eu tomo um longo e aliviado gole d'água. Maryann pesca um pedaço de gelo do coquetel e o encosta na testa.

— Está mais quente do que o Hades aqui dentro. Por que não vamos para o Connie's Inn? Pelo menos podemos nos refrescar no caminho até lá.

— Nãããão, vamos para Paradise Alley. – Addy sacode a cabeça, petulante.

— Poderíamos ficar aqui e assistir ao show – sugere um dos rapazes. – O próximo começa daqui a meia hora…

— Façam o que quiserem – interrompe Owen. – Eu e Anna precisamos ir andando. Prometi à mãe dela que não a levaria muito tarde para casa.

Todos olham para mim, e eu me sinto com meio metro de altura e um babador no pescoço. Owen percebe minha expressão e acrescenta:

— Não, não é isso. É que ela tem uma apresentação amanhã à noite.

Subitamente, a expressão dos presentes passa do escárnio para algo semelhante a respeito.

— Ah, é verdade. Owen nos contou que você é ilusionista. Como diabos foi parar nessa profissão? – pergunta Prissy.

— Minha mãe é médium. É coisa de família.

— Pode crer – diz Owen, para logo em seguida declarar: – O pai dela é Harry Houdini.

Minha cara cai no chão.

— Mas Houdini não é casado há séculos? – Um dos rapazes parece confuso. – Ele não tem filhos, tem?

Meu rosto começa a arder e coçar.

— Ele e minha mãe se conheceram na Europa, há muito tempo – explico, fazendo um gesto, como se isso pudesse apagar o acontecimento do passado.

A verdade dos fatos ocorre a todos ao mesmo tempo:

— Ah! Então você é filha ilegítima dele? E é ilusionista também? Que coisa extraordinária! – exclama Maryann.

— Que romântico – suspira Addy, passando o braço pelo meu. – Tem certeza de que não pode vir com a gente?

Todos me olham com mais simpatia e interesse do que demonstraram a noite inteira.

Tenho vontade de *matar* Owen.

— Sinto muito, mas não posso mesmo.

Todos os homens puxam as carteiras e atiram notas sobre a mesa, enquanto Owen fica olhando para sua conta, de cenho franzido.

— Qual é o problema? – pergunto.

— Achei que tinha trazido mais uma nota de dez. Foi por isso que paguei a última rodada. – Ele vasculha os bolsos, cada vez mais nervoso.

Todos os demais recolhem seus pertences, alheios ao desconforto de Owen. Pego minha bolsa.

— Acho que tenho um dinheirinho comigo.

— Meu Deus, me desculpe – ele sussurra ao aceitar a nota que lhe estendo. Rosas gêmeas de constrangimento tingem suas faces quando ele faz sinal para o garçom.

— Facadista. – Addy revira os olhos. Tenho vontade de perguntar o que a palavra significa, mas Owen parece estar com pressa para ir embora.

Finalmente saímos, e o grupo entra num único automóvel, enquanto Owen e eu seguimos pela rua até o nosso.

— E então, se divertiu? – pergunta ele, um tanto ansioso.

— Claro. – Aperto mais minha estola para me proteger do frio cortante.

O programa se revestiu de um certo senso se irrealidade, como se outra pessoa o tivesse vivido. A conversa sobre Houdini lançou uma sombra sobre a minha noite. Por que ele tinha que estragá-la contando para todo mundo?

O braço de Owen envolve meus ombros e eu sorrio no escuro, relembrando o momento mágico em que ele me abraçou. A noite não foi um desastre completo. Algumas partes foram maravilhosas.

— Que bom que você se divertiu. Noites como esta são uma das razões pelas quais deixei a velha e antiquada Boston para trás.

— Você se criou lá, não foi?

— Infelizmente, sim – diz ele, com um muxoxo.

— Por que infelizmente? – Começo a me dar conta de quão pouco sei sobre ele.

Owen fica em silêncio e, por um momento, penso que não vai responder. Quando ele finalmente fala, é com uma voz diferente do seu tom normal, descontraído.

— Meu pai pertence a uma família tradicional de Boston. Você sabe, do tipo que ganha rios de dinheiro, mas nunca dá uma palavra sobre o assunto?

Ele me olha e eu balanço a cabeça. Eu sei, realmente. É uma das razões pelas quais minha mãe e eu jamais fomos a Boston. Gente avarenta e desconfiada.

— Eles o deserdaram quando ele se casou com minha mãe – prossegue Owen. – Eles a veem como uma ordinária, uma dançarina de cabaré francesa que deu o golpe do baú no meu pai. E acho que ele a vê do mesmo jeito. Pelo menos, me trata como se visse.

Percebo seu olhar de soslaio, e finalmente compreendo.

— Ah.

— Eles fizeram questão que eu frequentasse as melhores escolas particulares. Um Winchester numa escola pública era algo inconcebível. Mas meu pai e todos os meus muitos primos fizeram o possível e o impossível para me convencer de que eu era um cidadão de quinta categoria.

Estremeço com a amargura de suas palavras, e na mesma hora ele se arrepende:

— Perdão. Não deveria estragar nossa noite maravilhosa contando meus problemas. Além do mais, nada disso importa. Algum dia eu vou voltar por cima, como um homem rico.

Seu braço estreita meus ombros.

— Como eu gostaria que esta noite durasse para sempre.

Meu coração fica apertado com o tom melancólico de sua voz. Sei como é não ter certeza do amor de quem nos trouxe ao mundo. Viro-me para ele, e seus braços enlaçam minha cintura. A luz do poste brilha em cheio sobre nós. A Sra. Lindsay, Houdini, minha mãe e minha visão, todos se desmancham no calor de seu olhar. Por um momento, sei exatamente como é ser uma moça normal, desfrutando a companhia de um rapaz normal.

— Tive uma noite maravilhosa. Muito obrigada por tudo.

Ele ergue meu rosto com o dedo. *Ele vai me beijar,* penso. Mas tudo que ele diz é:

— Você é uma garota maravilhosa, Anna. O prazer foi todo meu.

Continuamos caminhando, e eu não preciso dos meus dons para saber que ele está se sentindo tão feliz quanto eu.

Nesse momento, um calafrio de medo me percorre a espinha, e eu cambaleio.

— Bebeu demais? – Owen ri, segurando meu braço. – Não achei que tinha sido tanto.

Não respondo. Em vez disso, apenas paro, todo o meu corpo imóvel e alerta. O suor brota em meu lábio superior, e eu começo a tremer.

Alguma coisa está muito errada.

19

Meu tremor aumenta, e Owen põe as mãos em meus ombros:
— Anna, você está bem?

De repente, um caminhão de leite dobra a esquina, avançando em nossa direção. Antes que possamos reagir, ele freia cantando os pneus, um homem salta de seu interior e dá um soco em Owen. Ele cai na calçada como um balão esvaziado, e o homem chuta suas costelas. Começo a gritar e me encosto a um muro. A porta traseira do caminhão se abre e outro homem salta na rua. Ele me agarra pelos braços e me arrasta até o veículo. Compreendendo suas intenções, tento me atirar no chão. Surpreso, ele me solta e eu recuo, trôpega, procurando por uma arma. Qualquer arma. Não vendo nada, eu me endireito, pronta para correr e pedir socorro, se puder, mas o homem que deu o soco em Owen reage mais rápido e me agarra por trás. Ele me carrega até o caminhão de leite e me atira na traseira como um saco de batatas. Minha cabeça bate na lateral da porta. Estrelas explodem diante de meus olhos, e o sangue escorre por meu rosto, quente e salgado. Desesperada, tento limpá-lo, mas alguém me empurra com violência no chão do caminhão.

– Vai! Vai! Vai! – grita alguém.

– Anna! – ouço Owen gritar, sua voz ficando para trás quando o caminhão arranca, adernando nas rodas laterais.

Alguma coisa quente e sufocante é enfiada na minha cabeça, e eu começo a lutar para valer. Dou uma cotovelada para trás e escuto um "ui!" ao acertar alguma coisa mole. Alguém me agarra pelos cabelos e bate minha cabeça no chão de madeira.

– Amarrem-na! – ordena com rispidez uma voz feminina.

O homem força meus braços para trás, enquanto tento identificar a voz da mulher. As cordas ferem meus pulsos, mas paro de me debater. Posso dar conta de cordas. O homem, satisfeito por me ver bem amarrada, engatinha para longe de mim. Finjo desmaiar, embora isso não chegue a ser propriamente fingimento, já que o capuz úmido e fétido que cobre minha cabeça quase não permite a passagem de ar. Lembro-me de Houdini ter dito uma vez que se concentra em respirar lentamente e diminuir a frequência cardíaca quando realiza suas fugas. O que não é nada fácil quando seu pulso está disparado de pavor.

– Será que nós a matamos? – pergunta alguém.

– Que nada. Ela só está um pouco tonta.

A mulher cochicha alguma coisa e eu me esforço para ouvir sua voz de novo, mas ela fala muito baixo. Talvez esteja com medo de que eu a reconheça.

Não sei bem por quanto tempo eles dirigem. O tempo escorre enquanto oscilo entre o terror taquicárdico e uma calma sobrenatural. Mantenho os olhos bem fechados, embora meus sequestradores não possam ver meu rosto, por causa do capuz. Finalmente, depois de uma eternidade, o caminhão de leite para.

– O que vamos fazer com ela?

– Não podemos sair com ela agora. Ainda tem gente na rua. Alguém com certeza vai vê-la.

– Gostaria de atirá-la no rio – rosna a mulher. Meu sangue gela nas veias. Novamente reconheço a voz, mas não consigo identificá-la. Seria da filha da Sra. Lindsay? Só ouvi sua voz aquela vez, por isso não posso ter certeza.

– Lembre-se de para quem você está trabalhando. Ela é só uma isca.

– É, isca de caranguejo.

– Não podemos machucar nem um fio de cabelo dela – adverte o homem.

Eles já machucaram muito mais do que um fio de cabelo meu, mas continuo em silêncio.

Há uma movimentação na frente do caminhão de leite, seguida pelo som de portas abrindo e fechando. Obrigo-me a contar até cem antes de lentamente começar a trabalhar nas cordas que me prendem. Meus dedos estão dormentes do choque e do frio, e eu demoro muito mais do que o normal para desatar a corda. Quando minhas mãos estão livres, arranco o capuz.

Espero até meus olhos se acostumarem ao escuro, mas só consigo distinguir vultos.

Agora apressada, temendo que voltem para me buscar, desamarro as cordas que prendem minhas pernas. Esgueirando-me pé ante pé até uma janela, dou uma espiada, temendo que alguém me veja e me desacorde de novo.

O caminhão de leite está estacionado em um beco, e não há nada ali além de muros dos dois lados. Meu primeiro instinto é escancarar a porta e fugir, mas me contenho e reflito sobre minhas opções. Se me apanharem agora, não vou ter outra chance. Pergunto-me por um momento se Owen chamou a polícia, mas eles não teriam como me encontrar.

Não vejo nenhuma movimentação do lado de fora, e as janelas que dão para o beco estão escuras e silenciosas. Lentamente, com cada músculo de meu corpo protestando, procuro por minha bolsa na traseira do caminhão. Pelo menos assim eu teria uma arma. Mas não encontro nada. Ou eles a levaram, ou eu a deixei cair quando me pegaram.

Rastejo até a frente para abrir a porta. Eles certamente devem estar vigiando a traseira. Abro a porta alguns centímetros, meus nervos gritando quando as dobradiças rangem. Como nada acontece, abro-a mais um pouco, apenas o suficiente para me esgueirar para fora. Minha cabeça lateja com cada batida do coração, e eu me encosto ao caminhão por um momento, contendo a náusea. Então me agacho e vou contornando a lateral até chegar à frente. Com um suspiro trêmulo, espero durante o segundo mais longo da história. Se eles tiverem que me ver, vai ser agora. Então, disparo como um raio para a rua adiante.

Com o medo apertando minha garganta, tento escutar o som de meus perseguidores atrás de mim. Nada. Dobro a esquina e continuo correndo, tentando encontrar um lugar com bastante gente para poder me perder na multidão.

Meu calcanhar gira ao pisar num trecho irregular do asfalto, torcendo meu tornozelo. Não paro de correr. Um quarteirão, dois. Construções de zinco se erguem ameaçadoras de ambos os lados. As poucas lojas estão fechadas. Sombras me assaltam de todos os lados, escuras e aterrorizantes. Ofegante, tento recobrar o fôlego, pensando por quanto tempo vou conseguir continuar correndo. Chegando a uma esquina, finalmente diminuo o passo, meu coração latejando nos ouvidos.

Dobro-me em duas, quase gritando. Uma dor excruciante me dilacera o peito cada vez que respiro. Quando finalmente me aprumo, estreito os olhos para a placa da rua, mas as palavras se confundem em borrões dançantes. Seco os olhos, e vejo em minha mão uma mistura de sangue e lágrimas.

Faço um balanço da situação. Estou ferida, perdida, e talvez sendo caçada como um animal neste exato momento. Não, não pode ficar muito pior do que isso. Respiro fundo e limpo o rosto com a echarpe. Depois de dar uma olhada na placa da rua, ando apressada para a esquerda, procurando por alguma loja onde possa telefonar para minha mãe. Toda vez que passa um automóvel eu me encolho toda, esperando pelo grito que indicará que fui encontrada.

Finalmente encontro um mercadinho 24 horas numa esquina. Atravesso a rua correndo e entro na loja bem iluminada. Uma mulher dá uma olhada em mim e grita. Devo estar pior do que pensava. O vendedor corre até mim.

— O que aconteceu? O que aconteceu? — pergunta, com forte sotaque alemão.

— Tem um telefone?

Ele franze a testa por um momento, e então balança a cabeça:

— Sim, sim.

— Posso usá-lo?

A mulher, recuperada do susto, solta um muxoxo, comovida:

— Pobre *Liebchen*. Venha sentar primeiro.

Fico aliviada por me afastar das janelas e ir para os fundos da loja. A mulher me faz sentar numa cadeira perto de um antiquado fogão a lenha em ferro fundido, e ajeita uma manta áspera de lã ao redor de meus ombros. Minha estola deve ter caído no caminhão de leite, ou durante minha fuga.

Uma pesada caneca de café quente é posta em minha mão e eu dou um gole, agradecida. Ouço o vendedor berrando ao telefone, mas não entendo o que diz. A mulher dá tapinhas na minha cabeça, murmurando palavras em alemão. Ao meu redor, vejo prateleiras cheias de latas com nomes que não consigo ler, e baldes de legumes e verduras que exalam um odor acre, penetrante.

O vendedor volta e me dá um olhar tão apiedado que sinto um nó na garganta.

— Chamei a polícia. Eles estão a caminho.

Começo a tremer, e ele põe mais carvão no fogão a lenha. Policiais. É claro que eles chamariam a polícia. A maioria das pessoas gosta da polícia.

A mulher reaparece com uma tigela de água fumegante e um pano limpo. Ela limpa meu rosto, dando muxoxos de piedade. Estremeço, mas não digo nada. O que posso dizer a eles? Que fui sequestrada por desconhecidos, por motivos igualmente desconhecidos?

Sinto meu coração palpitar quando relembro a visão. Vejo-me presa debaixo d'água, sabendo que minha mãe está em perigo. E se eles forem atrás dela? Quem eram meus sequestradores, e o que queriam? E por que a voz da mulher me era tão familiar?

Uma imagem do rosto contraído da Sra. Lindsay me vem à mente. Ela é louca, mas será que é louca o bastante para tentar me sequestrar? E com que intuito?

Uma campainha toca na frente da loja, e eu quase pulo da cadeira. A mulher pousa a mão no meu ombro para me tranquilizar:

— Está tudo bem agora. A polícia chegou.

Isso não me tranquiliza.

Perguntas e mais perguntas. Primeiro dos policiais, depois do médico e, por fim, de minha mãe, Jacques e Owen, todos já à minha espera no hospital quando a polícia me levou para lá, mal começava a amanhecer.

Agora, depois de horas sentada esperando, finalmente estou em casa. Deixei todos na sala e fui direto para o banheiro.

Nada é mais importante no momento do que este banho. O vapor sobe ao meu redor como uma névoa calmante, me protegendo do mundo exterior. A água quente alivia a dor em minhas pernas e costas. Espremo a esponja sobre a cabeça, deixando a água escorrer em filetes pelo rosto e pescoço. Até mesmo a ardência que provoca ao passar por sobre os arranhões é boa, como se lavasse todo o mal.

Afundo na água até o pescoço.

Respiro fundo, até meus pulmões quase estourarem, e então mais um pouco. Deslizo a cabeça para baixo d'água e começo a contar. Houdini consegue prender a respiração por mais de quatro minutos. Eu chego até quase três. Geralmente, esvazio a cabeça enquanto conto, mas hoje isso é quase impossível. Uma súbita imagem de meu pesadelo me vem à mente. Eu, presa debaixo d'água, sabendo que a segurança de minha mãe depende de minha capacidade de me libertar.

Sento de um pulo, entornando a água violentamente pelas bordas da banheira. Lembro a mim mesma que não é real, mas já estraguei meu banho. Com cuidado, por causa dos ferimentos, saio da banheira e puxo a tampa, vendo a água redemoinhar pelo cano.

Depois de me enxugar e vestir uma camisola de algodão, sigo pelo corredor até meu quarto e subo na cama, apreciando a sensação dos lençóis frescos na minha pele.

Momentos depois, minha mãe aparece à porta, uma caneca fumegante na mão. Ela está com olheiras escuras, e percebo que deve se sentir tão exausta quanto eu.

— Achei que você precisaria disso — diz, me entregando a caneca. — Owen e Jacques foram embora há pouco.

Ela apanha minha escova de prata na penteadeira.

— Chegue para cá, me deixe escovar seus cabelos enquanto você bebe.

Sua voz é suave e eu relaxo, inclinando a cabeça. Levo a caneca aos lábios e suspiro quando o gosto cremoso do leite quente com noz-moscada e rum se espalha por minha língua.

— Tem certeza de que não sabe quem foi? — pergunta minha mãe, num tom de voz que me faz pensar em veludo sobre aço.

Esforço-me para lembrar a voz da mulher, mas tudo está confuso e um calafrio me percorre a espinha.

— Não. E não quero falar sobre isso.

— Está certo.

Dou outro gole no leite, o álcool e a exaustão embaçando o mundo ao meu redor.

— Do que gostaria de falar? — pergunta ela.

Inclino a cabeça, apreciando a sensação rítmica das escovadelas no couro cabeludo. Um calor se irradia por meu peito. Cansada. Estou tão cansada.

— Mãe, o que é um *facadista*?

Viro a cabeça para olhar seu rosto quando ela responde. Seus lábios se curvam para baixo em sinal de desaprovação.

— Alguém que age como se tivesse muito dinheiro, mas vive pedindo emprestado. Por quê?

Franzo a testa, tentando pensar. Outra ideia me ocorre.

— Por que não me conta como conheceu meu pai?

A escova se detém por um momento antes de continuar.

— Você já ouviu essa história.

— Me conte de novo.

Ela continua a escovar.

— Eu trabalhava como assistente de um mágico. Houdini apareceu nos bastidores depois de um show, mas eu não prestei muita atenção nele na hora.

Ela para de escovar e tira a caneca de minha mão pesada. Recosto-me nos travesseiros, o corpo exausto demais para se manter reto.

— E depois? — insisto.

Ela afasta meus cabelos do rosto. Carinhosa. Ela está sendo carinhosa.

— Depois, eu olhei nos seus lindos olhos castanhos e me apaixonei — diz ela simplesmente. — Agora, durma, minha menina, durma, *édesem*.*

Franzo a testa, lutando por um momento contra o sono que vem descendo sobre mim como um casaco de peles quente e escuro. Há algo errado. Isso me ocorre pouco antes de tudo se apagar.

Os olhos de Houdini são azuis.

---

* *Querida*, em húngaro. (N. da T.)

20

Acordo me sentindo groque e desorientada. Minha persiana está fechada, mas a luz que as lâminas filtram é o amarelo artificial dos postes na rua. Devo ter dormido o dia inteiro. O show! De um pulo, sento na cama, cada músculo em meu corpo protestando.

– Mãe? – chamo, mas, antes mesmo de fazer isso, já sei que o apartamento está vazio. Apanho meu robe e tento enfiar os braços nele, enquanto corro de quarto em quarto.

Sinto uma dor violenta ao bater com o pé no batente da porta a caminho da cozinha. "Diabo!" Levanto o pé e, parada numa perna só, olho para a pelezinha levantada na ponta do dedão. Um filete de sangue escorre, e eu vou saltando até a bancada para pegar o pano de prato. Como se eu já não estivesse sofrendo o bastante.

Noto um bilhete encostado ao bule de chá.

Fui para o show. Trago comida na volta.

Franzo a testa, a dor me deixando lenta e obtusa. Como ela pode fazer o show sem mim? "Diabo!", repito. Pulando num pé só até a geladeira, retiro uma lasca de gelo e saio mancando em direção à mesa.

Esfrego o gelo na ponta do dedão, lembrando como minha mãe foi carinhosa comigo horas atrás. Ela até me ajeitou na cama para dormir, pelo amor de Deus, uma coisa que não fazia há anos! Mas agora foi fazer o show, me deixando ferida e sozinha, com um sequestrador em potencial atrás de mim. Meu lado racional sabe que ela não teve escolha – o show deve continuar etc. –, mas, mesmo assim, o ressentimento me rói por dentro. Uma hora tenho uma mãe de verdade, outra hora ela é tirada de mim, como se nunca tivesse existido.

Enrolo o pano de prato no pé e amarro as pontas antes de sair mancando até o fogão e acendê-lo. Hora do chá. Meus olhos recaem sobre as flores que Cole me trouxe ontem, ainda em cima da bancada. Sinto uma ponta de emoção ao me lembrar do beijo que dei em seu rosto, mas então me lembro dele ao lado da Sra. Lindsay e me sinto mais confusa do que nunca.

Uma súbita batida na porta me deixa imóvel, com o coração na boca. E se os sequestradores tiverem vindo terminar o serviço? Abro uma gaveta e tiro uma faca antes de sair mancando em silêncio pelo corredor. Ao chegar à porta, a batida soa de novo e eu me apavoro. Em seguida fico furiosa comigo mesma por estar com medo. Esta é a minha casa. Quero só ver alguém tentar me levar, agora que estou pronta. Aperto o cabo da faca com mais força, satisfeita por sentir seu peso sólido entre os dedos. Eles que tentem!

— Anna, sou eu, Cole. Você está bem?

Cole? Uma onda de alívio me percorre ao ouvir sua voz, acalmando meu pulso. De repente, apesar de tudo, sinto vontade de vê-lo mais do que a qualquer outra pessoa no mundo.

— Só um minuto!

Olho ao redor, aflita, procurando algum lugar para pôr a faca, e finalmente resolvo escondê-la atrás do fícus artificial ao lado da porta. Amarro melhor o cinto do robe e abro a porta.

Cole está do outro lado, cansado e com as roupas amarrotadas, sua figura tão diferente da aparência cuidada de sempre, que não posso deixar de ficar olhando para ele, boquiaberta. Bem, isso e o fato de que eu tinha esquecido como ele enche uma soleira.

– Posso entrar?

Para minha total surpresa, eu me atiro em seus braços, lágrimas brotando em meus olhos. Seus braços me envolvem e eu sinto, mais do que ouço, todo o seu corpo suspirar de alívio.

– Você está bem – murmura ele, seus lábios no alto da minha cabeça. Fecho os olhos com força e faço que sim. Não quero pensar em nada neste momento. Pela primeira vez em muito tempo, eu me sinto aconchegada e segura. Aperto o rosto contra seu peito com tanta força que posso sentir os músculos sólidos sob a aspereza do paletó de lã. Pela primeira vez, seus sentimentos chegam até mim claríssimos, simpatia, preocupação, afeto. O perfume do sabonete e o frio do outono fazem cócegas no meu nariz e, por um momento, eu me permito aspirar todo ele, desejando poder viver este momento para sempre.

Mas reprimir pensamentos não é nada fácil e, no momento em que a lembrança da Sra. Lindsay me volta à cabeça, eu me reteso, insegura. Como que sentindo a diferença, Cole lentamente retira seus braços e eu me afasto, o rosto vermelho. O que diabos me levou a me atirar em cima dele? Um apito agudo vem da cozinha.

– Aceita um chá? – pergunto, evitando seus olhos.

Ele me segue pelo corredor e eu aceno para que se sente à mesa.

– Não, fique descansando – diz ele, indicando meu pé. – Onde ficam as xícaras?

Mostro a ele onde as coisas estão guardadas e só então me sento, observando-o servir o chá. Aceito a xícara que ele me oferece, e ele senta à minha frente. Seus olhos escuros me contemplam fixamente, suas feições sérias. Ele está usando sua expressão de professor.

– Enfim... – digo, não conseguindo mais suportar o silêncio.

– Enfim... – Ele olha para sua xícara e depois para mim. – Como está se sentindo?

– Dolorida. Confusa. – Arqueio uma sobrancelha. – Decepcionada.

Ele assente. Sabe que eu não me refiro só ao sequestro.

– Você tem todos os motivos para estar.

E eu sei que ele também não se refere só ao sequestro.

— Enfim...? – Desta vez é uma pergunta.

— O que você gostaria de saber? Vou contar o que puder.

Dou um gole no chá, minha cabeça girando. O que quero perguntar primeiro? Deveria indagar sem rodeios sobre a Sra. Lindsay? Ou esperar que ele me conte? Penso em me atirar nos seus braços, e meu rosto arde de novo. Como posso me sentir tão atraída por alguém em quem nem sei se confio?

— Você disse que veio para a América a fim de encontrar outros sensitivos. Por quê?

Estou esperando uma tangente, mas sua resposta é imediata:

— Fui enviado para encontrar outros sensitivos e ajudá-los da melhor maneira que puder.

— Por que eles precisariam de ajuda?

Cole hesita e eu me reteso, mas ele ergue a mão.

— É difícil explicar de um jeito que não soe insultuoso.

— Não sou nenhum bibelô – rebato, com um muxoxo.

Os lábios dele se curvam num sorriso.

— Anna, você não é como ninguém que eu já tenha conhecido. – Seus olhos fixam os meus e, por um momento, não consigo respirar. Então seu rosto torna a assumir a seriedade habitual. – Muitos sensitivos acabam num manicômio. Eles não sabem o que está acontecendo, e, salvo quando conseguem aprender a controlar seus dons, enlouquecem. Por isso, para ser totalmente franco, é raro encontrar alguém da sua idade e com dons tão fortes quanto os seus.

Olho para minha xícara, lembrando quantas vezes me senti perseguida pelas emoções que emanavam das outras pessoas, quantas vezes tive visões que achei que me enlouqueceriam. Respiro fundo.

— Quem são os outros?

— A Sra. Gaylord já lhe disse. Sou membro de um clube chamado Sociedade de Pesquisas Paranormais. Somos um grupo de cientistas e sensitivos. Os cientistas nos estudam, e os sensitivos ajudam uns aos outros a controlar suas habilidades.

Um calafrio me percorre. A Sociedade de Pesquisas Paranormais. A mesma sociedade que o Dr. Bennett abandonou por causa da maneira como tratavam as pessoas que estavam sendo estudadas. A mesma que ele disse ser dura com pessoas como eu. Por que Cole é membro de uma organização que trata os sensitivos tão mal? Então me lembro do que ele me contou a primeira vez que conversamos a respeito. *Não sou um sensitivo. Sou um conduto,* ele disse. De que lado ele está?, tenho vontade de perguntar, mas decido ficar calada. No momento, tudo que quero são informações, e preciso consegui-las antes que ele se tranque em copas novamente.

— Os dons dos sensitivos são sempre os mesmos? – pergunto.

— Não. Alguns podem ler os pensamentos das pessoas, enquanto outros recebem seus sonhos. Alguns têm visões do futuro, mas jamais conheci um que pudesse tanto sentir as emoções dos outros quanto se comunicar com os mortos.

— Isso é tão complicado. – Abano a cabeça. – Por que posso fazer coisas que os outros não podem? O que me torna diferente?

— Ninguém sabe. Essa é uma das coisas que a Sociedade vem tentando esclarecer com suas pesquisas. Há inúmeras teorias diferentes.

— Como por exemplo?

— Alguns acreditam que os sensitivos usam mais o cérebro do que a maioria das pessoas. Outros pensam que suas habilidades passam de uma geração para outra.

Então talvez eu tenha mesmo herdado meus talentos de meu pai. Resolvo pensar nisso depois. No momento, tenho uma pergunta mais urgente para fazer.

— Você disse que existe uma maneira de controlar os dons. Como?

— Com treinamento.

Engulo em seco.

— Pode me ensinar?

Cole respira fundo e solta o ar lentamente.

— Só participei de algumas sessões com outros sensitivos. Fui treinado, é claro... o que posso fazer é valioso demais para ficar fora de meu controle... mas não sei até que ponto tenho condições de ajudar você. Alguns na Sociedade não aprovam esse treinamento.

Interessante. Fico pensando se era disso que o Dr. Bennett estava falando.

— Por quê?

— Eles têm medo de que a prática excessiva venha a prejudicar a pesquisa. Produzir resultados diferentes daqueles que as habilidades em estado bruto produziriam. Os sensitivos, por sua vez, só querem levar uma vida tão normal quanto possível. A maioria não se importa em colaborar com a pesquisa, mas eles querem poder desativar seus dons também.

Eles. Isso significa que ele não se vê como um sensitivo.

— Quer dizer que os cientistas não aprovam isso? Há algum tipo de atrito entre os dois grupos?

Observo-o atentamente e percebo sua hesitação.

— Sim, mas essa é uma das coisas sobre as quais não devo mesmo falar.

A decepção quase me sufoca. Mais do que tudo, quero poder confiar nele. Respiro fundo.

— Então, o que faço para controlar os dons? Que tipo de treinamento posso fazer?

— Essencialmente, prática e concentração.

Torno a respirar fundo e me decido:

— Vamos fazer.

O sorriso de Cole abranda suas feições severas.

— O quê? Neste exato momento?

— Por que não? – Dou de ombros.

— Porque um estado de exaustão física e mental não é um bom ponto de partida. Você deveria descansar primeiro.

Olho para a mesa, esforçando-me para expressar meus pensamentos.

— Eu conheço a pessoa que me sequestrou. – Abano a cabeça depressa ao ver sua expressão chocada: – Não, eu quis dizer que uma das três pessoas envolvidas é alguém que conheço. Assim como eu sabia que a Sra. Lindsay era a pessoa que andava me espionando.

Observo seu rosto com cuidado. Tudo que vejo é preocupação com meu bem-estar.

— Você acha que a Sra. Lindsay está por trás do sequestro?

O sentimento de desamparo que experimentei no caminhão de leite torna a se abater sobre mim. Cole pousa a mão sobre a minha. No momento em que nossos dedos se tocam, sua preocupação se transmite para mim com a maior clareza. O que quer que estivesse fazendo na companhia da Sra. Lindsay não acho que fosse com o intuito de me prejudicar. Pelo menos, espero que não.

— Não sei. Mas, se eu soubesse controlar melhor os meus dons, talvez fosse capaz de descobrir quem foi. – E descobrir quem me sequestrou é o primeiro passo para proteger minha mãe.

Nosso silêncio se prolonga, até que finalmente levanto o rosto e observo seus olhos escuros.

— Podemos começar amanhã – propõe ele.

Sinto um nó na garganta e desvio os olhos. Será que ele pode sentir minhas emoções neste exato momento? Será que percebe o quanto lhe sou grata? O *quanto gosto dele?* O calor me sobe ao rosto. Definitivamente, preciso de algumas lições. Quero aprender a erguer uma muralha, como ele.

Retiro a mão e me recomponho. Alguma coisa dentro de mim, que passou anos amarrada, finalmente se liberta.

— Que idade você tinha quando foi treinado? Quer dizer, quando soube que havia algo diferente em você?

— Como sou apenas um conduto, só vivenciei incidentes paranormais quando estava perto de outro sensitivo. Raramente aconteceu quando eu era pequeno e, como eu não conhecia as palavras para descrever a experiência, meus pais não faziam a menor ideia. Então fui mandado para o internato. Infelizmente, ou felizmente, dependendo do ponto de vista – ele sorri –, por acaso um dos professores de lá era um sensitivo. Fui treinado durante a guerra, e me tornei um membro da Sociedade formalmente no ano passado.

Franzo o cenho, minha mente se adiantando.

— Eu nunca tinha pensado nisso antes, mas essa habilidade poderia ser muito útil durante uma guerra. Se alguém tivesse a inclinação, poderia até ser bastante perigosa.

— Essa é uma das controvérsias dentro da Sociedade, e uma das razões pelas quais tenho relutado tanto em lhe contar mais sobre nós.

Compreendo o que ele está tentando dizer.

— Quer dizer então que há membros...

— ... em quem não confiamos. Exatamente. Eu lhe disse que vim procurar sensitivos e isso é verdade, mas também fui enviado aos Estados Unidos por outra razão.

— E qual é? – Fico imóvel.

— Alguns dos dirigentes da Sociedade de Pesquisas Paranormais acharam que eu estava correndo perigo por causa de minha capacidade para pressentir outros sensitivos. – Os lábios de Cole se apertam. – Eles ficaram com medo de que, se alguém descobrisse que sou um canal, essa pessoa me usasse para os seus próprios interesses.

— Quer dizer então que você está correndo perigo? – O medo faz meu pulso disparar.

— Não que eu saiba. – Cole dá de ombros. – Mas alguns se preocupam com o fato de meu paradeiro agora ser do conhecimento público. Recebi uma carta de uma amiga da Sociedade, uma pessoa de toda confiança, mas eu a perdi antes de ter uma chance de lê-la.

Levo um choque. A carta. Depois de encontrar Houdini na loja de mágicas, eu tinha me esquecido completamente dela. Ainda está no bolso do casaco. Meu rosto arde de vergonha. E se Cole estiver em perigo por minha causa? Tenho que contar a ele.

Engulo em seco.

– Cole, eu...

Antes que possa dizer mais alguma coisa, a porta se abre e minha mãe e Jacques entram na cozinha.

– Que tal se nos encontrássemos amanhã para começar seu treinamento? – pergunta Cole depressa.

Balanço a cabeça. Perfeito. Isso me daria uma chance de devolver a carta e me desculpar por tê-la roubado.

– Ah, já está de pé, meu bem? Como está se sentindo?

Minha mãe se aproxima e me dá um beijo no rosto.

– Estou bem, obrigada por perguntar – digo, um tanto fria. Ainda estou ressentida por ter sido deixada sozinha. Sua sobrancelha arqueada indica que ela notou meu tom.

– Maravilha – diz ela, me entregando um saco de papel. – Comprei alguns sanduíches para você na volta. – Ela olha de relance para Cole. – Muito obrigada por vir dar uma olhada nela para mim. Eu não tinha escolha senão sair. – Ela me dá um olhar ostensivo.

Cole se levanta para ir embora.

– Preciso ir andando. Vejo você amanhã, Anna. – Com um curto aceno de cabeça, ele vai embora.

Retiro um sanduíche do saco e removo o papel encerado. Aspiro fundo seu cheiro, com prazer, e dou uma mordida, faminta. Deus sabe há quanto tempo não como nada.

Jacques pigarreia.

– Sua mãe e eu estávamos muito preocupados com você.

Tenho vontade de rir, mas estou ocupada demais comendo. Nunca uma salada de galinha em pão de centeio foi tão deliciosa.

– Como foi o show? – pergunto de boca cheia.

– Perfeito, querida, absolutamente perfeito.

Minha mãe serve dois copos de gim e entrega um a Jacques.

– Devo admitir que correu muito melhor do que eu esperava – comenta ele. – Era impossível prever o resultado.

– Eu sabia que ele se sairia bem. – As palavras caem da boca de minha mãe como pedrinhas presunçosas.

Levanto o rosto, desconfiada. Os olhos dela estão brilhando. Está louca para me contar alguma coisa, mas não quer que isso pareça óbvio. Angustiada, saio mancando até a lata de lixo, onde atiro o resto do meu sanduíche. Perdi o apetite.

Viro-me para Jacques e minha mãe.

– Sabia que quem se sairia bem? – Mantenho um tom de voz neutro. Além de "nunca lhe dê as costas", a regra número um de convivência com minha mãe é "não deixe que ela perceba que magoou você".

– Owen! – solta ela, incapaz de guardar o segredo por mais tempo.

– Owen? – Tateio minha poltrona e solto o corpo em cima dela com um baque pesado.

– Alguém tomou meu santo nome em vão? – pergunta a voz da pessoa em questão, e eu ouço a porta bater atrás dele.

Segundos depois, Owen aparece diante de nós:

– Eis a minha garota! – Ele se ajoelha à minha frente, estendendo uma rosa para mim. – Gostaria de ter vindo mais cedo, mas não queria aparecer de mãos abanando. Não depois de deixar que a levassem daquele jeito. – Ele deita a cabeça em meu colo, ainda segurando a rosa. – Nunca vou me perdoar, mas ouso ter a esperança de que algum dia você me perdoe…

Por um momento, fico estupefata, mas então pego a rosa e dou um cascudo na sua cabeça.

– Não há nada para perdoar, seu pateta. Tudo aconteceu tão depressa… – Engulo em seco e afasto a lembrança da mente. – Agora, levante daí. Isso é ridículo.

– Obrigado – diz ele, saltando de pé feito um polichinelo. – Meus joelhos estavam me matando.

Começo a revirar os olhos, mas então percebo o hematoma que se estende de seu queixo até a metade do rosto.

– Ah, meu Deus, você está bem? – Faço menção de tocar seu rosto, mas retiro a mão, encabulada.

– Estou ótimo. É com você que estou preocupado. Também trouxe sua bolsa. Você a deixou cair quando foi levada.

Apanho a bolsa, agradecida. Teria detestado perder meu canivete borboleta. Preciso dele mais do que nunca.

– Vamos continuar conversando na sala? – Minha mãe ainda está exultante.

Owen segura meu braço e me ajuda a seguir pelo corredor, mas meu dedo está melhor e eu me sinto ridícula com aquela toalha enrolada no pé. Owen está que mal cabe em si de contentamento.

— Quer dizer que você me substituiu no show? – pergunto, soltando o corpo, com alívio, na poltrona mais próxima.

— Quem dera a ele – diz Jacques, com um muxoxo.

A expressão de Owen é de mágoa por um momento, antes de se desanuviar. Franzo o cenho para Jacques.

— Ninguém pode substituí-la. Eu apenas ocupei sua vaga.

— E se saiu maravilhosamente bem – diz minha mãe, sorrindo para mim. – Maravilhosamente bem.

A rainha da manipulação está me participando que sou perfeitamente substituível, para que eu fique com ciúmes. E está dando certo.

Mas nem em um trilhão de anos vou dar a ela o gostinho de perceber isso.

— Foi fantástico! As pessoas, as luzes, os aplausos. Nunca senti nada parecido.

— Não vá se acostumando. O show precisa dos talentos de Anna – diz Jacques com firmeza.

Surpresa, lanço um olhar agradecido para ele, enquanto o sorriso de minha mãe se congela.

Ela se ocupa em apanhar uma colcha e ajeitá-la ao redor de minhas pernas.

— Bem, é claro, mas é bom saber que temos um substituto para uma eventualidade.

Seus olhos escuros perfuram os meus, contradizendo o sorriso que ainda curva seus lábios. Está tão diferente da mãe que escovou meus cabelos hoje de manhã, que desvio os olhos, sentindo uma tristeza enorme.

Antes que ela possa se afastar, roço timidamente meus dedos na sua mão. As emoções de minha mãe sempre foram fáceis de ler, mas aprendi desde cedo a ignorá-las sempre que possível. Nenhuma criança suporta tomar conhecimento da raiva de sua mãe. Hoje, suas emoções estão de tal modo conflituadas que é trabalhoso distingui-las. Fico gratificada por encontrar o amor em meio à mescla habitual de ressentimento, impaciência e ambição obsessiva, mas também detecto medo. Tentar decifrar do que ela está com medo é como tentar ler as cartas do tarô. Sei que é algo relacionado comigo, mas estará ela com medo por mim ou de mim?

Não sei. Mas uma coisa é certa. Ela me quer fora do show.

21

Dou o centésimo soco no travesseiro. Se fosse uma pessoa, a esta altura já estaria morta. Como ela se atreve? Fui muito mais mãe para ela do que ela para mim. Fiz as compras da casa e os preparativos para as viagens, arranjei emprego para nós duas e trapaceei pessoas – tudo a serviço dela.

Dou outro soco no travesseiro, pensando no papel de bisbilhoteira que desempenhei, catando informações sobre clientes que ela queria depenar. Os empregos degradantes que aceitei para que pudéssemos comer. E tudo que pedi em troca foi uma oportunidade de praticar o ilusionismo.

Agora ela quer tirar isso de mim.

Mas por quê? O que tem a ganhar? E o que eu faria, se não pudesse mais participar do show?

Sinto as lágrimas brotando, mas trato de secá-las, furiosa. Por que estou tão surpresa? Tive medo disso a vida inteira. É o meu pior medo se concretizando. Não. Respiro fundo. Meu pior medo era o de que minha mãe me abandonasse no quarto de algum hotel barato. Pelo menos, ela não fez isso.

Estou zangada, com medo e dividida. A história de meu relacionamento com minha mãe. Quando penso no quanto me preocupei nas últimas semanas, nos sacrifícios que fiz para protegê-la...

Fecho os olhos, mas eles tornam a se abrir, me lembrando que dormi quase o dia todo. Com um suspiro, me inclino e apago a luz, e em seguida tateio debaixo do colchão até encontrar o caderno que escondo ali. Puxando-o, encontro os esboços que fiz há aproximadamente um ano. É uma mágica que concebi.

Sigo as linhas simples com o dedo, e então, inspirada, vou até a escrivaninha e pego o lápis. Agora, estou um ano mais velha – um ano mais experiente –, e tenho algumas ideias para tornar o desenho melhor, mais nítido, mais fácil de seguir.

Se tudo for feito exatamente como desenhei, deve funcionar perfeitamente. No ano passado, eu não tinha como fazer desse desenho uma realidade. Agora, graças ao Sr. Darby, eu tenho. Sorrio, pensando na oficina do Sr. Darby.

Minha mãe me quer fora do show? Ótimo. Mas vai receber um senhor presente de despedida.

Acordo na manhã seguinte me sentindo exausta e grata por ser domingo. Preciso de um dia de descanso.

Embora garanta a minha mãe que vou ficar bem, ela não está convencida.

– Tem certeza? Acha que deveríamos chamar o médico? – Ela franze a testa, e por um momento sinto sua preocupação.

Não me impressionou.

Sei que ela me ama. Ela apenas ama mais a sua carreira. É uma lição que eu devia ter aprendido com ela há muito tempo. Pense em si primeiro.

– Estou ótima. Apenas cansada. Acho que vou dar uma descida para visitar o Sr. Darby. Tenho certeza de que ele ficou preocupado comigo.

Minha mãe acena para mim e, assim que sai do aposento, pego meu casaco e retiro a carta que ainda está guardada no bolso.

Reviro-a nas mãos, resistindo à tentação. Está sobrescrita na mesma caligrafia feminina floreada da carta sobre a escrivaninha do Sr. Darby, e o remetente é de

Londres. Dou uma olhada no endereço, mas é apenas um número de caixa postal. Ainda está selada, o que me faz pensar que Cole deve tê-la pegado quando saía de casa na manhã em que a tirei de seu bolso.

Quero muito, muito abri-la. Afinal, é de alguém da Sociedade em quem Cole confia. E, a julgar pela linda caligrafia, esse alguém é uma mulher. Hesito. Talvez isso pudesse esclarecer seu encontro com a Sra. Lindsay. De todas as coisas que sei sobre Cole, essa é a que me deixa mais perplexa. O que ele poderia estar fazendo na companhia de alguém que tem a intenção de me fazer mal? E quais exatamente são os seus vínculos com a Sociedade de Pesquisas Paranormais? Será que a coisa é tão grave quanto o Dr. Bennett disse? Será que é isso que Cole não quer me contar?

Respirando fundo, torno a guardar o envelope no bolso sem abri-lo. Quando nossa lição terminar, vou devolvê-lo e implorar pelo perdão de Cole. E também perguntar a ele sobre a Sra. Lindsay.

Antes de me dirigir para as escadas, pego os planos de minha mágica. Tenho quase certeza de que Cole vai me levar a algum lugar para a minha primeira lição, mas pretendo conversar com o Sr. Darby antes de sairmos.

Cole abre a porta para mim segundos depois de eu bater.

— Estava esperando por mim? – pergunto, estranhando a rapidez.

Um sorriso ilumina seu rosto, e eu prendo a respiração.

— Estava sim, Srta. Van Housen.

— Por acaso você... – olho ao redor, procurando o Sr. Darby – ... sentiu que eu estava descendo? – sussurro.

— Não – ele também sussurra, inclinando-se para mais perto. – Eu ouvi os seus passos. Você desce essas escadas feito uma manada de elefantes.

Surpresa, finjo bater nele e ele recua, rindo. Em seguida enrubesço um pouco, imaginando se a expressão em meu rosto é tão desajeitada quanto a dele. Adoro esse lado descontraído de Cole. Fico pensando se voltarei a vê-lo depois que lhe contar que roubei a carta de seu bolso. E quando ele ficar sabendo a verdade sobre mim.

— Bom dia, mocinha! – O Sr. Darby me envolve em um abraço afetuoso. Suas emoções, ao passar os braços por mim, são tão simples, básicas e calorosas quanto ele. – Parece que alguém andou fazendo festinhas no seu rosto com um bastão de beisebol! E por que está de mãos vazias? Cadê meu café da manhã?

— Desculpe. Anna e eu vamos sair agora de manhã – Cole se apressa a dizer.

O Sr. Darby suspira e seu rosto se contrai numa expressão de falsa lástima.

— É claro que vocês dois não iriam querer passar tempo com um velho. Que falta de consideração para com os cabelos brancos! Mas não se preocupem comigo. Vou ficar aqui esperando a arrumadeira.

— Vamos lhe trazer alguns waffles – prometo. E, para Cole: – Será que posso ficar a sós por alguns minutos com o Sr. Darby, se não se importar?

Cole arqueia a sobrancelha e se vira para o Sr. Darby com um sorriso:

— Estou achando que o senhor está tentando roubar a minha garota.

Sua garota? Sinto mais um sorriso se esboçar em meu rosto.

— Se eu tivesse metade da minha idade, você não teria a menor chance!

— Não duvido. – Cole se vira para mim com um sorriso. – Encontro você lá fora. Não demore ou vou morrer congelado.

— Não vou demorar. – Não consigo parar de sorrir, e meu rosto ainda está vermelho por causa da conversa. Será que é assim que ele realmente se sente, ou estava apenas brincando comigo?

Depois que Cole sai, retiro o caderno da bolsa e o entrego para o Sr. Darby.

— Será que o senhor pode construir isso?

Ele estuda meus desenhos com o cenho franzido.

— Talvez. O que é?

— Uma nova mágica em que estou trabalhando. Coisa grande. Só preciso saber se o senhor pode me ajudar. – Viro a página e mostro a ele as notas que fiz. – Acrescentei essas notas para que o senhor tivesse mais informações.

— Hum-hum. Vou dar uma olhada nelas quando você sair e lhe dou uma resposta mais tarde.

— Obrigada – agradeço, caminhando até a porta. – E não vamos falar sobre isso com ninguém, combinado?

Ele sorri, seu rosto se franzindo em um milhão de ruguinhas bondosas:

— Não se preocupe, mocinha. Minha boca é um túmulo. Contanto que você me traga aqueles waffles!

Quando chegamos ao Child's, já estou morta de fome, e o delicioso aroma do bacon com xarope de bordo faz meu estômago roncar. Os waffles estão leves e fofos, e o bacon, crocante. Enquanto comemos, conversamos sobre coisas prosaicas, mas, quando terminamos, nos recostamos nas nossas cadeiras.

— Podemos começar? – pergunto. A excitação trava uma guerra em meu estômago com o waffle que acabei de devorar. A combinação está me deixando um pouco enjoada.

Cole me dá um sorriso maroto.

– Tem certeza de que não prefere tirar uma soneca?

– Que soneca, o quê. – Faço uma cara zangada e ele ri.

Mudando de expressão, ele se inclina para mais perto.

– A razão pela qual trouxe você a um lugar público é que assim teremos mais sujeitos à nossa disposição.

– Sujeitos?

– Para praticar.

– Ah. – Viro a cabeça, observando os outros clientes: uma senhora de idade com um chapéu de plumas cinzentas tomando o café da manhã sozinha, uma mãe e duas filhas com roupas idênticas, provavelmente turistas experimentando o famoso waffle do Child's, e dezenas de outros que lotam as mesas. – Quer dizer que vamos fazer experiências com eles?

– Com quem mais? – Ele dá de ombros. – Você às vezes sente as emoções das outras pessoas sem tocar nelas?

Mordo o lábio, pensando num modo de me explicar.

– Sempre fui mais perspicaz do que a maioria das pessoas, sou capaz de dar bons palpites sobre o que os outros estão sentindo, mesmo que não esteja tocando neles. Mas ultimamente... – me interrompo.

Cole se inclina para a frente:

– Ultimamente o quê?

– Ultimamente meus dons parecem ter se aguçado. Às vezes eu me sinto como se recebesse mensagens, quando não estou tocando nas pessoas ou mesmo prestando muita atenção nelas. E também ando tendo uma visão recorrente, sendo que até então nunca tive mais de uma sobre determinado acontecimento. – Abaixo os olhos, o medo e a preocupação acorrentados a mim como uma bola de chumbo. A tentação de lhe fazer confidências é enorme. Antes que possa dizer qualquer coisa, no entanto, ele continua:

– Você não é a primeira sensitiva a dizer isso depois de passar algum tempo comigo. Os pesquisadores têm mil palpites sobre as razões por que você consegue fazer o que faz, mas nenhum deles compreende como eu faço o que faço.

Distraída de meus pensamentos, levanto o rosto e observo seus afetuosos olhos castanhos. Meu coração palpita no peito. Também não sei como ele faz o que faz.

Ele pigarreia.

– Primeiro, quero que você experimente comigo, e então vou criar um bloqueio, para que você possa ter uma ideia de como é.

— Eu já sei como é – digo, fazendo uma careta para ele.

— Não. – Ele revira os olhos. – Eu me refiro à sensação de ser bloqueado por alguém depois de já ter feito contato. Talvez ajude você a compreender como se faz o que eu vou fazer.

— Está certo.

— Quero que você me explique tudo que for fazendo à medida que for fazendo, para eu poder compreender melhor o seu processo. Como quando você faz o truque da leitura de músculos.

— Vou tentar. Nunca pensei muito nisso.

— Pensar no processo é o primeiro passo para controlá-lo.

Respiro fundo.

— Primeiro, eu esvazio a mente, embora isso seja um pouco difícil de fazer nestas circunstâncias.

Cole balança a cabeça, me incentivando. Tento me acalmar, mas não consigo parar de pensar que ele está me observando, e me pergunto como seus olhos conseguem ser tão escuros e brilhantes ao mesmo tempo.

— Preciso que você olhe para alguma outra coisa, está bem?

Ele abre um sorriso, como se soubesse exatamente por que não consigo me concentrar. Resisto ao impulso de mostrar a língua para ele. Mas ele faz o que peço, e passa a olhar na direção da cozinha.

Respiro fundo e tento relaxar.

— Em seguida eu toco na pessoa, e é quase como se houvesse uma fita de prata se estendendo entre nós. Às vezes, ela é perfeitamente reta. Outras vezes é trêmula. – Pouso a mão sobre a dele, e meus dedos automaticamente se dobram ao redor dos seus. Um arrepio delicioso me percorre a espinha quando ele transmite seu calor para mim.

— Qual é a sensação agora?

Dou uma bronca mental em mim mesma. Concentre-se!

— Clara e forte. Quase como se fosse uma lança em vez de uma fita.

— Interessante. E depois?

— Depois, eu fico esperando. Quando a sensação chega, é como um choque de estática. Quando é muito forte, é mais parecida com uma descarga de emoção. – Paro de falar ao sentir uma conexão sendo feita, e em seguida sou inundada pelas emoções de Cole.

Primeiro, sinto sua insegurança em relação ao que estamos fazendo, como se ele não tivesse certeza de poder me ensinar. Também sinto a força de sua determinação. Mas, por baixo disso, há um fiapo de alguma outra coisa. Agarro-o, e fico assombrada com o afeto e o desejo dirigidos a mim. É quase como se... Meus olhos se arregalam e minha respiração acelera.

De repente, um bloqueio é erguido com tanta força, que solto uma exclamação. É como ser atirada de cabeça contra um muro.

– O que foi isso?

Cole se remexe na cadeira, seus olhos evitando os meus.

– Eu disse que iria bloqueá-la, para que você soubesse como é a sensação.

– Ah. Certo. – Umedeço os lábios. – E agora? – Retiro a mão da dele, e percebo que está trêmula quando levo a xícara de café à boca.

– Quero que você experimente com outra pessoa sem tocar nela – ele continua, sua voz revestida de uma segurança que agora sei que ele não sente. – Sentir a pessoa, e então bloquear a sensação.

– Como?

– A maioria dos sensitivos que conheço usa a imaginação para visualizar o processo. Experimente mandar uma fita de prata para o outro lado do restaurante. Basta visualizá-la se estendendo para as pessoas. Como você já faz isso quando toca em alguém, acho que deveria continuar com essa tática, e depois apenas se imaginar cortando a fita com um par de tesouras ou algo assim.

Escuto as palavras de Cole, mas estou distraída. Não posso deixar de me perguntar se algum dos outros sensitivos de que ele fala é a mulher que mandou a carta guardada em meu bolso.

– Está pronta?

Trato de tirar a mulher de Londres da cabeça e faço que sim.

– Com quem você gostaria que eu experimentasse primeiro?

– Que tal elas? – Cole meneia a cabeça em direção à mulher com as duas filhas, que agora estão terminando de tomar seu café da manhã.

– Está certo – digo, dando de ombros.

Olho para a mulher, que agora tamborila os dedos na mesa, como se estivesse impaciente para ir embora. Percebo suas olheiras e a rigidez de sua boca antes mesmo de lançar um fio em sua direção. Então lembro que a presença de Cole exacerba meus dons. Imediatamente, imagino um par de tesouras para cortar o fio. A imagem delas paira por um momento, antes de eu forçá-las a trabalhar. Por um segundo nada acontece, mas então os sentimentos que emanam em ondas da mulher simplesmente desaparecem.

Viro-me para Cole com os olhos arregalados:

— Consegui!

Ele assente, sério, mas seus olhos brilham, divertidos:

— Conseguiu.

— Quer dizer que agora posso controlar o processo? — Meu coração está aos pulos. Isso significa liberdade. Normalidade.

— Não sei. Algumas pessoas aprendem muito depressa, porque já vêm fazendo isso há anos sem saber. Outras precisam de meses de treinamento. Você tem mais experiência do que a maioria, por causa de seu trabalho com sua mãe; a leitura de músculos, as sessões, essas coisas.

— As sessões são o pior de tudo — digo, franzindo o nariz. — As pessoas que nos procuram estão inconsoláveis. É difícil... — Olho para minhas mãos.

— Oferecer esperança a elas quando não há nenhuma?

Meu coração bate mais depressa, mas não respondo. Algumas coisas não podem ser compartilhadas.

Após um silêncio constrangido, ele prossegue:

— A dor é uma emoção muito intensa. Pode ser mais difícil de controlar. Talvez isso seja parte do problema.

Reflito sobre suas palavras.

— Faz sentido.

Cole abana a cabeça, seus olhos cheios de simpatia.

— Talvez você precise começar a praticar com pessoas cujos sentimentos são menos intensos, e então passar para pessoas com emoções mais fortes. Por enquanto, tudo é pura especulação.

Torno a me recostar na cadeira. Talvez possa saber um pouco mais sobre a Sociedade de Pesquisas Paranormais. Até que ponto o que o Dr. Bennett disse é verdade? Cole já confirmou algumas coisas, mas quão séria é a situação, realmente? Gostaria de perguntar a ele se conhece o Dr. Bennett, mas não quero me intrometer, ainda mais porque o afastamento do Dr. Bennett da Sociedade foi turbulento.

— Me fale mais sobre a Sociedade de Pesquisas Paranormais.

Ele entrelaça as mãos à sua frente, como se estivesse dando uma palestra.

— O Clube Fantasma, como era originalmente chamado, foi fundado em 1862. Charles Dickens e Sir William Barrett foram alguns dos seus membros. O clube desapareceu na década de 1870, e então na década de 1880 se fundiu com a Sociedade de Pesquisas Paranormais. Essa é a parte que as pessoas conhecem.

— E a outra parte?

Cole hesita.

— Corre um boato de que o Clube Fantasma desapareceu porque seus pesquisadores descobriram que os sensitivos realmente existiam, e então partiram para a clandestinidade porque não queriam alarmar o público com o fato de haver pessoas dotadas de habilidades especiais vivendo entre nós. Mais tarde eles se fundiram com a Sociedade de Pesquisas Paranormais, que opera sobre uma base mais científica, e se tornaram públicos de novo, mas sem fazer qualquer pronunciamento oficial sobre os sensitivos. Eles mantêm a existência dos sensitivos em segredo para a sua própria segurança. Já houve pessoas que quiseram usar os sensitivos para obter lucro. O sigilo ajuda a protegê-los desse risco. Quase sempre.

Tenho vontade de perguntar a ele o que quer dizer com isso, mas neste momento Cole pousa a mão sobre a minha. Nossos dedos se entrelaçam e eu prendo a respiração ao ver o afeto em seus olhos.

— Honestamente, gostaria de poder lhe contar tudo, mas há tantas coisas acontecendo no momento. Quando estou com você, tudo lá parece tão remoto. Como se não tivesse a menor importância.

Minha pele se aquece e meu coração vira uma espiral de chocolate quente derretido. Tudo que eu ia dizer, ou queria dizer, me sai totalmente da cabeça.

Sei exatamente como ele se sente.

Mas será que ainda vai se sentir assim quando eu lhe devolver a carta?

Retiro a mão e a enfio no bolso, sentindo a borda dura do envelope.

Dê a carta para ele.

Respirando fundo, eu a retiro e a coloco na mesa entre nós.

— O que é isso?

O barulho ao nosso redor diminui e minha boca parece anestesiada.

— Uma carta.

— Eu sei que é uma carta, Anna. — Ele esboça um sorriso e a apanha. Seu cenho se franze, confuso. — Onde foi que você a achou?

Engulo em seco.

— Eu a roubei. Do seu bolso. — Ao ver a expressão em seu rosto, apresso-me a explicar o resto: — Aconteceu na semana passada. Não sei por que fiz isso. Eu estava confusa. Lamento muito.

— Você roubou a carta do meu bolso porque estava confusa? — A voz de Cole está tão zangada que eu estremeço. — Você faz ideia do quanto isso pode ser importante? — Ele rasga o envelope.

Abro a boca, mas ele levanta o dedo e eu me calo. Depois de correr os olhos pela carta, ele me encara, os lábios apertados.

Torno a tentar:

— Você precisa saber que normalmente eu não... — minha voz vai parando. Não tenho como explicar a ele a sensação que experimentei, com ele tão perto de mim no trem aquele dia. Como eu precisava fazer contato com ele. — Quer dizer, não sou esse tipo de garota — concluo, sem muita ênfase.

Olho para a mesa, incapaz de enfrentar os olhos de Cole, mas sinto a raiva e a mágoa emanando dele em ondas.

— Anna, eu não sei que tipo de garota você é.

A vergonha me consome por dentro como um incêndio.

— Você não quis dizer isso. Você sabe mais a meu respeito sob alguns aspectos do que qualquer pessoa jamais soube.

— No momento, tudo que sei é que você engana as pessoas para tirar seu dinheiro e rouba objetos dos bolsos delas quando está confusa. Quem sabe você também não assalta bancos nas horas vagas?... Eu achei que conhecia você, mas me enganei. — Ele atira a carta na mesa. — Aqui está. Você queria tanto lê-la. Pois vá em frente.

E, dessa vez, ele realmente me deixa sozinha e vai embora.

Ele deveria pelo menos ter me dado algum crédito por não ler a carta, penso, infeliz, dois dias depois. Então me pergunto se isso faria diferença. Para minha surpresa, Cole estava esperando do lado de fora do restaurante quando finalmente saí. Tive esperanças de que isso fosse um sinal de que ele capitularia e me daria pelo menos uma chance de explicar, mas ele não quis saber de conversa. "Não posso deixar você voltar para casa sozinha", foi tudo que disse.

Suspiro e tento esconder as olheiras e os hematomas do sequestro com pó de arroz. Cynthia Gaylord vem me buscar para irmos jantar com o Dr. Bennett. Quem terá marcado esse encontro, o Dr. Bennett ou Cynthia? Talvez eu obtenha mais informações sobre a Sociedade. Mas estou me sentindo um pouco nervosa.

Talvez eu devesse tomar coragem e falar com Cole sobre o Dr. Bennett. Eles devem ter pelo menos ouvido falar um do outro. Talvez Cole possa me dar informações sobre ele. Ou talvez eu devesse falar com o Dr. Bennett sobre Cole.

Tento não pensar no fato de que talvez Cole nunca mais volte a falar comigo sobre esse ou qualquer outro assunto. Esse pensamento me deixa num abatimento mortal.

Escuto uma porta bater, em seguida uma voz, e sei que Cynthia chegou. Abanando a cabeça, apanho meu casaco na cama, onde o tinha atirado, e atravesso o corredor, apressada.

Minha mãe está na cozinha com Cynthia, sua sobrancelha arqueada e seu sorriso velado deixando transparecer uma astuta curiosidade.

— Cynthia me disse que vocês duas vão jantar com um cientista que pesquisa materializações e espiritismo? Que... intrigante.

Meu sorriso não reflete nada além de um inocente entusiasmo.

— Sim, acho que vai ser uma noite fascinante. Não acha, Cynthia?

Cynthia concorda, empolgada, sua cabeça uma flor pálida contrastando com a enorme gola escura de pele do casaco. Fico esperando que ela convide minha mãe, mas isso não acontece. É claro que não. Cynthia não iria querer competir com ela pelas atenções do Dr. Bennett. Descemos para o carro, deixando os olhos de minha mãe cheios de interrogações. Diante de tudo, parece no mínimo apropriado.

O carro vira na Broadway e eu contemplo maravilhada os letreiros gigantescos que anunciam de tudo, dos cigarros Camel ao show Ziegfeld Follies. É pura magia ver o sol se pôr a oeste, enquanto em toda parte ao redor piscam milhares de luzes deslumbrantes. Não importa quantas vezes eu o veja, o espetáculo ainda me deixa sem fôlego.

— Aonde vamos? — pergunto.

Cynthia acende um cigarro e sopra um anel de fumaça.

— Já esteve no Lindy's?

Abano a cabeça.

— Você vai adorar. Boa comida, ambiente descontraído, nem um pouco metido a besta. Faz mais o meu gênero.

Abro a boca para perguntar o que ela quer dizer com isso, mas ela não me deixa falar.

— E então, me conte, por qual daqueles dois jovens sheiks* você está caída?

— O quê? – Pisco os olhos, sem entender.

— Os rapazes que estavam na sessão. – Cynthia revira os olhos. – De qual dos dois você gosta? Porque, tão certo quanto dois e dois são quatro, os dois estão pelo beiço. Não conseguiam tirar os olhos de você.

— Ah. Hum…

Cynthia cai na risada.

— Basta cozinhar os dois em fogo brando até decidir de qual deles você gosta mais. Foi isso que eu fiz, até meu pai decidir por mim. Fico feliz que tenha sido Jack. Ele tem muito mais dinheiro, e é tão bonito. O outro sujeito tinha um nariz horroroso. Não sei se eu teria conseguido me casar com aquele nariz.

Não consigo pensar em nada para responder a isso, mas, felizmente, Cynthia não parece precisar de uma resposta. Ela joga o cigarro pela janela e tira da bolsa um estojo em esmalte verde e prata. Passa um pouco de pó e batom.

— Se eu fosse você – diz, fechando o estojo com um estalo –, escolheria o alto, de cabelos escuros. Como Jack, ele tem muito mais dinheiro.

O carro diminui a marcha e se aproxima da calçada. Cole? Dou uma risada.

— Como você sabe? – pergunto.

— Ah, eu simplesmente sei essas coisas – responde ela, saltando do carro. – Mas talvez o outro seja mais divertido. Depende do que você está procurando.

O que eu estou procurando? Minha vida seria muito mais simples se eu soubesse a resposta para isso.

— Tio Arnie! – ouço Cynthia dar um gritinho quando saímos do carro.

Viro-me e a vejo nos braços de um homem imponente, vestindo um terno preto feito sob medida. Ele é alto, com lábios finos e o nariz imperial de uma águia. Embora já esteja começando a ficar calvo, a silhueta revelada pelo paletó mostra um homem no auge da forma física. Ele me parece vagamente familiar, e eu fico me perguntando onde foi que o vi.

— Como vai, bonequinha? Como é que o bacana de sangue azul tem te tratado?

— Como uma rainha, tio Arnie, como uma rainha.

---

* Referência ao longa-metragem *O Sheik*, de 1921, que celebrizou o ator italiano Rodolfo Valentino (1895-1926) como o primeiro símbolo sexual do cinema. (N. da T.)

— Acho bom. Ou eu vou ter que quebrar as pernas dele. — Arnie ri, mas a risada não chega aos olhos.

Cynthia finge bater nele, brincalhona.

— Trate de se comportar. Eu trouxe uma amiga. — Ela me puxa pelo braço para perto de si. — Essa é Anna Van Housen. Ela e a mãe são médiuns famosas. Elas têm um show.

— É mesmo? – diz ele, estendendo a mão. – Nunca acreditei nessas coisas. Sem querer ofender, Srta. Van Housen.

— Não ofendeu – afirmo. No momento em que ele segura minha mão, uma emoção sombria e ambivalente serpenteia pelo meu braço, e eu sinto um calafrio. Não sei que nome dar a ela, mas tenho certeza absoluta de que nunca senti nada parecido antes. O estranho é que essa emoção não é dirigida a mim, Cynthia ou ninguém em particular; ela apenas existe. Ele beija minha mão e a solta, e eu tenho que me conter para não suspirar de alívio.

Outro homem vestindo um terno preto se aproxima e meneia a cabeça para o lado. Arnie assente e se vira para nós.

— Tenho que ir, meninas. Visitas de negócios. Se cuide e me diga se precisar de qualquer coisa, certo, bonequinha? – Cynthia assente. – Prazer em conhecê-la, Srta. Van Housen.

Ele dá as costas para ir embora, mas então torna a se virar para mim.

— Van Housen? Me diga, você não é aquela ilusionista que é filha de Houdini, é?

Meu queixo cai e tio Arnie ri.

— Eu sei de tudo que acontece em Nova York, benzinho. Mesmo que sejam apenas boatos. Conheci seu pai antes de ele ficar famoso. Compramos nossas algemas do mesmo fornecedor. Houdini é um bom homem.

Ele faz um cumprimento de cabeça, esse mais amigável, e desaparece junto a um grupo de homens que o rodeiam.

— Vamos lá – diz Cynthia, passando o braço pelo meu. – Vamos arranjar uma mesa. O Dr. Bennett deve chegar dentro de alguns minutos.

Ela ignora a fila, e uma garçonete arranja uma mesa para nós imediatamente. O Lindy's é um lugar agradável, mas não tão chique ou excitante quanto o The Colony.

— Espere só até provar o cheesecake daqui – diz Cynthia. – É de comer rezando.

Tiramos nossos casacos e abrimos os cardápios.

— Tio Arnie é uma gracinha, não é? É difícil de acreditar que ele seja um dos homens mais poderosos da cidade. Todo mundo se sente intimidado por ele, mas no fundo ele é um gatinho, sinceramente. Bem, a menos que você o aborreça.

Fico paralisada ao lembrar subitamente onde o vi antes. Arnold "O Cérebro" Rothstein é chefe de uma família judaica mafiosa, e praticamente não sai das manchetes dos jornais. Ele já foi indiciado mais vezes do que posso contar, e corre o boato de que esteve envolvido no escândalo da World Series de 1919.*

— Seu tio é Arnold Rothstein? – quase grito.

— Ah, por favor. – Os ombros de Cynthia se curvam de desânimo. – Não me diga que vai deixar de ser minha amiga por causa dele. Isso sempre acontece! Assim que faço uma amiga, ela fica sabendo da minha família e pronto!, lá se vai a amizade por água abaixo. A família de Jack mal fala comigo!

Lágrimas brotam em seus olhos, e eu seguro sua mão.

— Não, é claro que não! Sou a última pessoa do mundo a julgar os outros. Fiquei surpresa, só isso.

— Tem certeza? – pergunta ela, fungando.

— Absoluta. – Observo-a com curiosidade quando ela seca os olhos. – Que idade você tem?

— Fiz vinte agora, em junho passado.

Isso explica muita coisa.

Ela me oferece um cigarro e eu recuso, então ela acende um e solta a fumaça, seus olhos penetrantes fixos em mim:

— Por que está com esse rosto de quem lutou boxe com Jack Dempsey?

Levo a mão ao rosto, constrangida.

— Não, você escondeu bem – afirma Cynthia. – É que eu tenho um olho clínico para essas coisas.

Aposto que sim.

A garçonete nos interrompe para perguntar se gostaríamos de fazer o pedido agora, ou esperar nosso convidado. Cynthia consulta o relógio.

— Vamos jantar de uma vez? Estou morta de fome.

Fazemos os pedidos e, assim que a garçonete se afasta, conto a ela o que aconteceu.

Os olhos azuis de Cynthia ficam ainda maiores:

---

* Oito jogadores do time de beisebol Chicago White Sox teriam sido subornados, o que possibilitou a vitória do Cincinnati Reds. (N. da T.)

— Não posso acreditar que você escapou! Eu teria ficado morta de medo! Estremeço ao lembrar minha fuga infernal pelas ruas.

— Eu *fiquei* morta de medo. Agora só estou zangada.

— Eu também ficaria — concorda Cynthia. — Quer que eu peça ao tio Arnie para dar uma investigada? Tenho certeza de que ele faria isso. Ele gostou de você.

— Eu acabei de conhecê-lo!

— Ele gosta do seu pai. Isso significa muito. E ele não estava brincando quando disse que sabe de tudo que acontece em Nova York. Aposto que poderia descobrir quem foi.

A garçonete coloca os pratos na nossa frente e eu reflito sobre a oferta. Por um lado, seria realmente bom saber quem está atrás de mim. Por outro, o que o "doce" tio Arnie faria se os encontrasse? Será que eu quero ser responsável por isso?

— Senhoras, minhas mais sentidas desculpas pelo atraso. — A voz efusiva do Dr. Bennett interrompe meus pensamentos. — Esbarrei numa colega e a convenci a participar do nosso jantar. Espero que não se importem.

O Dr. Bennett retira o sobretudo e se vira para fazer um sinal para a amiga. Cada parte de meu corpo se paralisa quando vejo quem ela é.

Os momentos seguintes passam em câmera lenta, todos os meus sentidos aguçados ao máximo. O sorriso da Sra. Lindsay não se desfaz, mas um canto de seu rosto começa a se repuxar num tique nervoso quando ela cumprimenta Cynthia com educação. No momento em que seus olhos passam para mim, noto que, embora esteja vestindo um casaco limpo, este encobre o mesmo vestido rasgado que ela usava quando me atacou. Tenho vontade de fugir quando seus olhos fixam os meus, mas estou paralisada na cadeira, mesmo quando sua boca se abre formando uma perfeita letra O.

É quando a gritaria começa que finalmente salto de pé, derrubando a cadeira para trás. No começo, não sai uma palavra de sua boca, apenas um uivo sobrenatural tamanho que é como se dilacerasse sua alma. Suas mãos se deformam em garras, eu apanho minha bolsa e salto para trás, esbarrando na pessoa que jantava à mesa atrás de mim. Tudo no restaurante fica em suspenso, enquanto o grito medonho continua.

Então uma palavra se eleva acima da cacofonia:

— Bruxa! — grita ela. — Bruuuuuxa!

— Santo Deus, mulher! — O Dr. Bennett agarra o braço da Sra. Lindsay no momento em que ela tenta investir contra mim, o que é uma ótima ideia, porque meu canivete já está fora da bolsa e escondido na palma da mão.

Cynthia apanha nossos casacos às pressas e me arrasta para fora do restaurante, deixando o Dr. Bennett à sanha da ululante Sra. Lindsay. Em segundos, ela já me tocou para dentro do carro e mandou trancar as portas.

— Tire a gente daqui depressa, Al – ordena ao chofer antes de se virar para mim. – O que foi isso? Não posso me envolver em nenhum tipo de escândalo. Tanto a minha família quanto a de meu marido me matariam, se bem que por motivos diferentes. Aquela mulher não estava na última sessão?

Faço que sim com a cabeça, meus dentes batendo. Cynthia me entrega meu casaco e espera enquanto o visto.

— Qual é o problema com ela?

— Acho que ela é louca – digo, abanando a cabeça, e lhe conto do ataque da Sra. Lindsay no parque.

— Quer dizer que você foi atacada duas vezes na semana passada? Você devia andar com uma arma na bolsa.

Em resposta, mostro meu canivete, a lâmina faiscando sob as luzes refletidas da Broadway:

— Fico mais à vontade com isso aqui.

Ela o encara por um momento, e então começa a rir.

— Ah, como então, você é uma garota prevenida? – Ela enfia a mão no bolso do casaco de peles e retira uma pequena pistola.

Trocamos um olhar em silêncio, enquanto o carro vai costurando seu trajeto pelo trânsito. Então caímos na gargalhada, do tipo que mistura histeria e alívio.

Parece que finalmente fiz uma amiga.

Durmo até tarde no dia seguinte, deixando que minha mãe prepare seu café da manhã. Depois da confusão da noite passada, não estou mesmo com fome. Ela e Jacques saíram mais cedo, mas já estão de volta, conversando em voz baixa na sala.

Cynthia e eu decidimos não contar a ninguém sobre o ataque de nervos da Sra. Lindsay no restaurante.

— Meu tio vai ficar sabendo de qualquer maneira – disse ela, na véspera. – O Lindy's é praticamente o escritório dele, mas não quero que isso caia nos ouvidos de Jack ou da família dele.

Concordo. Também não quero que minha mãe fique sabendo.

Depois de me vestir, fico andando pelo quarto de um lado para o outro. A Sra. Lindsay é insana. Por que vivo esbarrando nela? Será que ela teve alguma participação no meu sequestro?

Tenho que descobrir mais sobre aquela visão. Sei que é a chave para tudo. Estremeço. Owen vai me levar ao Metropolitan Museum of Art amanhã, mas o fiasco de ontem à noite estragou tudo. Amanhã vai ser divertido, porque Owen é divertido. *Ele* sabe como se divertir. Enfio com raiva um alfinete no meu cloche preto para prendê-lo no lugar. Cole não é exatamente o sujeito mais divertido do mundo, ele é mais... Suspiro. Maravilhoso. Ele é mais maravilhoso.

E meus atos podem tê-lo posto em perigo.

Meus olhos recaem sobre a gaveta onde escondi a carta. O sentimento de culpa e a confusão me impediram de lê-la aquele dia no restaurante, mas quem sabe há alguma coisa nela de que eu deveria tomar conhecimento? Mordo o lábio e, dando uma olhada na porta, retiro-a da gaveta. Eu tinha razão; a letra grande e floreada é mesmo de uma mulher.

Caro C

Espero que esta missiva o encontre bem e em segurança – principalmente em segurança (explico mais adiante). Em primeiro lugar, tenho medo de que a Sociedade esteja se desintegrando, ou de que isso venha a acontecer depois das eleições. Alguns dos nossos não aceitam mais ser barrados da legislação do clube, para não mencionar a proibição da presença de mulheres na diretoria. Nossos defensores são muitos, mas nossos inimigos são igualmente numerosos, mesmo que o líder deles tenha desaparecido. O que me leva à razão de ser desta carta – nossos contatos estavam certos. Nós realmente acreditamos que ele está nos Estados Unidos. Descobrimos uma das antigas sensitivas dele num hospício em Surrey. Ela ficou seriamente perturbada em consequência dos experimentos, e não sei se podemos fazer algo para ajudá-la. Disseram-nos que a pobre moça nem sempre foi tão desequilibrada assim. Isso me deixa tão revoltada! Seja como for, tenho certeza de que nosso "amigo" não vai tentar entrar em contato com você diretamente — não depois da surra que você deu nele da última vez —, mas é bem capaz de contratar alguém para convencê-lo de seu ponto de vista. O que me leva a lhe fazer a seguinte pergunta: o quanto você conhece essa moça sobre quem sempre escreve? Que estranho que seja a filha, e não a mãe, que é como nós! E que estranho que um jovem sério como você diga isso sobre uma moça. Mas, honestamente, você confia nela? Eu até lhe pediria para ser cauteloso, se não soubesse que você sempre é.

Por favor, tome cuidado. H manda lembranças.

L

 É com o coração pesado que torno a guardar a carta no envelope. Se Cole de fato confiou em mim, então ele certamente não sabe. Será que pensa que posso ter roubado a carta para dá-la ao seu inimigo, quem quer que seja? E por que Cole ainda está aqui, se corre perigo? O que tudo isso quer dizer, e será que o Dr. Bennett está sabendo de alguma coisa? Por que ele realmente saiu da Sociedade? Como sempre, tenho mais perguntas do que respostas.

23

— Tem certeza de que quer se apresentar? — pergunta Jacques aquela noite, quando estamos nos aprontando para o show.

Seu rosto é o retrato da ansiedade; até seu bigode parece nervoso. Mando uma fita de prata para ele como Cole e eu praticamos, mas não recebo nada em resposta. Embora venha me exercitando em controlar meus dons por conta própria, ainda não consigo detectar as emoções de Jacques.

— Sim, meu bem, tem certeza de que está se sentindo disposta? Owen está sentado na primeira fila. Tenho certeza de que ele não se importaria de substituí--la em mais um show.

Solto um muxoxo. As verdadeiras intenções de minha mãe transparecem com a maior clareza, mesmo sem eu ter que usar meus dons.

– Owen não tem um décimo do talento e da experiência de Anna – diz Jacques, ríspido. – As pessoas estão ansiosas para vê-la. Não queremos decepcioná-las de novo.

Não sei qual de nós duas fica mais surpresa, se eu ou minha mãe. Pela expressão no seu rosto, aposto que é ela. Mas Jacques não lhe dá atenção e vai embora, desejando-nos boa sorte.

– É este o tipo de vida que você quer? – pergunta minha mãe, sem aviso.

Olho para ela, interrompendo a maquiagem que faço ao espelho para esconder o que restou dos hematomas.

– Como assim?

– Você já é quase uma adulta – diz ela, esboçando um sorriso. – Acho que nunca parei para pensar no que você iria querer fazer da sua vida. – Ela se levanta e se olha no espelho, arrumando os cabelos já arrumados. – Agora que as coisas melhoraram tanto para nós, talvez você queira sair do show… se casar, ter filhos. Levar uma vida mais normal.

Sinto um aperto no coração. A capacidade de surpreender dela nunca diminui. Mas será que sua preocupação é sincera? Ou será essa apenas uma manobra para me tirar do show? Mando um fio para ela, que oscila e se desfaz antes de alcançá-la. Talvez minhas emoções estejam atrapalhando, ou talvez eu não queira realmente saber como ela se sente.

Batem à porta – o sinal de que o show vai começar –, e eu a sigo até o palco. Fico esperando nos bastidores, a excitação acelerando meu pulso. Por piores que estejam as coisas, por mais complicada que seja a minha vida, me apresentar é sempre uma alegria para mim.

Talvez porque minha mãe e eu somos passionais, ou talvez porque está escrito nas estrelas, o show está correndo bem.

A sensação de estar diante de uma plateia, ouvindo suas exclamações e gargalhadas, é simplesmente perfeita. A pergunta de minha mãe permanece num canto de minha mente enquanto me apresento. Será que quero levar uma vida pacata? Será que quero ser uma senhora respeitável? Ou é *isto* que eu quero?

Por que não posso ter os dois?, uma vozinha sussurra dentro de mim.

Por que não posso ser esposa e ilusionista, mãe e artista? Minha mãe conseguiu. Se bem que ela não é propriamente um grande exemplo.

Quando o show está chegando ao fim, sou assaltada por uma sensação de déjà vu. Uma sensação de formigamento em meu estômago se espalha pelo peito e eu perco uma deixa, quando o imperioso cheiro de açúcar queimado invade minhas narinas. Fico ofegante, sorrindo com ar de boba. Dolorosas luzes vermelhas irrompem diante de meus olhos e logo a plateia, o palco e até minha mãe começam a se apagar. Então, no lugar escuro onde se originam as visões, as imagens aparecem. *Minha mãe, amarrada e amordaçada. Seu rosto está coberto de hematomas e seu olhar é tão aterrorizado quanto desafiador. Mas não por si mesma. Ela está com medo por mim. Sinto a enormidade de seu desespero como se fosse meu. Um vulto escuro entra em cena e calafrios me percorrem a espinha. Ele veio me buscar.*

Pela primeira vez, tento assistir à visão como se fosse um filme, separando minha mente do terror que toma conta de meu corpo. Olho para a figura que se aproxima de mim, desesperadamente tentando ver quem é. Por que está atrás de mim? Quem está mantendo minha mãe prisioneira? Mas a imagem muda e agora estou debaixo d'água, meus pulmões ardendo. Sinto a náusea subir pela garganta e a imagem foge, girando como um pião.

O teatro entra em foco com extrema nitidez e, por uma fração de segundo, vejo a plateia com ar confuso, observando minha mãe me chamar. A sala começa a girar cada vez mais depressa. A última coisa que ouço antes de tudo se apagar é minha mãe gritando meu nome.

Acordo algum tempo depois estendida no sofá do camarim. Um desconhecido com um grande bigode louro se curva sobre mim. Solto um gemido abafado, empurrando-o.

Minha mãe corre até meu lado:

— Está tudo bem, querida, ele é médico.

— Estou só examinando suas pupilas. Luzinha – avisa ele, antes de acender uma luz diante de meus olhos. – De novo.

Pisco os olhos, e ele se põe a apalpar de leve meu pescoço.

— Como se sente?

Faço um catálogo mental de todas as partes de meu corpo. Ainda tenho os hematomas do sequestro, mas isso não é nenhuma novidade.

— Estou bem.

— Consegue sentar?

Faço que sim com a cabeça e ele passa o braço por minhas costas, me ajudando a sentar. Minha mãe me estende um copo d'água. Dou um gole cuidadoso, lembrando a náusea que senti antes de tudo se apagar.

— Que diabos aconteceu? – ela me interpela. – Você estava muito bem e, de repente, não me respondia mais.

Fecho os olhos, decepcionada e abatida demais para inventar uma desculpa. Então, por que ainda estou tendo a visão? Meu cérebro está desorientado demais para produzir um pensamento coerente.

– Foi exatamente o que aconteceu – respondo. Tento não pensar na visão, mas ela fica passando sem parar na minha cabeça. O que isso quer dizer?

– Provavelmente ela está tendo uma reação tardia à experiência da noite passada. Aposto que está apenas exausta – diz Owen do outro lado do camarim.

Remexo-me, desconfortável. O que Owen está fazendo aqui?

– Eu diria que a exaustão é uma hipótese muito plausível – concorda o médico, guardando suas coisas na maleta preta. – Quantos shows a senhorita faz por semana?

– Quatro – responde minha mãe. – Eu sabia que ela não devia ter se apresentado hoje. Devia ter ficado descansando.

Abaixo o rosto para não ter que olhar para ela. Seu discurso é muito sincero, muito maternal, mas ela não menciona o fato de que não se importou que eu limpasse o apartamento e fizesse o chá hoje de manhã.

– Pode reduzir esse número para dois? – pergunta o médico.

Minha mãe lança um breve olhar para Jacques, que abana a cabeça:

– *Non*. Nosso contrato estipula quatro apresentações por semana, de quarta a sábado. Creio que eles rescindiriam o contrato se reduzíssemos esse número.

O médico franze a testa, o que faz seu bigode parecer ainda mais caído.

– Acho que, por ora, essa jovem deveria reduzir suas apresentações para duas por semana. Ela precisa descansar. Sofreu um trauma sério, e precisa de mais do que alguns dias para se recuperar. – Ele inclina a cabeça para o lado, o vinco na testa tão pronunciado que o faz parecer um leão-marinho triste. – Ela é jovem. Deve estar em condições de retomar sua agenda normal em duas semanas.

Após sua saída, o silêncio é ensurdecedor.

Vincos marcam a testa de minha mãe, e seus lábios se apertam. Tenho vontade de dizer a ela que estou bem e que isso não vai acontecer de novo. Mas como posso fazer isso, quando não tenho a menor ideia de como impedir as visões? Visualizar um par de tesouras imaginário cortando um fio imaginário não vai funcionar com elas. Gostaria de ter me lembrado de perguntar isso a Cole.

– Eu fico no lugar dela, se quiserem. Não vamos pressionar Anna e correr o risco de ela piorar. – Owen me dá um olhar compreensivo.

Fuzilo-o com os olhos. Que interesse tem ele em tudo isso? Sei que estou sendo injusta, considerando que ele foi muito bom comigo. Cruzo os braços e desvio os olhos.

Jacques está com a cara amarrada, e minha mãe pousa a mão em seu braço para acalmá-lo:

— São só duas noites por semana durante duas semanas, meu bem. Apenas quatro shows. Certamente isso não vai fazer muita diferença a longo prazo.

— Espero sinceramente que não. Vou falar com o diretor do teatro.

— Ótimo! – Minha mãe abre um sorriso esfuziante, como se estivesse tudo muito bem. E é claro que está. Ela está conseguindo o que sempre quis. Viro o rosto para a parede, abatida.

— Excelente! Então está resolvido, e a minha pobre garota vai poder descansar o quanto precisar.

— Não quero me expressar mal... – começa Jacques, hesitante. Olho para ele, que está olhando com ar aborrecido para Owen. – ... mas os seus truques não são tão sofisticados quanto os de Anna. Tenho medo de que a plateia se entedie.

Meus olhos se abrem. Fico lisonjeada por saber que Jacques tem meu trabalho em tão alta conta.

— Isso não é problema – diz minha mãe, fazendo um gesto. – Anna pode ensinar alguns truques para ele.

Sinto um aperto no peito. Meus truques? Nem pensar. Owen deve ter visto minha expressão, porque logo se apressa em me tranquilizar:

— Não, os truques dela não, eu dou um jeito de incrementar os meus. Prometo a você, tio, ninguém vai ficar entediado.

Tento captar as emoções de Owen, mas hoje ele está se sentindo como o tio – um caos. Recostando-me no sofá, fecho os olhos, cansada de todos eles. Nada disso importa, se a minha visão for se realizar e minha mãe e eu estivermos condenadas a ser capturadas e mortas por um louco. Mas talvez o médico tenha razão. Talvez eu apenas esteja exausta, e isso está afetando minhas visões.

— Poderíamos encurtar o show – sugere Jacques, pensativo. – Mas Anna está começando a ficar famosa por seus truques.

— Mas é a mim que as pessoas vêm ver – intervém minha mãe depressa. – E ela ainda vai fazer dois shows por semana.

— Então está resolvido – conclui Jacques.

Tento ignorá-los e me concentrar na visão, mas o redemoinho de emoções inidentificáveis é vertiginoso. Minha ânsia por falar com Cole chega às raias da dor física. Talvez ele possa me ajudar a decifrar o significado da visão. Tenho que convencê-lo a falar comigo.

Estou cansada e abatida no dia seguinte, mas mesmo assim decido manter meu compromisso com Owen. Tenho andado ansiosa para passar algumas horas com ele. Quero descobrir se aquele momento que vivemos enquanto dançávamos foi o começo de alguma coisa concreta ou simplesmente uma ilusão causada pelas luzes, a música e a empolgação daquela noite. Ontem, no camarim, ele me deixou extremamente irritada, mas também todo mundo estava me irritando. É isso que acontece quando você tem uma visão horrenda de sua mãe sofrendo.

Owen é divertido e carinhoso, e tudo é tão simples quando estou com ele. Não é assim que o amor deve ser? Apanho meu casaco e atravesso depressa o corredor.

— Você parece a Rainha do Outono! — diz Owen, referindo-se ao tom de caramelo queimado de meu vestido de lã. Reviro os olhos e ele ri.

— Não sei se é uma boa ideia você sair assim, tão em cima do desmaio. Não a deixe ficar até tarde na rua — ouvimos a voz preocupada de Jacques às nossas costas.

Arqueio uma sobrancelha. Ainda não sei o que ele estava fazendo aqui aquele dia em que saiu às pressas do prédio, mas noto que tenho me sentido mais relaxada na sua presença.

— Só não quero que você exagere — explica Jacques. — Você volta a se apresentar amanhã.

— Esse daí é pior do que uma velha — diz minha mãe com voz arrastada, refestelada no sofá.

Jacques fica vermelho e olha para ela com ar de censura.

— Devíamos ir andando — digo a Owen, não querendo presenciar uma discussão. A tensão que surgiu entre minha mãe e Jacques nesses últimos dois dias me deixa constrangida. Goste eu dele ou não, Jacques foi bom para a nossa carreira. Minha mãe é mestra em estragar coisas boas.

Já estamos quase no fim das escadas quando Cole sai de seu apartamento. Engulo em seco quando ele se afasta para que eu e Owen possamos sair.

— Boa tarde, companheiro. — Owen toca a aba do chapéu. Cole retribui o gesto, mas com os olhos fixos em mim. Mando um fio como ele me ensinou, e este retorna trazendo preocupação antes de o bloqueio se erguer. Mas, estranhamente, embora Cole tenha erguido o bloqueio, ainda sinto fortes pulsos de emoção. São apenas um amálgama, até que uma emoção parece se estender, para logo em seguida tornar a desaparecer no caos. Um sentimento de... vitória?

Owen me conduz pela porta e pelo lance de escadas. Ouço os passos de Cole às nossas costas, e não posso deixar de olhar para trás. Quero avisar a ele para tomar cuidado, mas ele se vira e segue na direção oposta.

Owen me oferece o braço e eu aceito.

— Aquele inglês é um chato de galochas.

Sinto um aperto no peito ao lembrar a risada contagiante de Cole.

— Não, ele é apenas introvertido. Na verdade, é uma ótima pessoa.

— Se você diz, eu tenho que acreditar, boneca. Mas a mim ele mata de tédio.

Sinto a raiva me subir pelas entranhas.

— Não me chame de boneca — digo, furiosa.

Ele aperta meu braço de leve.

— Desculpe, é a força do hábito. — Ele vira seus olhos azuis para mim e vejo remorso neles. Aperto seu braço também. Não é culpa dele se estou de mau humor. Paro e aperto mais a echarpe.

— Srta. Van Housen — chama uma voz às minhas costas.

Viro-me e vejo o Dr. Bennett caminhando na minha direção. Reteso-me e sinto o sobressalto de Owen atrás de mim. O que o Dr. Bennett está fazendo diante da minha casa?

Ele segura minha mão e inclina a cabeça. Seus olhos cinzentos são sinceros.

— Espero que não se importe, mas telefonei para Cynthia e pedi seu endereço para poder vir me desculpar pessoalmente pelo comportamento da Sra. Lindsay ontem à noite. Não fazia ideia de que ela fosse tão desequilibrada. Não a teria levado para encontrar a senhorita, se soubesse.

Sinto um bolo no estômago ao relembrar o olhar insano daquela mulher.

— O senhor não tinha como saber. Nem é a primeira vez que tenho problemas com ela.

— Foi o que deduzi. Ela ficou deblaterando sobre como a senhorita e sua mãe roubaram todos os seus clientes. Também não parava de falar de uma ratazana, não sei por quê.

Estremeço. Como então, a Sra. Lindsay estava atrás de nós desde o começo. Balanço a cabeça, mas não consigo dizer nada.

— Bem, não precisa mais se preocupar, minha cara — afirma ele, dando um tapinha no meu braço. — A polícia a levou ontem de manhã e, a menos que meu palpite esteja errado, muito em breve ela será mandada para o Asilo de Insanos de Willard no norte do estado.

Dou um suspiro de alívio, mas ainda com um pé atrás. Tenho perguntas demais sem resposta para ficar totalmente satisfeita com a ideia de que a Sra. Lindsay foi responsável pelo meu sequestro e planejava fazer alguma maldade com a minha mãe. Mesmo assim, a notícia de que não tenho mais que me preocupar com ela é excelente. Abro um sorriso sincero para o Dr. Bennett.

— Obrigada por vir me contar.

Ele inclina a cabeça e olha de relance para Owen, que permaneceu em silêncio durante todo o diálogo.

— Desculpe. Que grosseiro da minha parte. Dr. Bennett, esse é meu amigo, Owen Winchester. Owen, esse é o Dr. Bennett, um palestrante da Nova Igreja. — Eles trocam um aperto de mão e eu rezo para que o Dr. Bennett não mencione meus dons.

— Vocês estavam de saída. Não se prendam por mim. Só queria lhe dar a notícia. — Ele torna a inclinar a cabeça e sai caminhando pela rua em seu passo altivo, pelo mesmo caminho por onde veio. Observo-o se afastar por um momento. O alívio e a preocupação guerreiam no meu estômago. Será que minha mãe e eu escapamos de boa?

Com a Sra. Lindsay fora das ruas, será que realmente acabou?

— Você não me falou da Sra. Lindsay — diz Owen.

Paramos antes de atravessar a rua em direção ao parque.

— Não. Depois de tudo que aconteceu, nem me lembrei. Agora, felizmente, está tudo acabado. — Não quero falar sobre isso. A sensação de liberdade ainda é nova demais para compartilhar.

O dia está frio e nublado, o que por algum motivo parece conveniente, e o parque tem um ar desolado e solitário, agora que as folhas caíram das árvores. Seguimos lentamente por uma transversal, e eu noto que até o Reservatório Croton parece triste. Já estão sendo feitos planos para aterrá-lo, e talvez ele saiba que está com os dias contados.

Owen percebe meu estado de espírito, e nossa caminhada pelo parque é sombria. Ele para diante da entrada do museu e tira um frasco de bebida do bolso.

— Você parece estar com frio. Aqui, tome um traguinho. Isso vai aquecê-la.

Faço que não, e ele dá um longo gole.

— Como quiser. É melhor entrarmos ou vamos virar picolés aqui fora.

O Grande Salão do museu se estende à nossa frente.

— Por onde gostaria de começar? — Apanho um mapa.

— Tanto faz. Eu gosto mesmo é de arte moderna. Você decide.

— Então por que sugeriu que viéssemos aqui? — pergunto, irritada.

— Porque, da última vez que saímos, você foi sequestrada. Achei que aqui pelo menos seria um lugar seguro.

Não posso deixar de rir.

— Nós podíamos ter ido dar uma volta pelo parque.

Owen me leva até um banco próximo às portas, e sentamos.

— Mas você também foi atacada no parque, não foi?

Estremeço, relembrando a loucura da Sra. Lindsay. Fico imaginando o que Lisette vai fazer sem a mãe, e quase chego a sentir pena dela.

— Sim, mas eu sabia quem era.

Owen passa o braço pelos meus ombros e me dá um apertão, carinhoso.

— Não se preocupe com tudo isso, Anna. Vou proteger você.

Sua voz é afetuosa, e não posso deixar de me aconchegar mais a ele. Seu dedo vira meu rosto com delicadeza e percorre o contorno de meu queixo, deixando um rastro de calor em minha pele à sua passagem. Sua beleza me tira o fôlego, e os sons do museu morrem a distância. Por um momento acho que ele vai me beijar, bem aqui, na frente de Deus, dos curadores e de todos. Meu coração dispara, mas então uma clara emoção de Owen se estende para mim. É uma emoção que põe fim a meu estado de espírito, porque não é de carinho ou afeto, que dirá de paixão.

É de arrependimento.

Afasto-me dele, e o momento se desfaz.

Owen pigarreia e continua a conversa como se aquele momento nunca tivesse acontecido.

— Você parece ser mesmo um ímã de problemas. Será que isso tem alguma coisa a ver com seu pai?

Dou de ombros, esperando que ele perceba que não quero falar de Houdini.

— É incrível como você se tornou uma ilusionista, igual a ele. Você o via com frequência quando era menina?

Ele se inclina para mim, seus olhos azuis brilhando, e eu me afasto, a decepção me dando um nó na garganta. Por um momento me pergunto quantos "traguinhos" ele tomou do frasco.

– Para ser franca, não.

– Deve ter sido difícil para você. Já esteve com ele desde que veio morar aqui? Levanto do banco.

– Olhe, a caminhada até aqui me cansou mais do que imaginei que cansaria. Acho que ainda não me restabeleci totalmente.

Owen não é a primeira pessoa a me crivar de perguntas sobre Houdini depois de ouvir o boato de que sou sua filha. Só estou frustrada por ele parecer tão interessado em minha filiação quanto em mim.

Ou talvez, no fundo, eu apenas esteja preocupada demais com Cole para apreciar a companhia de Owen.

Seus belos traços assumem uma expressão de decepção, logo substituída por uma de entusiasmo.

– Bem, não se preocupe. Se não está se sentindo disposta, posso fazer o show amanhã. Sua mãe acha que estou indo muito bem.

Aposto que sim.

– Tenho certeza de que até lá vou estar bem – digo a Owen com firmeza, e dessa vez passo direto por ele, ignorando o braço que me oferece.

Na manhã seguinte, já me recuperei totalmente do desmaio e estou impaciente para conversar com Cole de uma vez por todas. Minha mãe está cheia de cuidados comigo, ignorando meu ar emburrado. Ela está se sentindo generosa agora que conseguiu o que queria. Não caio na sua encenação. Anos de omissão me deram uma determinação inquebrantável. Além disso, só porque eu faria qualquer coisa para protegê-la, isso não quer dizer que não tenho vontade de torcer seu pescoço.

Folheio uma de suas revistas, esperando que ela se canse logo de desempenhar esse papel e vá almoçar fora com alguém. Com a Sra. Lindsay fora de combate, minha preocupação com ela diminuiu um pouco. Não tenho uma visão desde que a Sra. Lindsay foi recolhida. Ouço a movimentação de minha mãe pelos quartos nos fundos do apartamento, de vez em quando fazendo algum comentário sobre este ou aquele assunto, mas trato de ignorá-la.

De repente, a raiva retorna com força total. Quando me viro, vejo minha mãe parada à porta, com um livro na mão. Seus lábios estão apertados, os olhos soltando fagulhas de fúria:

– O que é isto?

Ondas de choque percorrem meu corpo e eu sento de um pulo:

— Isto o quê?

Ela me estende o livro em silêncio: *Houdini: Um Mágico Entre Espíritos*. Engulo em seco e continuo calada. O que poderia dizer?

— Você esteve com ele? – A pergunta é feita em tom de conversa, quase normal. A menos que você tenha passado uma vida inteira estudando as nuances e o timbre daquela voz. Então, compreenderia o quanto a pergunta é carregada.

Obrigo meus olhos a fixarem os dela e inclino a cabeça muito de leve. Ela se aproxima e eu me levanto. Kam Lee me disse uma vez para nunca enfrentar um adversário sentada. Que Deus me proteja, eu me sinto como se estivesse entrando numa batalha.

Ela abre o livro e eu espero.

— "Para Anna, Felicidades, Harry Houdini." – Sua voz destila mel e arsênico.

As sementes da raiva que ficaram enterradas durante todos esses anos finalmente germinam. As raízes se aprofundam pelo solo que foi lavrado e está pronto há mais de dez anos. Finalmente, os brotos eclodem da terra, se espalhando pelo meu peito.

Continuo esperando, a respiração calma e pausada. Não vou deixar que ela perceba que meu pulso está disparado. Que minha pele de repente ficou úmida de pavor. Não devo demonstrar qualquer sinal de fraqueza.

— Como se atreve.

As palavras roçam minha pele como o hálito frio de uma cobra prestes a dar o bote. Mantenho o rosto inexpressivo, mostrando apenas um toque de desprezo ao abrir um pouquinho mais os olhos e arquear uma sobrancelha.

— Como se atreve – repete ela, dessa vez mais alto.

Esforço-me por manter o rosto impassível, mas minha expressão oscila e se desfaz. Por um momento fico olhando para o chão, incapaz de enfrentar seus olhos. Então, minha raiva explode e eu torno a encará-la.

— Como eu me atrevo a quê? – Com esforço, mantenho a voz comedida. – A ir ver meu pai? Por que não deveria ir?

Os olhos dela se embaçam por um momento antes de tornarem a endurecer:

— Você sabe por quê. Ele poderia nos arruinar.

— Nos arruinar? Ou desmascarar você?

Os olhos dela nunca vacilam. Umedeço os lábios.

— Harry Houdini é realmente meu pai? – No momento em que pronuncio essas palavras, tenho vontade de retirá-las. Essa é uma pergunta cuja resposta não tenho condições de ouvir.

Os olhos dela se desviam, depois voltam aos meus.

– É claro que é – diz, ríspida.

Quero acreditar nela. Quero acreditar que minha mãe, de meus pais o único que conheci, jamais criaria a única filha à sombra de uma elaborada mentira para granjear uma fama vergonhosa.

Mas foi o que ela fez.

Com cuidado, coloco na mesa a revista que estava estrangulando na mão.

– Você nem mesmo sabe a cor dos olhos dele – digo em voz baixa. Sem mais uma palavra, tiro meu casaco do armário e atravesso a porta, deixando-a a sós com a monstruosidade de suas mentiras.

O bservo a casa de quatro andares, o vento gelado fustigando meu rosto. Desisto de tentar manter meu cloche na cabeça e o enfio no bolso. Ele nunca mais será o mesmo.

Nem eu.

Quando saí do apartamento, não imaginei que acabaria na frente da casa de Houdini. O cartão que ele me deu na loja de mágicas ainda estava no bolso do meu casaco, mas nem precisei dele, pois já tinha decorado o endereço. Não há qualquer movimentação no interior, e eu me pergunto se ele já iniciou uma nova turnê.

Deixei minha mãe para trás em muitos sentidos, e agora aqui estou eu, diante da casa de meu pai. Mas, na realidade, ele está tão distante de mim quanto minha mãe.

Acho que eu tinha algum vago projeto de confrontá-lo, mas agora, diante da realidade de sua mansão em *brownstone* de quatro andares, o projeto morre ali mesmo. Até onde sei, minha mãe nunca lhe contou que ele tinha uma filha.

Prendo a respiração enquanto minha conscientização da verdade se aprofunda.

Se eu realmente fosse filha de Houdini, minha mãe teria feito o possível e o impossível para que ele ficasse sabendo. Ela sempre fez questão de espalhar o boato de minha paternidade aonde quer que fôssemos. Será mesmo que abriria mão das vantagens financeiras e sociais que um vínculo com Houdini lhe traria?

Relembro a expressão afetuosa e alegre de sua esposa. Ela é totalmente diferente de minha mãe. Não posso imaginá-la surrupiando cartas do marido. Junte-se a isso o fato de que minha mãe nem sabia a cor dos olhos dele, e a verdade se torna óbvia.

Sinto um nó na garganta, meus olhos se enchendo de lágrimas. Nunca tinha me dado conta do quanto queria que ele fosse meu pai, até o momento em que soube que não era.

Dou as costas para a casa e seco as lágrimas antes que caiam. Se não sou filha de Houdini, quem sou eu, então?

Sigo apressada pela rua até o Central Park, que está desolado e deserto. Não é qualquer um que teria coragem de enfrentar o vento cortante de novembro. O caminho para casa é longo, mas não quero tomar um bonde.

Nem voltar para casa. Minha mãe está lá.

– Anna?

Levo um susto e me viro. Vejo Houdini de braços dados com a esposa. Ambos estão agasalhados contra os rigores da estação, com casacos de lã, echarpes e luvas. As faces dela estão rosadas do frio, e ela me olha com uma expressão simpática.

Houdini nos apresenta:

– Bess, essa é Anna. Ela também é ilusionista. Anna, essa é minha esposa, Bess.

Se minha aparição mexeu com ele, não dá qualquer sinal. Aperto a mão que Bess estende. Ela está sentindo um contentamento simples, descomplicado.

– Prazer em conhecê-la – cumprimento.

Ela me dá um sorriso que toma todo o seu rosto.

– Homens bobos, nunca fazem uma apresentação direito. Qual é o seu sobrenome, querida?

Meus olhos pulam de um para o outro. Se eu disser meu sobrenome, quanto tempo ele vai demorar para descobrir o que faço? De mim para minha mãe para as sessões para a ruína.

Mas será que já não está tudo arruinado mesmo?

Minha mãe pode ser uma mentirosa, mas eu certamente não sou, e o diabo em mim põe as unhas de fora:

– Van Housen – digo, sorrindo. – Anna Van Housen.

– Esse nome não me é estranho – diz ela, franzindo o cenho. – Você é parente dos Van Housen da Filadélfia?

– Não. – Abano a cabeça, o diabo me incitando a prosseguir: – Na verdade, Van Housen é o nome que minha mãe adotou depois de vir da Europa para os Estados Unidos. – Sorrio para Bess, mas olhando para Houdini digo: – O nome verdadeiro dela é Moshe, Magali Moshe.

Por uma fração de segundo os olhos dele se arregalam. Seus lábios e queixo se contraem antes de relaxarem num sorriso simpático.

Meu coração dispara e as pontas de meus dedos ficam dormentes. *Ele conhece esse nome.* As implicações disso me atingem como flechas. Se ele reconhece o nome de minha mãe, talvez ela não tenha mentido quando disse que o conheceu. Talvez o que me contou em parte seja verdade e, nesse caso... Fico tonta só de pensar.

Bess, alheia, apenas abana a cabeça:

– Não, esse não me soa familiar, mas Van Housen...

– Está na hora de voltarmos, minha querida – sentencia Houdini, dando o braço à esposa. – Está esfriando demais para você ficar fora.

– Estou convalescendo de uma gripe – explica ela. – Harry é tão superprotetor.

– Você também deveria ir para casa, Anna. Está escurecendo e o parque não é um lugar seguro para moças à noite.

Suas maneiras são calmas, mas suas emoções se agitam como bandeiras ao vento.

– Foi um prazer conhecê-la – diz Bess já a metros de mim, ao que Houdini se apressa a rebocá-la.

Passo os braços por meu corpo, mas minhas pernas estão paralisadas. Como ele conhecia o nome de minha mãe? Será que todo esse tempo ela estava dizendo a verdade? Pressiono as mãos contra os olhos, minha cabeça dando voltas. Não sei quanto tempo fico ali parada, mas pouco a pouco vou me dando conta de que Houdini tem razão, está escurecendo e não é seguro ficar perambulando por ali sozinha. Mesmo que a Sra. Lindsay não represente mais uma ameaça.

O bonde está quase deserto quando subo, e em pouco tempo estou diante de casa. Fico parada na rua, embora esteja morrendo de frio. Não quero ver minha mãe.

Finalmente começo a me arrastar pelas escadas, quando Jacques está saindo do apartamento.

— Anna! — Seu tom é de censura. — Sua mãe está morta de preocupação. Você sabe que o médico lhe disse para descansar. E não é seguro para você sair sozinha.

— Estou ótima — afirmo.

— Não é o que sua mãe diz.

Levanto os olhos para ele, esperando o pior.

— Como assim?

— Sua mãe me disse que não está nada satisfeita com sua recuperação. Acho que três meses de descanso é um pouco de exagero, mas ela parece estar muito preocupada.

Pela segunda vez no dia, fico paralisada.

— Três meses?

— É o que sua mãe diz. — Jacques inclina a cabeça e me dá um olhar perplexo. — Mas não estou satisfeito, não mesmo. O sucesso do show se deve em grande parte a você, e não estou nem um pouco convencido de que Owen pode dar conta do recado.

Trato de engolir minha raiva.

— Mamãe está se preocupando à toa. Só vou fazer dois shows por semana, exatamente como o médico aconselhou, e prometo vê-lo antes de voltar a fazer os quatro. Estou me sentindo ótima, está vendo? — Abro os braços, tentando parecer tão saudável, e inocente, quanto possível.

A testa dele se enruga, seus instintos profissionais lutando com a vontade de agradar a minha mãe. Sua alma de empresário termina por vencer, e ele assente.

— Como quiser.

Ele passa por mim, mas seguro a manga de seu paletó:

— Além disso, tenho um novo número para testar. Não conte para mamãe ainda, quero fazer uma surpresa para ela durante o ensaio. Acho que o teatro vai vir abaixo.

— Excelente. Estou ansioso para vê-lo. Sempre achei que você podia incrementar a parte de mágica do show, mas sua mãe disse que você não estava interessada.

Fico me roendo de raiva, mas consigo dar um sorriso simpático enquanto Jacques se afasta. Hesito antes de abrir a porta. Se minha mãe pensa que pode se livrar de mim tão facilmente, está redondamente enganada.

* * *

— Precisamos conversar.

— Você já disse isso.

Os olhos escuros de Cole me fitam fixamente. Não exatamente com raiva, mas tampouco simpatia. O Sr. Darby desapareceu depois de me fazer entrar. E agora cá estou eu parada no meio da sua sala, apertando as mãos à minha frente, mais nervosa do que jamais fiquei antes de uma apresentação.

— Eu li a carta.

Cole inclina a cabeça e espera. Ele não está facilitando as coisas para mim, nem eu esperava que facilitasse.

— Não sei o que está acontecendo, nem tenho certeza se é da minha conta – prossigo. – Só queria pedir desculpas mais uma vez. Roubar a carta... – Engulo em seco, tentando conter o bolo de lágrimas presas na garganta. – Bem, não teve nada a ver com ninguém além de mim.

Ele continua em silêncio, os olhos fixos, e eu sei que tenho que lhe contar por que tirei a carta do seu bolso. Como posso explicar isso sem parecer inexperiente e desajeitada? Como posso explicar que eu mal podia respirar, mal podia pensar e mal podia me mexer porque ele estava tão perto de mim? Meu rosto arde enquanto continuo:

— Eu tirei a carta do seu bolso porque nunca me senti do jeito que me senti no trem aquela manhã. Em relação a você, quero dizer.

Olho para o carpete cinza gasto, humilhada. A explicação não é grande coisa, mas é a melhor que posso dar.

— Como você se sentiu?

Levanto os olhos para ele e prendo a respiração. Da mesma maneira que me sinto agora: desejando que ele me beije mais do que jamais desejei qualquer coisa na vida.

Ondas de constrangimento se abatem sobre mim e eu desabo na poltrona mais próxima, cobrindo o rosto com as mãos.

— Eu sabia que você ia perguntar isso! – digo gemendo. – Eu não sei!

Um longo momento se passa antes de ele dizer em voz baixa:

— Então somos dois.

Abaixo as mãos e dou uma boa olhada nele. Seu rosto está impassível, os olhos calmos. O que ele quer dizer? Que não sabe como eu me senti ou que não sabe como ele se sentiu?

— Anna, eu nunca achei que seu gesto de roubar a carta tivesse tido alguma coisa a ver com os problemas que estamos enfrentando na Sociedade. Eu só queria saber por que você fez isso. – Ele pigarreia. – Não compreendo mais agora do que compreendia antes, mas aceito sinceramente as suas desculpas.

– Obrigada – digo a ele simplesmente.

Segue-se um silêncio constrangido antes de Cole se levantar e se dirigir para a porta.

Estou sendo despachada.

Sigo-o até a porta e então paro, sem poder mais me conter.

– Me diga uma coisa. Você está correndo perigo?

Cole dá de ombros.

– Talvez. Talvez não. Você estava certa em relação a uma coisa.

– Só uma? – pergunto, numa tentativa boba de fazer uma piada, mas não vejo nenhum humor em seus olhos.

– Realmente não é da sua conta.

Estremeço com a frieza de sua voz. Ele abre a porta e eu saio. Ele não se oferece para me acompanhar, o que me entristece. Gostaria que as coisas pudessem voltar a ser como eram antes.

Viro-me para ele.

– Se você está correndo perigo, por que não voltou para a Inglaterra?

Ele olha para mim.

– Você não sabe?

E, antes que eu possa responder, ele fecha a porta em silêncio.

Ando de um lado para outro no foyer do teatro, sentindo um aperto no peito. O Sr. Darby prometeu que mandaria entregar o material para o número uma hora antes do show. Eu disse a minha mãe que a encontraria no teatro, e então saí do apartamento, o que não levantou suspeitas, já que não trocamos mais de meia dúzia de palavras na semana que se seguiu à discussão. Ela tentou me impedir de me apresentar hoje, mas eu insisti e, por fim, ela aquiesceu. Ela cedeu um pouco mais facilmente do que eu teria esperado, o que me leva a imaginar que trunfo estará escondendo na manga. Mas procuro não pensar mais nisso. Ela não é a única que tem planos.

– Senhorita Anna?

Levo um susto ao sentir o tapinha no ombro. Mas é apenas Bart, o contrarregra que vai me ajudar a empurrar o material para o palco. Procuro me concentrar. Se não me acalmar, nunca vou conseguir levar isso adiante.

Ele se inclina para a frente, com ar cúmplice, e eu me contenho para não recuar do seu bafo de alho.

— O velho tá aí fora — anuncia num cochicho escandaloso.

Dou uma olhada ao redor, com medo de que Jacques esteja à espreita por perto. Ele não ficou nada satisfeito quando lhe contei que o material não seria entregue até pouco antes do show. Então insinuei que minha mãe e eu já tínhamos ensaiado o novo número. Que Deus me ajude, estou me tornando uma mentirosa tão competente quanto ela.

Sigo Bart até a porta dos fundos, onde o Sr. Darby está esperando.

— Ainda temos tempo para montá-la?

— Estou com tudo pronto.

Dou-lhe um abraço apertado.

— O senhor vai sentar na frente, não vai?

— É claro! – Os olhos dele brilham para mim. – Eu não perderia isso por nada no mundo. – Ele abana a cabeça. – Pois se eu, que construí o negócio e sei como funciona, mal podia acreditar nos meus olhos!

— O senhor é um gênio – digo a ele. – Muito obrigada. – Hesito por um momento. – Cole está aqui?

Ele aperta minha mão de leve.

— É claro que está.

Cole tem andado distante e ensimesmado desde o dia em que lhe pedi desculpas. Quero muito conversar com ele sobre minha visão, mas nunca parece ser uma boa hora. Pergunto-me se alguma vez será. Mas ele veio ver o show. Talvez seja um bom sinal.

Bart carrega a mesa pelas escadas e então espera pacientemente enquanto o Sr. Darby põe as rodinhas nos pés. É absolutamente perfeito– parece uma mesa comum. Depois que estiver montada, vai ser coberta por veludo preto, e ninguém poderá ver a parte de baixo.

Suspiro de alívio quando ele finalmente a coloca no palco. O Sr. Darby dá instruções a Bart sobre o que fazer e supervisiona cuidadosamente a montagem de todas as peças.

— O senhor tem horas? – pergunto ao Sr. Darby.

Ele puxa o relógio do bolso.

— Um quarto para as cinco, mocinha.

— Vai dar tempo de terminar?

Ele olha ao redor do palco imerso na penumbra.

— Já estou quase acabando.

— Ótimo, volto já.

Desabalo pelo corredor em direção à porta lateral. A maioria dos teatros é um labirinto de salas e corredores, e este não é exceção à regra. Estou contando com isso para proteger meu segredo até o momento em que decidir revelá-lo.

Estou cheia de dúvidas. Esse pode muito bem vir a ser o fim de meu relacionamento com minha mãe. Ela pode até me perdoar por ver Houdini em segredo, mas nunca vai me perdoar por lhe roubar o show.

Mas talvez seja esse o objetivo do que estou fazendo. Talvez eu sempre tenha sabido que esse dia chegaria. O dia em que eu mostraria a ela, de uma vez por todas, que não sou ela, que não lhe pertenço. Eu a amo e faria qualquer coisa para protegê-la, mas não vou permitir que me manipule como faz com seus clientes. Se quiser ter um relacionamento comigo, vai ter que ser de igual para igual.

Meu pulso dispara quando chego à porta. Os dançarinos vão chegando aos poucos, tagarelando como aves de cores vistosas. O show vai começar em breve. *Por favor, meu Deus, fazei com que ele esteja aqui,* rezo em voz baixa. Então eu o vejo, quase escondido em meio às sombras.

— Dante — chamo, acenando para que entre.

O menino caminha até mim, um largo sorriso no rosto.

— A senhorita falou que era para eu esperar e não sujar as roupas.

O garotinho vestindo calções de veludo preto até os joelhos mal lembra o menino de rua distribuindo programas tantas semanas atrás. Eu estava com medo de que eles tivessem fugido com o dinheiro que lhes dei para comprar roupas, mas também contava que o tino comercial de seu pai falasse mais alto. A chance de o filho conseguir um emprego fixo como assistente de uma ilusionista seria uma oportunidade melhor, a longo prazo, do que os dez dólares que lhes dei no começo da semana.

— Aquele carro é o mais batuta em que já andei! — exclama ele.

Olho para o outro lado da rua. Cynthia acena para mim e aponta, indicando que vai estar na plateia. Aceno em agradecimento e me viro para Dante.

Levo-o pela mão de volta para o teatro. Passamos pelos músicos, que se preparam no fosso da orquestra. O Sr. Darby está à minha espera nos bastidores.

— Tudo pronto por aqui.

Dou um abraço nele.

— Muito obrigada.

— O prazer foi meu, mocinha. — Ele dá uma piscadela cúmplice para Dante. Os dois já são grandes amigos, tendo se conhecido quando ensaiávamos o número.

Eu me ajoelho, ficando cara a cara com meu novo assistente:

— Você se lembra de tudo que ensaiamos ontem?

— Lembro. Lembro de tudo.

— Ótimo. Quer ir ao banheiro? Beber água?

Ele faz que não com a cabeça, sério.

— Perfeito. – Levo-o de volta aos bastidores, onde o material foi escondido. – Preciso que você fique quietinho aqui embaixo até ouvir a deixa. Lembre-se, primeiro vai se apresentar um cantor e depois dançarinos, por isso vai parecer que está demorando muito.

— Não se preocupe, senhorita. Eu sei o que fazer. – Ele balança a cabeça, confiante.

Sorrio apesar do nervosismo. Ele é como um pequeno velhinho num corpo de sete anos de idade. Levanto o veludo preto e ele se esconde embaixo da mesa.

— Boa sorte – digo a ele, estendendo a mão.

— Boa sorte – diz ele, apertando-a.

Vou mesmo precisar.

A tensão se debate entre as paredes do camarim feito um pássaro preso. Minha mãe se senta empertigada diante do toucador, fingindo retocar sua maquiagem impecável. Não consigo parar de andar de um lado para outro, repassando mentalmente cada detalhe do novo número. Estou contando com a presença cênica de minha mãe para esconder sua surpresa. Mesmo porque não vai lhe restar nada a fazer senão observar a filha saindo da obscuridade para a luz dos refletores. Finalmente, é a minha vez.

Apenas preferiria não me sentir tão culpada pelo que estou prestes a fazer.

Uma batida na porta indica que está na hora de entrarmos em cena. Minha mãe se levanta e nos dirigimos em silêncio para o corredor.

Em seguida, ela estende a mão. Olho para sua palma estendida e a seguro, a mágoa apertando minha garganta ao vivermos pela última vez nossa antiga tradição.

— Estamos prontas? – pergunta ela.

Olho nos seus olhos. Estão baços. Frios. Sem emoção. Meu ímpeto de chorar desaparece, e a dor e a raiva novamente tomam conta de mim.

— Mais prontas do que nunca – respondo.

— Vamos surpreendê-los?

Olho para ela e sinto um estranho sorriso vitorioso se delinear em meus lábios – um sorriso que minha mãe certamente abriu muitas vezes na vida:

— Você nem imagina.

Ela cambaleia por um momento, mas aperto sua mão com firmeza e continuamos andando.

Dessa vez, quando as cortinas se abrem, eu permaneço sob a luz dos refletores, meu pulso disparado. Digo cada frase e obedeço a cada deixa, até minha mãe me apresentar. Então dou um passo à frente e espero a plateia se aquietar, prolongando o suspense por mais alguns segundos, para criar um efeito. Vi a minha mãe cativando plateias durante anos. Agora é a minha vez.

Hoje estou usando um vestido chemisier preto de seda, todo bordado de pérolas brancas que cintilam com meus movimentos. É perfeito para a atmosfera de sonhos que quero criar.

Estendo as mãos para exibir um maço de cartas, e em seguida começo a manipulá-las. Floreios de cartas não são realmente mágica, a menos que se mostre aos espectadores coisas que eles não esperam ver, como cartas desaparecendo e reaparecendo em lugares diferentes. Os truques são lindos de assistir, com seus delicados arcos e cascatas, mas uma plateia tão grande como essa tem dificuldade para vê-los. Exagero um pouco os movimentos, e o violoncelo na orquestra começa a tocar uma suave linha melódica. Sempre quis acrescentar música ao número, e agora sincronizo meus gestos com a melodia.

— O que é mágica? – pergunto à plateia, projetando a voz. Fiquei quase toda a noite passada tentando encontrar o que dizer… afinal, essa apresentação é o meu canto do cisne. – Passei a vida inteira entre mágicos e artistas, e sempre me perguntei o que é a verdadeira mágica. É o que minha mãe faz? O que Harry Houdini faz? É real? – Nesse momento, mostro à plateia o oito de espadas. Virando-me para minha mãe, mostro a carta para ela. – Ou é um engodo? – Prendo o oito de espadas entre os dentes e me viro de lado. Então faço uma longa cascata com uma só mão, distraindo a atenção dos presentes por uma fração de segundo. Agitando a mão livre sobre a cascata, puxo o oito de espadas do fim do baralho. Ninguém o viu sair da minha boca.

A plateia aplaude e eu faço uma pequena reverência. Em seguida me viro para minha mãe, cujo sorriso está congelado no rosto, à espera de uma deixa que não virá. Abro um sorriso para a plateia, para minha mãe, para o mundo inteiro:

— Hoje, vocês decidirão!

Ao dizer isso, um violino se junta ao violoncelo e a música cresce. Dante entra em cena, empurrando a longa mesa sobre rodas para o palco, num gesto tão decidido quanto ensaiamos. Quase rio ao ver a postura confiante de sua cabeça e a expressão altiva em seu rosto. Ele esbanja profissionalismo, e eu também. A mesa está coberta com os objetos de que vou precisar. Primeiro, entrego a Dante as cartas que tenho nas mãos, e então passo para o número que ensaiamos no porão do Sr. Darby. O tema da apresentação é a liberdade, e a plateia solta exclamações à medida que liberto vários itens da superfície – uma carta, uma bola e, por fim, um grande aro –, todos levitando magicamente pelo palco.

A excitação corre pelas minhas veias e, ao final de cada truque, curvo a cabeça ligeiramente para minha mãe.

Olhe, mãe, não estou usando as mãos!

Na hora do *grand finale*, paro e encaro a plateia, ofegante. Essa é a minha *pièce de résistance*. Alguns espectadores aplaudem, inseguros, sem saber se é o fim ou não. Os aplausos morrem ao que a música diminui, as delicadas notas de "Clair de Lune", de Debussy, enchendo o teatro. Viro-me e estendo a mão para Dante. Ele caminha até mim, tão pequeno, confiante e inocente. A plateia suspira. Esse menino deveria ser um ator.

Conduzo-o até a mesa, que foi esvaziada de todos os objetos. Ajudando-o a subir nela, seguro sua mão por um momento, antes de soltá-la. O sucesso deste truque, como, aliás, de qualquer truque, é a forma como é apresentado, e este merece se desenrolar de forma langorosa. A música se torna ainda mais lenta, um acalanto hipnótico, e sinto a plateia prender a respiração. Vou dançando até a outra extremidade da mesa e me curvo para beijar a testa de Dante, como uma mãe pondo o filho para dormir. Agito as mãos lentamente sobre o menino adormecido, na cadência da música. Então rodopio até a frente da mesa e lentamente levanto o veludo preto sobre o corpo de Dante. A plateia agora pode ver embaixo e ao redor da mesa.

Dançando até a outra extremidade, desprendo lenta e cuidadosamente uma parte dela. Agora parece que metade da mesa está flutuando no ar. Agito a mão graciosamente sobre o lugar onde antes estava a madeira, para mostrar que não há nada ali mantendo-a no ar. Então danço até a outra extremidade e a removo também.

A plateia solta exclamações. Ouço murmúrios de surpresa e choque. Apanhando o aro prateado, começo pelos pés e percorro todo o corpo de Dante com ele.

A plateia vai ao delírio, assobiando e aplaudindo. Faço uma tímida reverência e então me permito uma pausa para mergulhar naquele som. Ao olhar para a plateia, vejo um homem se pôr de pé na primeira fila. Enrubesço com a homenagem, e então fico paralisada ao ver quem ele é.

Harry Houdini.

Meu coração explode e o resto da plateia se une a ele, aplaudindo de pé. Por um momento, não posso me mexer. Então a música recomeça e eu me lembro do número. Levo um dedo trêmulo aos lábios, apontando para Dante, como que a relembrar a plateia da criança adormecida. Assim que fazem silêncio, graciosamente recoloco as extremidades da mesa, uma de cada vez, desdobro o veludo preto que cobria o corpo de Dante e o ajudo a descer da mesa. Ele sai do palco pela esquerda, e a música para.

Olho para o lugar onde avistara Houdini, mas ele não está lá. Um mágico deve sempre saber a hora de sair.

— E agora, é a vez de minha mãe surpreendê-los! — A plateia aplaude educadamente.

Giro nos calcanhares, o triunfo palpitando no peito. Quase tinha me esquecido dela no final da apresentação, e agora me preparo, esperando que sua raiva se abata sobre mim como uma onda. Mas, em vez de raiva, sinto sua mágoa. Ela pisca, me encarando, seus olhos poços sem fundo de mágoa e perplexidade.

Minha mãe cambaleia por um momento, então cola um sorriso no rosto e avança para cumprir com sua parte do show. Ela pula o truque da leitura de músculos sem dar satisfações. Embora sua apresentação seja perfeita, não tem uma gota de emoção. Seus gestos são rígidos e maquinais, sua voz inexpressiva. A apresentação é um verdadeiro anticlímax, e todos, principalmente minha mãe, sabem disso.

Ao sairmos do palco, ouço algumas pessoas gritarem meu nome. Minha mãe caminha alguns passos adiante de mim, as costas retas.

O senso de triunfo que experimentei no palco se esvai, deixando meu peito apertado e vazio. Sigo-a até o camarim, embora preferisse estar em qualquer outro lugar. Mas eu sabia, quando planejei minha estreia, que esse momento chegaria. Só uma criança fugiria, e eu não sou mais uma criança para me sentir intimidada. Posso enfrentar sua reação, qualquer que seja.

Só que ela não tem reação alguma. Apenas se dirige para o toucador do camarim e bebe seu vinho em longos goles. Não diz uma palavra. Não olha para mim. Apanhando a escova, passa-a pelos cabelos com gestos desajeitados, desprovidos de sua habitual graça felina.

Mordo o lábio, desejando que ela diga alguma coisa, qualquer coisa, para que eu possa me defender. Quero que ela saiba que estou diferente, que as coisas mudaram, mas ela permanece em silêncio. Começo a me sentir cada vez mais como uma criança malcomportada levando um gelo.

A porta se abre atrás de mim, e Jacques entra. Ele corre para minha mãe, o rosto sério.

– Magali, querida, você está bem? – Ele se curva sobre ela, que inclina a cabeça para ele. – Pude ver pela sua apresentação que você não estava se sentindo bem. Anna esteve brilhante, mas você não me pareceu nada bem. Há algo que eu possa fazer?

Sua voz está carregada de preocupação. No espelho, vejo que os olhos dela estão fechados, e percebo como parece abatida e cansada. Não lembra em nada a minha mãe. Sua mão se ergue para ele, que a segura, curvando-se para dar um beijo nos seus cabelos.

Então, pela primeira vez, as emoções de Jacques chegam até mim com a maior clareza do outro lado do camarim.

Ele está perdidamente apaixonado por minha mãe.

De repente, eu me sinto como se estivesse espionando o que não deveria. Esquecida, saio em silêncio do aposento, mais sozinha do que jamais fui.

25

Saio atarantada pelo corredor, procurando por Dante e o Sr. Darby, e em vez deles encontro a figura baixa e atarracada de Harry Houdini à minha espera.

Ele abre um sorriso.

– Eu não podia ir embora sem lhe dar os parabéns pela sua apresentação. Você é uma ilusionista, Anna.

Lágrimas brotam em meus olhos, mas pisco para contê-las.

– Obrigada, Sr. Houdini.

– E sua mãe. Ela é tão bonita quanto eu me lembrava. Ela lhe disse que nos conhecemos muito tempo atrás?

Sua voz é mansa, mas os olhos não. O olhar que ele me dirige queima até o fundo de minha alma.

— Disse, sim — respondo, simplesmente.

— Ah. Achei que talvez tivesse dito. — Ele se cala por um momento. — Preciso ir andando. Por favor, mande minhas lembranças a sua mãe e, mais uma vez, parabéns pela grande apresentação.

Ele se vira para ir embora, mas eu segura sua manga. Talvez nunca mais tenha outra chance de perguntar.

— O senhor é um... — interrompo-me e reformulo a pergunta: — O senhor *tem* poderes paranormais, Sr. Houdini?

Ele ri, os olhos divertidos.

— Você deve ter andado lendo as resenhas elogiosas de meu velho amigo, Sir Arthur Conan Doyle.

— Anna!

Ouço o Sr. Darby chamando às minhas costas, mas insisto:

— Mas o senhor tem...?

O rosto de Houdini assume uma expressão impassível.

— Já disse antes, e vou dizer de novo. Não, não tenho. Agora, você deve ir, seu amigo a está chamando.

Com um olhar insondável, o grande mágico dá as costas e segue pelo corredor.

Fico lá, parada, vendo-o se afastar, a perda, a dor e a desolação travando uma luta em meu peito. Sem mais uma palavra, viro-me para onde o Sr. Darby e Dante estão à minha espera.

Aceito seus parabéns maquinalmente, enquanto empurramos a mesa para o caminhão que aguarda lá fora.

Encontro Cole se remexendo nervoso na rua, quando saímos. Paro a alguns passos do grupo, enquanto a mesa é transportada para a traseira do caminhão.

— Cuidado agora — resmunga o Sr. Darby, segurando uma das beiradas. — Essa geringonça vale ouro!

Não digo a ele que não sei se terei coragem de usá-la de novo.

Ezio está esperando para levar o filho para casa. Não sei qual dos dois está mais orgulhoso, Dante ou o pai. Curvo-me e dou um abraço em Dante.

— Você estava maravilhoso. — Dou a ele uma nota de cinco dólares, que ele guarda no bolso.

— Toda vez que precisar de mim, é só chamar!

Fico olhando os dois se afastarem, a mão do pai no ombro do filho.

Sem uma palavra, o braço de Cole se curva ao meu redor. Inclino a cabeça para poder olhá-lo nos olhos. Ele mal fala comigo há dias, mas sabe, sem uma palavra, como estou me sentindo.

Dou um pequeno sorriso para ele, apreciando a sensação de seu braço sobre meu ombro. Chego mais perto, notando que o Sr. Darby já subiu no caminhão para nos deixar a sós. Quero dizer a Cole como estou me sentindo triste, confusa e sozinha. Quero dizer a ele o quanto amo minha mãe, e o quanto a odeio ao mesmo tempo. Quero dizer a ele quão desesperadamente gostaria que ela me amasse tanto quanto eu a amo. Quero dizer a ele como me sinto em relação a Houdini, que pode ou não ser meu pai.

— Esqueci meu casaco — é tudo que digo, em vez disso.

— Quer que eu vá apanhá-lo?

Abano a cabeça, pensando na cena que acabei de presenciar.

— Não.

— Você vai sentir frio — protesta ele.

Chego mais perto do círculo protetor de seus braços.

— Não, não vou.

Um calor brota no fundo de seus olhos escuros e seus braços me estreitam com mais força, mas tudo que ele diz é:

— Nesse caso, é melhor irmos para casa. Precisamos descarregar a mesa e devolver o caminhão. Além disso — ele olha para o céu —, acho que vai nevar.

Fazemos o percurso de volta em silêncio. Cole mantém o braço ao meu redor e eu me sinto grata por ele não me pressionar para responder às perguntas que sinto estarem dando voltas na sua cabeça.

Os primeiros flocos de neve já estão caindo quando descarregamos a mesa. Depois de guardá-la, o Sr. Darby sai para devolver o caminhão, antes que a neve comece a se acumular.

— Quer me contar o que aconteceu? — pergunta Cole, me estendendo uma xícara de chá. Estamos sentados à mesa da cozinha, o calor do fogão aquecendo meus membros gelados.

Fico observando o vapor que se desprende do chá, sentindo as lágrimas presas na garganta. Encosto a cabeça no braço e soluço até não poder mais. Ouço o Sr. Darby voltar, mas ele sai de fininho, tão silenciosamente quanto entrou.

Secando os olhos, conto tudo a Cole, desde o começo. Conto a ele da visão do *Titanic* afundando, e da ocasião em que vi pilhas de corpos na rua, pouco antes de a gripe espanhola tornar essa visão uma realidade. Conto do meu medo de policiais, e de todos os empregos subalternos que aceitei para poder investigar clientes. Conto a ele da obsessão de minha mãe por Harry Houdini, e de como eu queria desesperadamente acreditar que ele era meu pai.

Falo até quase ficar rouca, e, à medida que as palavras se derramam de mim, percebo quanto tempo passei sozinha, esperando que minha mãe voltasse para casa.

A certa altura de meu monólogo, Cole pousa a mão sobre a minha. Tomo consciência de sua preocupação ao concluir meu relato com a cena do camarim. Não conto a ele que falei com Houdini. É uma coisa muito pessoal, e ainda não sei como me sinto a respeito.

— Você acha que sua mãe ama Jacques também? — pergunta Cole.

Dou de ombros.

— Não sei nem se ela é capaz de amar.

— Todo mundo é capaz de amar, mocinha — diz o Sr. Darby às minhas costas.

Ele apanha a xícara de chá intacta e a despeja na pia. Em seguida enche a chaleira de água e a coloca no fogão. Fico pensando até onde ele ouviu das minhas visões, mas então concluo que não faz muita diferença.

— Sua mãe fez o melhor que pôde com o talento e a beleza que Deus lhe deu. Era uma mulher sozinha criando uma filha, mas, em vez de abandoná-la, ela a manteve consigo. Você passou a vida viajando, conhecendo novas pessoas e vendo coisas novas. — Ele levanta a mão quando tento falar: — Não, o que você viu nem sempre foi bonito. Às vezes foi feio e difícil. Mas a vida é tão bonita quanto feia. Às vezes você esteve sozinha, com medo e com fome. Muitas pessoas são sozinhas e passam fome.

Continuo em silêncio, refletindo sobre suas palavras. Um lado meu quer discutir, mas estou cansada demais para encontrar as palavras.

A chaleira apita e o Sr. Darby prepara uma xícara de chá fresco para mim. Percebo pela primeira vez que a pia está cheia de pratos, as bancadas cobertas de farelos. Ele me pega olhando para a bagunça ao me entregar a xícara.

— A arrumadeira não apareceu hoje. É tão difícil encontrar boas criadas. Agora beba isso e vai se sentir melhor.

Faço o que ele diz, obediente.

— Não quero ser duro demais com você. Sua mãe é uma mulher fria. Mas aposto que em todas essas viagens você também viveu ótimos momentos, não?

Penso em Porqueiro, Kam Lee e todos os outros que se desdobraram para ser bons amigos e me ensinar a sobreviver. Faço que sim, com certa relutância. Alguns momentos de nossa trajetória foram maravilhosos.

— Viu só? – diz o Sr. Darby, altivo.

— Vi só o quê? – Estou irritada e exausta, e detesto que me digam que estou errada. É mais uma coisa que tenho em comum com minha mãe.

— Acho que o que ele quer dizer é que você deve aceitar o bom e o ruim porque não tem escolha. É disso que a vida é feita. – Cole dá um apertão carinhoso na minha mão, e eu sinto sua tristeza.

Fico pensando se ele estará falando da guerra. Da perda de seu pai. Não admira que leve a vida tão a sério. Também aperto sua mão.

O Sr. Darby balança a cabeça.

— A questão é, o que vai fazer agora, mocinha? Já é uma adulta, ou será em breve. Ninguém pode obrigá-la a se apresentar com sua mãe pelo resto da vida. Tenho a impressão de que ela está empurrando você para fora do ninho. Ela tem seu trabalho e um homem que a ama. Está protegida. E você?

Não posso deixar de olhar de soslaio para Cole. Seus olhos escuros parecem tão calmos e estáveis como no dia em que o conheci. Desvio os olhos, não querendo que ele veja a confusão neles.

E eu?, penso, enquanto Cole me acompanha até meu apartamento. Dessa vez ele não passa o braço por meus ombros. Em vez disso, ele me surpreende me puxando para si. Encosto a cabeça em seu peito e fico ouvindo o ritmo regular de seu coração. Sinto que o bloqueio que ele sempre ergue quando está comigo começa a tremer.

— Anna – murmura ele, sua mão massageando minhas costas em círculos suaves. De repente, as comportas se abrem dentro dele e um mar de afeto me inunda. Assustada, inclino a cabeça para trás e vejo seus olhos escuros ardendo com algo que nunca vi ou senti antes. Ele curva a cabeça e pressiona os lábios suavemente contra os meus. Trêmula, encosto meu corpo no dele, deixando as emoções girarem ao nosso redor, unindo-se e fundindo-se, criando algo totalmente novo. Cedo demais, ele levanta a cabeça. – Vá dormir um pouco – murmura com carinho. – Você teve um longo dia. Podemos conversar mais amanhã. Há algumas coisas que preciso lhe contar.

Levanto os olhos para ele, os lábios ainda ardendo, embora tenha sido apenas o projeto de um beijo.

— Que coisas?

— Amanhã. – Cole sorri e me dá um beijo na testa.

Ele espera até eu estar segura em casa, com a porta trancada, antes de começar a descer as escadas.

O apartamento está escuro e frio em contraste com o calor da cozinha do Sr. Darby. Acendo as luzes e ligo a calefação, logo em seguida apanho uma colcha e me enrosco no sofá.

O que vou fazer agora? Tenho certeza de que, por algum motivo, minha mãe não me quer mais no show. Ainda mais depois de hoje.

Mas o que *eu* quero?

Durante anos, eu só quis ter um lar normal – um lar normal e respeitável, com uma família normal e respeitável. Um lar como este. Mas, quando finalmente o consegui, comecei a seguir Harry Houdini por toda parte, como uma criança perdida. Fico imaginando o que ele estava fazendo no show hoje à noite. Geralmente ele não persegue os mentalistas que se apresentam em público; parece considerar o que fazem uma diversão inofensiva. São as sessões que ele odeia. Se pelo menos eu pudesse convencer minha mãe a abandoná-las. Seja como for, não vou mais participar delas. Posso não saber o que quero, mas sei o que não quero. Se ficarmos na miséria de novo, vou fazer o que as outras pessoas fazem quando precisam de dinheiro.

Vou arranjar um emprego.

Portanto, se o grande mágico não estava lá para desacreditar minha mãe, por que foi? Por mim?

Meu pulso acelera quando lembro como ele perguntou se eu sabia que eles tinham se conhecido. E se tudo que minha mãe me contou for verdade? E se Harry Houdini realmente for meu pai? E se eu tiver realmente herdado meus dons dele?

Sento-me de um pulo, estreitando mais a colcha ao meu redor ao refletir sobre a ideia. O que mudaria se isso fosse verdade? Por acaso eu seria uma pessoa diferente? Ele nunca reconheceria minha paternidade. É totalmente devotado à esposa. Portanto, o que mudaria?

Nada.

Quer Houdini seja meu pai ou não, quer minha mãe me ame ou não, ainda vou ser eu mesma. Uma garota que ama o ilusionismo. Uma garota com estranhos dons. Nunca uma garota normal. Mas talvez, apenas talvez, não haja nada de errado nisso.

Refletir sobre meus dons me faz voltar às lembranças de Cole, e eu me aconchego entre as almofadas, revivendo o momento em que ele me beijou. *Eu poderia amá-lo*, penso, sonolenta. Meu corpo relaxa e eu deixo o sono tomar conta de mim.

* * *

É a visão. Tenho consciência, enquanto se desenrola, de que não é real. Estou sendo arrastada por um oceano de imagens distorcidas. Minha mãe aterrorizada. Seu medo chega até mim em ondas de pânico. Meu corpo alquebrado. Sinto a quente untuosidade do sangue escorrendo por meu rosto. Ele está vindo me buscar. Impotente. Estou totalmente impotente. Me perdoe, mãe. Então a visão muda e eu estou novamente na água, meus pulmões ardendo pela falta de oxigênio. Em seguida é o rosto de minha mãe, seus olhos arregalados de terror e desespero.

Ela pensa que estou morta. E, nesse momento, compreendo o quanto ela me ama.

Acordo com gritos varando minha garganta. Sentando de um pulo, pisco os olhos várias vezes, totalmente desorientada. Fico esperando que minha mãe me chame, para saber se estou bem. Nada. Meu coração palpita dolorosamente no peito. Não era para isso acontecer. Com a Sra. Lindsay fora de combate, não era para eu ter essa visão de novo. Mas acabei de ter.

– Mãe? – Tenho um mau pressentimento quando compreendo que ainda estou sozinha.

Chutando a colcha para longe das pernas, atravesso o corredor, um tanto trôpega, até seu quarto, com o corpo duro por ter passado a noite no sofá.

– Mãe?

O quarto dela está vazio, a cama ainda feita.

Escuto uma súbita batida na porta e me encosto à parede, convicta de que meus sequestradores vieram me buscar.

– Anna?

Meus joelhos quase dobram de alívio.

– Cole? – Corro para a porta, meu coração palpitando nos ouvidos. Destranco a porta rapidamente e, no momento seguinte, estou em seus braços.

– O que aconteceu? Você está bem?

– Estou. Não. É a minha mãe… aconteceu alguma coisa.

Cole olha ao redor do vestíbulo, como se eu me referisse a algo que estivesse acontecendo bem aqui, na nossa frente.

– Não. – Puxo-o para dentro da sala e fecho a porta. – Ela não voltou para casa ontem à noite, e eu tive uma visão.

– Ela estava com Jacques, não? – Ele franze a testa. – Talvez ainda esteja com ele?

Sua voz soa tão cerimoniosa que, se eu não estivesse apavorada, seria capaz de rir. Como se eu fosse ficar chocada com a vida íntima de minha mãe. Mas me agarro à sua insinuação.

— Você telefona para Jacques, enquanto eu faço um café. — Ele me empurra para o telefone.

Paro por um momento antes de discar, cheia de gratidão. Cole não precisou me perguntar sobre o sonho. Não precisou me perguntar como eu sabia que minha mãe estava em apuros. Ele simplesmente me conhece.

— Você me ouviu gritar? — pergunto de supetão. Ele para diante da porta da cozinha.

— Não, eu senti.

Olhamos um para o outro, o espaço entre nós transbordando de palavras por dizer.

— Obrigada.

Corro para a sala e telefono para Jacques. Ele atende no quarto toque.

— Sabe que horas são?

— Onde está minha mãe?

— Anna?

— Há alguma outra filha que telefonaria para você para descobrir o paradeiro da mãe? — rebato, irritada.

— Claro que não. Só não estou entendendo. Sua mãe não está comigo, ela já foi para casa. Que horas são?

— Não sei. É cedo.

— Espere aí. — Ouço-o remexendo em alguma coisa. — São seis da manhã. Ela foi para casa horas atrás. Ficou aqui até tarde, conversando comigo. Não foi nada bonito da sua parte me fazer pensar que sua mãe estava sabendo do novo número.

Sinto um frio na espinha.

— Espere aí. Ela não está em casa?

— Não.

Sua resposta é imediata:

— Estou indo para aí.

Ele desliga antes que eu possa dizer mais alguma coisa, e sinto um alívio enorme. Se isso tivesse acontecido meses atrás, eu talvez tivesse suspeitado de Jacques, mas agora percebo que aprendi a confiar nele. De todo modo, não há como pôr em dúvida seus sentimentos por minha mãe.

— Ela saiu horas atrás — digo, abanando a cabeça. — Ele está vindo para cá. — Lágrimas brotam em meus olhos, mas trato de contê-las. Chorar não adianta nada. Aprendi isso cedo na vida.

Cole puxa uma cadeira para mim e eu sento, agradecida.

– Eu não deveria ter feito o que fiz ontem. Estava muito zangada com ela, mas, em vez de enfrentá-la, eu roubei o show. Por que fiz isso? Por que não podemos apenas conversar como pessoas normais?

– Você não está achando que sua mãe fugiu – diz ele, abanando a cabeça.

Não é uma pergunta, é uma afirmação. Abano brevemente a cabeça. Não, minha mãe jamais fugiu de nada.

– Então não se culpe pelo que aconteceu.

Engulo as lágrimas e concordo. Cole me estende uma xícara de café quente e eu bebo, não me importando que queime minha língua. A dor ajuda a clarear as ideias. Um único pensamento continua a dar voltas e voltas na minha cabeça. Não era para isso acontecer, com a Sra. Lindsay na cadeia. *E, se a Sra. Lindsay não é a responsável, então quem é?*

– Precisamos fazer uma lista de possibilidades, mas, antes de Jacques chegar, me conte sobre a visão. Quantas vezes você já a teve?

– Não tenho certeza. Quatro ou cinco.

– É a mesma todas as vezes?

Balanço a cabeça, grata por ele estar aqui para me ajudar a resolver isso, grata por poder falar com alguém que não vai pensar que estou louca.

– Você sempre tem visões recorrentes?

– Não, mas também nunca tive uma visão como essa antes. Como disse a você, geralmente elas são sobre acontecimentos importantes, como o *Titanic* ou o Grande Terremoto de Kanto. Nunca sobre a minha vida.

Dou a ele uma folha de papel e um lápis, e ele toma notas enquanto descrevo o que vi. Quanto termino, ele começa a fazer perguntas.

– Pode descrever o lugar onde sua mãe está presa?

Tento me lembrar, mas não consigo ir além da expressão em seu rosto.

– Eu sei que é difícil, mas tente rever a cena mentalmente. Feche os olhos e visualize. É um quarto grande ou pequeno? Consegue ver se é de dia ou de noite? Do que as paredes são feitas? Tijolos? Madeira? Se tem uma janela? O que o homem está usando? Aliás, tem certeza de que é um homem?

– Espere. – Respiro fundo e tento fazer com que as imagens entrem em foco. – É um quarto pequeno. Minha mãe está amarrada a poucos passos de mim.

Concentro-me e a visão começa a se desenrolar. Meu estômago se revira e eu estendo a mão às cegas para Cole, que a segura. Relaxo o quanto posso, considerando o quanto minha cabeça dói, e deixo a visão tomar conta de mim. Mas dessa vez estou no controle.

— Está escuro, e a luz entra pelas frestas nas paredes. Parece um depósito, uma despensa, algo assim. – O homem aparece na visão e eu fico apavorada, apesar de Cole estar comigo e eu saber que o que vejo não é real. – Ele está vestido de preto. É um sobretudo.

Meu coração dispara quando o homem avança na minha direção, e então a visão muda.

— Agora estou debaixo d'água. Não posso respirar. – Abro os olhos, ofegante. – Estou com medo por minha mãe.

O rosto de Cole está pálido. Olho de relance para o papel e vejo não apenas as notas, mas também pequenos desenhos. De repente, compreendo.

— Você também viu? – pergunto a ele.

— Assim que encostei na sua mão.

Engulo em seco, estudando os desenhos.

— Estão muito bons. São exatamente como o que vi.

— Desenhar vai ser uma vantagem no meu treinamento – concorda ele.

— Para a Sociedade de Pesquisas Paranormais? – pergunto, franzindo a testa.

— Na verdade, não – diz ele, dando um sorrisinho. – Vou estudar Direito em Oxford.

— Você quer ser advogado?

— Não. Quero ser detetive da Scotland Yard, e acho que o Direito vai me dar uma boa base.

Caio na risada, surpresa.

— Um policial?

Ele dá de ombros, sem me olhar.

— Isso explica muita coisa – digo, abanando a cabeça.

— Não ficou aborrecida? Você já me disse como se sente sobre os agentes da lei. – A voz dele é tensa, e eu aperto sua mão.

— Agora é tarde. Já gosto de você. – Calo-me por um momento. – Para ser honesta, a ideia de você ir embora me aborrece mais do que a profissão que você escolheu.

Uma batida à porta nos interrompe, e Cole guarda as notas. Levanto para atender, mas ele abana a cabeça:

— Não quero que faça nada sozinha até encontrarmos sua mãe. Alguém já tentou sequestrar você uma vez. Não vamos deixar que se torne um alvo fácil.

Balanço a cabeça, mas agora sei em meu coração que é inútil tentar mudar minha visão. Ela não é um pesadelo, e sim um portento – algo que *vai* acontecer.

Jacques entra às pressas na sala, o cabelo desgrenhado, os botões do sobretudo nas casas erradas.

– Tiveram alguma notícia?

– Não. Eu estava esperando que você tivesse tido.

Passamos para a cozinha e Cole dá a Jacques uma xícara de café. Sentamos ao redor da mesa.

– A que horas ela saiu ontem à noite? – Cole está usando uma nova folha de papel.

– Acho que devia ser por volta das três. Ficamos conversando até tarde. – Jacques me lança um olhar de desaprovação, mas eu o ignoro.

– Você a deixou voltar para casa sozinha?

Ele se empertiga, afrontado:

– Certamente que não. Chamei um táxi e fiquei esperando com ela na recepção até chegar.

– Na recepção? – pergunto, arqueando uma sobrancelha.

Ele se remexe um pouco.

– Sim, eu moro no Hotel Monaco. Sou um hóspede mais ou menos fixo.

– Mais ou menos fixo? – Seus olhos evitam os meus, e, de repente, eu compreendo. – Este apartamento é *seu*. Você cedeu seu apartamento para nós.

Ele assente.

– Por que você faria isso? – pergunto, e então a resposta me ocorre: – Porque achou que seria temporário. Estava pretendendo vir morar aqui com minha mãe!

Jacques tem a elegância de parecer constrangido, mas então dá de ombros de um jeito tipicamente francês:

– Parece que ela é mais avessa à ideia de casamento do que imaginei.

Meu queixo cai.

– Casamento? Você a pediu em casamento?

– Todos os dias, desde que a conheci em Chicago.

Minha cabeça dá voltas, tudo que sei sobre Jacques se embaralhando e mudando. Grande sensitiva que eu sou. Até a noite passada, nem sequer sabia que meu empresário estava apaixonado pela minha mãe.

– Ontem, ela finalmente concordou em pensar no assunto. Acho que já teria se casado comigo há muito tempo, se não se preocupasse tanto com você.

– Comigo?

– É claro! Ela morre de medo de que você siga seus passos. Não quer que você termine sozinha.

Franzo a testa. Isso não se parece nem um pouco com a minha mãe. Fico imaginando se Jacques conhece a tendência dela a faltar com a verdade. Bem, logo, logo ele vai descobrir.

Se encontrarmos minha mãe.

26

— No momento – diz Cole, pigarreando –, devíamos nos concentrar em localizar sua mãe. Ela tem inimigos?

A ingenuidade de Cole leva Jacques a arquear a sobrancelha para mim.

— É claro que ela tem inimigos – respondo. – Ela é uma médium. São ossos do ofício.

— Eu sei que *você* tem inimigos – diz Cole, impaciente: – Alguém tentou sequestrá-la. E não estamos mais perto de descobrir quem foi do que estávamos antes.

— Tenho certeza de que foi alguém que conheço – trato de esclarecer, pensando na Sra. Lindsay. Acho que posso descartar a ela e a Lisette. Sinto um nó na garganta. Pensei que estávamos seguras. Pensei que tinha *acabado*.

Jacques pigarreia.

– Você acha que foi a mesma pessoa que sequestrou sua mãe?

Não posso contar a ele da minha visão, por isso apenas concordo.

– Acho que podemos presumir isso. Qual era a companhia do táxi que a apanhou?

– É claro! – Jacques estala os dedos. – Devíamos ligar para eles, *oui*?

Cole assente.

– Sobre o que vocês dois conversaram ontem à noite? Ela estava aborrecida?

Jacques me lança outro olhar desaprovador:

– Ela estava muito zangada com você. Sabe disso, não sabe? Mas eu conversei com ela, e, quando ela saiu, estava mais calma. Eu falei sobre o futuro e, pela primeira vez, ela considerou uma vida sem o show. Eu disse a ela que poderíamos dirigir a minha agência juntos. Ela me deu um beijo e prometeu pensar no assunto.

Fico pasma.

– Então ela não saiu de lá zangada?

– Não. A única hora em que ficou zangada foi quando sugeri que você tinha talento bastante para ter seu próprio show.

Fico mais pasma ainda.

– Você disse isso a ela?

– *Oui*.

Posso bem imaginar a recepção que ele teve.

– Foi então que ela me disse que não queria que sua vida espelhasse a dela.

Fecho os olhos por um momento, sentindo um nó na garganta. Fico pensando quantas surpresas mais posso suportar. Então, abano a cabeça. Posso perguntar a ela sobre essas coisas da próxima vez que a vir. Mas, primeiro, temos que encontrá-la.

Jacques vai telefonar para a companhia de táxi, enquanto Cole continua me fazendo perguntas e tomando notas.

– Você disse que é claro que sua mãe tem inimigos? Por que pessoas como vocês teriam inimigos?

– Ossos do ofício. – Dou de ombros. – Lembra-se da Sra. Lindsay?

Ele assente.

– Bem, ela também me atacou no parque, e depois no Lindy's.

– Você não me contou nada disso – diz Cole, com uma expressão enfezada.

Recosto-me no sofá, fechando os olhos por um momento.

– Foi pouco antes de eu ser sequestrada. Tantas coisas aconteceram desde então. – Olho para minhas mãos. – Além disso, na ocasião pensei que você já soubesse alguma coisa a respeito.

– Como é...?

– Eu vi você conversando com ela pouco depois de ela me atacar no parque. – Estremeço ao ver a mágoa em seus olhos. Sei que ele não faria mal a mim ou a minha mãe. Eu *sei*. Então, por que falei isso?

Ele pousa a mão sobre a minha.

– Anna, eu fui dar uma volta e ela estava parada na esquina. Eu a reconheci da sessão e me lembrei de como estava perturbada. Parecia estar passando por um mau pedaço, então lhe dei um dinheiro. Só falei com ela por alguns minutos. Não fazia ideia de que tinha atacado você.

– Eu sei – digo, abaixando os olhos. – Só estou assustada.

Ele aperta minha mão e Jacques volta, parecendo ainda mais preocupado do que antes.

– O táxi estava na garagem. Ele disse que a deixou aqui pouco depois de apanhá-la.

– Ela esteve aqui? Bem na frente do prédio? – Fecho os olhos, tonta de medo e raiva.

– O que vamos fazer? Chamar a polícia?

Jacques e Cole olham para mim, reconhecendo meu direito de tomar a decisão.

Uma batida na porta nos deixa paralisados. Novamente, Cole toma a iniciativa de atender, com Jacques rente nos seus calcanhares.

– Não tem ninguém aqui. – O tom de Cole é de perplexidade, até que Jacques segura seu braço.

– *Regarde!* – Ele aponta para o chão. Fico na ponta dos pés para ver, mas minha visão está bloqueada por dois pares de ombros. De repente, Cole desabala pelas escadas abaixo. Ouço a porta da rua se abrir e bater atrás dele. Antes que possa me mexer, Jacques se ajoelha e recolhe alguma coisa. Espiando por sobre seu ombro, vejo-o segurar um envelope com todo o cuidado entre o polegar e o indicador.

Ele olha para mim, a expressão perturbada.

– Está no seu nome, *chérie*.

Engulo em seco, olhando para as grosseiras letras de fôrma. Ele a entrega para mim, e nesse momento a porta da rua se abre. Ouço Cole subindo as escadas, ofegante. Ele abana a cabeça para Jacques:

— Eles já tinham ido embora.

Ficamos olhando para o envelope.

— Você deveria abri-lo – sugere Cole.

Enfio o dedo com cuidado sob a aba e retiro o papel dobrado. Tanto Jacques quanto Cole se inclinam para dar uma olhada.

ESTOU COM SUA MÃE. SE QUISER QUE ELA VOLTE SÃ E SALVA, PRECISO DE DEZ MIL DÓLARES, A SEREM DEIXADOS EM UM LOCAL ESPECÍFICO DE MINHA ESCOLHA. NÃO PROCURE A POLÍCIA. DEIXAREI MAIS INSTRUÇÕES EM BREVE. SE TIVER DIFICULDADE PARA LEVANTAR ESSA QUANTIA, USE SEUS CONTATOS.

Minhas mãos tremem e Cole me leva para a sala. A colcha ainda está jogada no chão. Na mesinha lateral está o maço de cartas e um cinzeiro transbordando de cigarros. Nada mudou, e ainda assim nada jamais será o mesmo. Minhas mãos voltam a tremer e, antes que possa me sentar, o tremor já se espalhou por meu corpo inteiro.

Jacques está parado diante da porta, imóvel como uma estátua, e Cole senta a meu lado, com o bilhete nas mãos. O silêncio pesa sobre a sala como um cobertor sufocante. Nem sei como começar a enfrentar isso. Todas as vezes que minha mãe e eu enfrentamos crises antes, nós estávamos juntas. Agora, sou só eu.

— Usar seus contatos? O que isso quer dizer? – Tenho um sobressalto quando as palavras de Cole caem no silêncio como seixos num lago.

— O quê?

— Aqui diz para usar seus contatos para conseguir o dinheiro – explica ele, apontando para a nota. – Que contatos?

Um vasto suspiro sai de dentro de mim, e eu o encaro, sentindo a boca seca.

— Meu pai. Eles se referem a meu pai.

— Esse fato é público e notório? Quero dizer, quantas pessoas estão sabendo da sua filiação?

Respiro fundo, tentando pausar minha respiração antes que desmaie.

— Não tenho certeza. Sei que minha mãe gosta de contar a pessoas seletas para aumentar a publicidade, mas não sei quem. Você sabe? – Viro-me para Jacques.

Ele espalma as mãos num gesto de desculpas:

– Não sei bem para quem ela contou, mas sei que os rumores correm por certos círculos.

– Então isso não ajuda. – Cole parece decepcionado, e eu aperto sua mão.

– Que círculos? – pergunto.

– Os ricos. Clientes em potencial. Alguns médiuns e mentalistas têm comentado à boca pequena, mas a maioria acha que é um golpe de publicidade.

– O que nos leva de volta à Sra. Lindsay, certo? – pergunta Cole. – Nós nem sequer sabemos se esse é o seu verdadeiro nome.

– Não, isso não serve como pista. – Abano a cabeça, começando a entrar em desespero. – Ela foi detida depois de me atacar no Lindy's.

Jacques arqueia uma sobrancelha, e eu o ponho a par do ocorrido.

– Como você sabe que ela foi detida?

– O Dr. Bennett me contou. – Agora os dois olham para mim com ar de interrogação. – O Dr. Bennett é um palestrante da igreja espírita de Cynthia. Ele é especialista em fenômenos paranormais. Nós tínhamos ido nos encontrar com ele, quando ele apareceu com a Sra. Lindsay.

– Espere aí. – Cole se vira para mim. – O que um palestrante estava fazendo na companhia de uma médium insana?

Dou de ombros, já tendo me perguntado a mesma coisa.

– Ele disse que ela era uma colega. – Estremeço, relembrando a expressão torturada no rosto da Sra. Lindsay. – Ela ficou tão surpresa de me ver quanto eu a ela.

– Acho que a primeira coisa que deveríamos fazer é confirmar se a Sra. Lindsay ainda está sob custódia em algum lugar – pondera Cole. – Se pelo menos tivéssemos alguma ideia de quem tentou sequestrar você...

Jacques pigarreia.

– Na verdade, sua mãe me pediu que contratasse um detetive particular para investigar isso.

– Minha mãe?

– É claro, ela estava preocupada com você.

Reflito sobre a informação.

– E o que você descobriu?

– O detetive e eu devíamos nos encontrar na semana passada, mas ele teve que sair da cidade de uma hora para outra. Estávamos planejando nos encontrar quando ele voltasse, para que pudesse me dar novas informações.

Curvando a cabeça, esfrego o rosto. Devo estar pálida como a morte. Meu sangue gela com a metáfora. Não posso ficar sentada aqui. Tenho que fazer alguma coisa.

— Você pode se encontrar com ele? – pergunto a Jacques. – O mais depressa possível?

— É claro.

Minha cabeça fica em branco. O que mais posso fazer? Cole aperta minha mão, carinhoso.

— Já pensou em procurar a polícia? Sei que o bilhete diz para não fazer isso, mas acho que precisamos de ajuda. Tenho certeza de que eles seriam discretos.

Jacques solta um rosnado gutural de irritação, abrindo os olhos negros de estalo.

— *Non!* Se o criminoso estiver vigiando Anna, isso o alertaria imediatamente.

— E se um de nós dois fosse à polícia? – sugere Cole.

— A pessoa que fez isso obviamente conhece Anna. Você acha que não reconheceria nenhum de nós?

— Então, o que sugere que ela faça? Que fique aqui sentada esperando outro bilhete?

Os dois olham para mim, e eu tenho vontade de me esconder debaixo do sofá.

— Precisamos conseguir a quantia – diz Jacques em voz baixa. – A maior parte do meu dinheiro está presa em investimentos, mas provavelmente eu conseguiria levantar uns cinco mil dólares.

Levanto os olhos para ele. Eu sabia que Jacques era rico, mas não tão rico assim. Ele percebe meu olhar e dá de ombros.

— Eu faço investimentos. Fui muito esperto e tive muita sorte.

Sentindo um nó na garganta, tenho vontade de dar um abraço nele. Como posso ter me enganado tanto a seu respeito? E, se me enganei tanto assim em relação a Jacques, em relação a quantas outras coisas mais não terei me enganado? Balanço a cabeça e dou um sorriso trêmulo, esperando que ele possa ver minha gratidão.

— Provavelmente eu poderia conseguir o resto do dinheiro, mas teria que passar um telegrama para Londres. Isso levaria tempo.

Olho para Cole, chocada. Será que todo mundo que conheço é rico? Então me lembro do que Cynthia disse sobre ele ter muito mais dinheiro do que Owen. Pelo visto, ela tinha razão.

– Eu tenho cinquenta e oito dólares. – Começo a rir, o riso logo interrompido por um soluço. – O que vou fazer?

– Você poderia procurar seu pai? – pergunta Cole.

– Não! – Isso seria a suma traição, e eu já fui bastante desleal com minha mãe. – Acho que sei onde posso conseguir o dinheiro – digo lentamente. E para Jacques: – Por que não vai marcar um encontro com o detetive particular e tentar levantar a quantia que puder? Eu fico aqui para... – Minha voz falha, e Cole prossegue por mim:

– Esperar que os sequestradores voltem a fazer contato?

– E conseguir o resto do dinheiro.

Jacques aperta meu ombro de leve antes de sair do apartamento.

Cole segura minha mão. Meu corpo se inclina para ele. É difícil de acreditar que só faz um mês que o conheço. Tantas coisas aconteceram – conheci meu pai, aprendi a controlar meus dons. E agora isso, minha mãe sequestrada e levada para Deus sabe onde. Observo os olhos dele, tão cheios de afeto e carinho que perco o fôlego.

– Tem alguma ideia de quem poderia ser? – pergunta ele, com voz mansa.

A dor se irradia por minha cabeça em ondas, enquanto tento desvendar tudo.

– Quando as visões começaram, eu tentei descobrir. Estava certa de que tinham sido as Lindsay. – Dou uma risadinha, logo tapando a boca quando ela se transforma num soluço.

– Na noite em que você foi seguida, quando a encontrei por acaso, você sentiu alguma coisa?

– Não. Tudo que sei é que tive a impressão de reconhecer a voz da mulher no caminhão. Mas não posso ter certeza.

– Por que não vai tomar um banho, enquanto preparo alguma coisa para você comer? – Cole aperta minha mão. – Não há nada que você possa fazer no momento, mesmo.

De repente, percebo que estou usando as mesmas roupas com que dormi.

– Está certo. Só tenho que dar um telefonema antes.

Por um momento, tenho a impressão de que ele vai me perguntar alguma coisa, mas ele apenas assente.

– Vou descer por alguns minutos. Tranque a porta quando eu sair.

Acompanho-o até a porta e tenho o cuidado de trancá-la antes de tirar o telefone do gancho. Detesto o que estou prestes a fazer. Parece tão suspeito, como se eu tivesse me tornado amiga dela para poder lhe dar uma facada de cinco mil dólares.

Uma criada atende e tenta explicar que é cedo demais para perturbar a dona Cynthia.

— É uma emergência – digo a ela, com a voz mais firme possível. – Se não chamá-la imediatamente, ela vai ficar furiosa com você.

Um longo silêncio.

— Um momento, por favor.

Sorrio. Provavelmente a criada sabe *muito bem* quem são os parentes de Cynthia.

— É melhor ser coisa séria – diz Cynthia, ríspida, e meu sorriso vacila.

Respiro fundo para acalmar os nervos.

— Estou em apuros. Preciso de cinco mil dólares o mais depressa possível.

— Só um segundo. – Ouço alguma coisa tapar o telefone. – Gretchen, quero meu café agora! – ela berra. – Pronto. Não consigo fazer nada sem café. Para quando você precisa do dinheiro?

Quase choro de alívio. Vai ser bem feito para minha mãe se o dinheiro de Cynthia acabar salvando sua vida. Isso vai ensinar a ela a não julgar os outros pelas aparências.

— Não sei. Logo, acho.

— Devo demorar umas duas horas para levantar essa quantia. Jack está fora caçando, dá para acreditar nisso? Com raposas, cachorros e o diabo a quatro. Ele e os amigos agora cismaram que são ingleses. – Ela dá um muxoxo, logo voltando ao assunto: – Não sei quanto tenho na minha conta, mas não se preocupe. Tudo vai dar certo.

Aperto o telefone, a gratidão fechando minha garganta.

— Pode me contar o que aconteceu? – pergunta ela, sua voz afetuosa e preocupada.

Abano a cabeça, e só então lembro que ela não pode me ver.

— Não.

— Está bem. Pode esperar que eu telefono.

Solto um longo suspiro trêmulo, tentando clarear as ideias antes de me dirigir para o banheiro, tomar banho e trocar de roupa. O ritual cotidiano traz um pouco de normalidade à minha manhã surrealista, acalmando meus nervos à flor da pele. Mas nada pode impedir os pensamentos de ficarem dando voltas e mais voltas na minha cabeça. E se minha visão estiver prestes a se realizar? E se minha mãe estiver naquele quarto neste exato momento, esperando que alguém a salve? Será que eu poderia ter impedido? Se não tivesse agido como uma garotinha mimada, ela poderia ter voltado para casa comigo, e agora estaria segura. Ou será que teria acontecido de qualquer maneira? Minha cabeça não para de fazer perguntas para as quais não há respostas.

Saio do banho e encontro Cole na cozinha, servindo mais uma xícara de café.

— Dei um pulo lá embaixo enquanto você estava no banho. Seu fã número um mandou um abraço e uns petiscos para o café da manhã. — Ele acena em direção à mesa, onde vejo duas grossas torradas.

Arregalo os olhos:

— Ele consertou a torradeira!

Cole sorri:

— Não, ele comprou uma.

Dou uma risada e sento à mesa, embora saiba que não vou conseguir comer nada.

Cole fica me olhando até eu pegar a torrada e dar uma mordida. Meu estômago reclama, mas eu a engulo corajosamente com um gole de café e esboço um tênue sorriso para ele. Cole senta diante de mim, e então um pensamento me ocorre:

— Ontem à noite você disse que tinha uma coisa para me contar. O que é?

Ele fica sério.

— Era sobre a carta. Mas não sei se agora é uma boa hora...

— Pode falar – digo a ele, embora uma parte de mim nunca mais queira se lembrar daquela carta. – Preciso pensar em alguma outra coisa ou vou enlouquecer.

— Em primeiro lugar, só quero dizer o quanto lamento por ter sido tão reservado. Essa é uma exigência da Sociedade, para proteger os sensitivos. Eles levam o sigilo muito a sério. Mas eu devia ter confiado em você.

Ele me olha, e eu balanço a cabeça. Assim como eu devia ter confiado nele.

— Um dos nossos pesquisadores rompeu com a Sociedade – prossegue ele. – Era um dos que se opunham ao treinamento dos sensitivos para controlarem seus dons, argumentando que isso iria comprometer os resultados dos testes. Ele não se importava que eles enlouquecessem, contanto que apresentassem o desempenho desejado. Ele tentou me recrutar, e não aceitou bem a minha recusa. Uma das razões por que vim para os Estados Unidos foi o fato de meus amigos me quererem longe, em segurança. Ele partiu em férias prolongadas e ninguém na nossa rede conseguiu obter qualquer informação sobre seu paradeiro. Até a carta.

Uma ideia me ocorre.

— Na carta é dito que você deu uma surra nele. Foi isso que você quis dizer, quando disse que ele não aceitou bem a sua recusa?

Cole parece constrangido.

— Eu não dei uma surra nele. Minha amiga tem uma certa tendência a exagerar as coisas. O Dr. Boyle tentou me deter, e eu dei um soco nele.

Sorrio ao imaginar o manso e controlado Cole dando um soco em alguém.

— Como você acha que ele o encontrou?

— Não tenho certeza se encontrou ou não – responde ele, dando de ombros. – Nós mantivemos meu destino em segredo e até espalhamos rumores de que eu estava indo para a Suíça. Uma das razões por que escolhi me hospedar com o Sr. Darby é que nosso vínculo é muito distante. Eles não acreditaram que alguém pudesse rastreá-lo.

— O que você acha?

Ele demora um momento para responder.

— Eu acho que o Dr. Franklin Boyle é um homem muito ambicioso, que é capaz de qualquer coisa. Ele e seu plano têm mais simpatizantes entre os membros da diretoria do que pensamos.

— Qual é o plano dele?

— Não temos certeza. Mas sabemos que ele está recrutando sensitivos sem treinamento. Eles não sabem como ele pode ser brutal quando quer alguma coisa.

Lembro-me do que o Dr. Bennett disse sobre a Sociedade, e balanço a cabeça.

— Foi isso que... – A campainha do telefone me interrompe, e eu e Cole ficamos paralisados, meu fôlego preso em algum ponto da garganta.

— Você tem que atender – sussurra ele, apertando minha mão.

Ele se põe de pé e me puxa. Cada toque do telefone faz um calafrio percorrer minha espinha enquanto corremos para a sala. Quando Cole meneia a cabeça, atendo o telefone, e ele se inclina para mais perto, para poder ouvir a conversa.

— Alô?

— Anna! Acabei de falar com tio Jacques. Você está bem?

Digo a Cole que é Owen por mímica labial. Ele fica sério, mas não arreda pé do meu lado.

— Estou, sim. Cole está aqui comigo.

Silêncio.

— Ótimo. Que bom que você não está sozinha. Quer que eu dê um pulo aí?

— Vou ficar bem. Não quero deixar os sequestradores desconfiados.

— Mal posso acreditar no que aconteceu. Tem alguma ideia de quem poderia ser?

— Não. Nenhuma. Seu tio contratou um detetive particular para investigar meu sequestro. Ele vai vê-lo hoje, e também levantar metade do resgate de minha mãe.

O silêncio se prolonga tanto dessa vez, que chego a pensar que a ligação caiu.

— Owen?

— Desculpe. Estou só surpreso. Não sabia que tio Jacques tinha tanto dinheiro.

Dou um tapa na testa. Talvez não devesse ter dito nada. Talvez Jacques tenha tido alguma razão para não procurar a família durante tanto tempo. Não sei como consertar minha gafe, então fico de boca fechada.

— Vou para aí assim que puder. Sei que você não está sozinha, mas quero muito ficar com você. Tenho uma coisa para fazer no caminho, mas devo estar aí dentro de uma hora.

Ele desliga antes que eu possa protestar. Ele e Cole no mesmo aposento não me parece uma boa ideia. Posso ver pela cara enfezada de Cole que ele concorda.

— Tem que haver alguma coisa que eu possa fazer — digo, repondo o fone no gancho. — Quando entregarmos o dinheiro, vou segui-los.

Ele se vira para mim e segura minhas mãos.

— Não quero que você corra esse tipo de perigo. E se a sua visão se realizar?

Observo seus olhos, suspirando.

— Também não quero correr esse tipo de perigo. Mas você não entende. A razão por que minha mãe está em perigo é que eles não conseguiram me pegar. É por causa do que fiz ontem à noite. Por causa de um milhão de escolhas que fiz, e que levaram a essa situação. Eu tenho que ajudá-la.

— Talvez a melhor maneira de ajudar sua mãe seja chamar a polícia.

— Não. Eu li nos jornais que a maioria das vítimas nunca volta quando a família chama a polícia. Eu tenho que fazer alguma coisa. E além disso... — Mordo o lábio, me interrompendo.

— Além disso o quê?

— Nada. — Esboço um sorriso para ele.

Não digo que no fundo sei que minha mãe está esperando por mim, como sempre.

Esperando que eu apareça e a liberte.

27

Passo a hora seguinte andando de um lado para outro, à espera de uma batida na porta ou de um toque do telefone. Quando finalmente ouço a batida na porta, fico petrificada, com medo de atender. Olhando de relance para mim, Cole abre a porta apenas alguns centímetros, cauteloso.

— Quem é o senhor? — A voz de Cole transmite uma autoridade totalmente nova para mim, mas a voz que lhe responde não apenas transmite ainda mais autoridade, como é uma autoridade de dar calafrios.

— Preciso falar com Anna Van Housen. Cynthia me mandou.

Eu conheço essa voz… Corro para a porta e a escancaro. Diante da minha soleira está Arnold Rothstein.

— Muito obrigada por vir – digo, convidando-o a entrar e dando um olhar duro para Cole. Ele franze o cenho, confuso. Eu deveria ter lhe contado que pedi o resto do dinheiro a Cynthia, mas não tinha como adivinhar que ela iria mandar o tio aqui.

Ele senta na poltrona mais próxima da porta. Eu sento na ponta do sofá, enquanto Cole permanece de pé diante do vestíbulo. Depois de ver tio Arnie lançar dois olhares furtivos para Cole, chamo-o com os olhos para vir sentar a meu lado. Ele obedece, a perplexidade ainda estampada no rosto, sem dúvida percebendo minha mescla de alívio com nervosismo.

Tio Arnie relaxa e vai direto ao assunto:

— Cynthia me disse que você está com um problema e precisa de cinco grandinhas imediatamente.

Balanço a cabeça, meus olhos dando uma fugida até a maleta preta de médico que ele carrega. Será que contém dinheiro, armas ou…

— Ela também me disse que você não quis contar a ela por que precisa do dinheiro. Mas a mim você vai contar, certo?

Seus astutos olhos negros me encaram fixamente, e eu balanço a cabeça. É claro que vou.

— Minha mãe foi sequestrada. Não sei quem a levou, mas eles querem muito dinheiro para libertá-la.

Levando a mão ao bolso, ele tira um charuto e arqueia uma sobrancelha. Balanço a cabeça, dando minha permissão. Ele acende o charuto e eu espero enquanto traga várias vezes até acendê-lo.

— E você vai pagar? Isso não é arriscado? – pergunta finalmente.

Viro-me para Cole:

— Será que pode por favor pegar um copo d'água para mim? Com gelo? Tem um bloco na geladeira. Basta tirar uma lasquinha.

Chego a ter a impressão de que Cole vai objetar, mas, depois de outro olhar meu, ele assente e entra na cozinha.

Meu convidado espera pacientemente, tirando baforadas do charuto, como se estivéssemos apenas trocando amabilidades. Salvo pelo fato de que ele é, sem sombra de dúvida, o homem mais atento que já conheci.

— Não vou deixá-los apenas levar o dinheiro – explico em voz baixa. – Eu vou atrás dela.

A única mudança de expressão no rosto dele fica por conta de seus olhos, que se estreitam ligeiramente.

— É sensato fazer isso?

Por algum motivo, sinto que a entrega do dinheiro naquela maleta está dependendo da resposta que eu der à pergunta. Inclino-me para a frente:

— Ninguém é mais indicado para libertar minha mãe do que eu. Sei abrir cadeados, entrar e sair de praticamente qualquer lugar sem ser detectada, e manejo uma faca como ninguém.

Arnold Rothstein pisca os olhos, o único sinal de sua surpresa. Então ele se levanta como se algo tivesse sido decidido, e eu faço o mesmo.

— Desejo-lhe boa sorte — diz ele. — Você vai precisar. Mas antes tenho umas coisinhas para lhe dizer.

Nesse momento, Cole entra com meu copo d'água e eu o tomo automaticamente, sem olhar para ele. Meus olhos estão fixos em tio Arnie.

— Meus homens checaram o perímetro da sua casa. Não encontramos ninguém vigiando o lugar, o que não quer dizer que não vai haver alguém mais tarde fazendo isso. E, também, Cynthia não veio porque eu não deixei. Se alguma coisa der errado, ela não teve nada a ver com isso, nem eu estive aqui. — Ele me dá um olhar penetrante e eu balanço a cabeça, mil calafrios me percorrendo a espinha.

— Bem, tudo certo, então. Estamos combinados.

Ele se encaminha para a porta, deixando a maleta preta ao lado da poltrona.

— Com licença, o senhor esqueceu...

Aperto o braço de Cole e ele se interrompe, embora eu sinta sua agitação com a maior clareza.

— Muitíssimo obrigada, Sr. Rothstein. — Abro a porta para ele, que torna a colocar o chapéu na cabeça e se dirige para as escadas. — Mas o senhor falou que tinha algumas coisas para me dizer. O senhor só mencionou duas.

Ele se vira, abrindo um largo sorriso:

— Se algum dia se cansar de tirar lenços da orelha, basta me dar um telefonema. Você seria uma mão na roda nos meus negócios.

Ele se despede tocando de leve a aba do chapéu e desce as escadas em passos leves e rápidos, ao encontro de um de seus homens, que o aguarda.

Fecho a porta e me encosto a ela, respirando depressa.

— O que foi isso? — Cole me interpela. — Quem era esse homem, e por que deixou a maleta aqui?

— Ele é tio de Cynthia, e chefe de uma das maiores organizações criminosas do país. Essa maleta contém cinco mil dólares.

Herdeiros da Magia

Cole fica imóvel como uma estátua, os olhos arregalados. Vejo-o engolir em seco duas vezes.

– Então está muito bem.

Foi o que pensei. Mas apenas balanço a cabeça e recomeço a andar de um lado para outro.

O telefone toca, e é Jacques para me dar a notícia de que Joanna Lindsay foi realmente internada.

– Eles a transferiram para Bellevue a fim de ser avaliada. A filha está o tempo todo ao lado dela.

– Então ela é mais uma pista fria, exatamente como pensamos. – Embora eu já estivesse esperando, sinto-me extremamente decepcionada. Agora não temos mais nenhuma pista de quem possa ser. – O que mais o detetive disse? Alguma novidade sobre o meu sequestro?

– Ao que parece, a polícia encontrou um caminhão de leite abandonado à beira do rio, perto da loja onde você foi encontrada. Tinha sido roubado da companhia de entregas, mas não há suspeitos.

Outra pista que não deu em nada.

– Mais alguma coisa?

– Não, *chérie*. Vou dar um pulo no banco e sigo para aí logo depois. Tome cuidado, *oui*?

– Vou tomar – prometo, desligando.

Batem à porta e meu coração palpita até eu ouvir a voz de Owen:

– Anna, sou eu.

Abro a porta, e ele me dá um abraço rápido.

– Teve alguma notícia?

Cole se retesa a meu lado, mas não tenho tempo para me preocupar com ele agora.

– Não, nada.

Owen torna a me abraçar, e Cole pigarreia:

– Você não disse que Jacques estava vindo para cá?

Balanço a cabeça. Ele olha para Owen, seus olhos escuros impenetráveis.

– Vou descer para tomar banho. Será que pode ficar com Anna até seu tio chegar?

– Eu não vou a parte alguma – diz Owen.

Cole assente e sai, e eu tranco a porta.

– Aceita um café? – pergunto a Owen.

— Obrigado. Você parece estar precisando de um também.

Vamos para a cozinha e ele faz sinal para que eu sente, e então esquenta o café que Cole fez horas atrás. Sinto o começo de uma dor de cabeça atrás dos olhos e esfrego as têmporas. Aceito a xícara com um sorriso e Owen senta diante de mim, a preocupação evidente em seus olhos muito azuis. Então franzo o cenho, notando que sua gravata está torta, e seus cabelos, desgrenhados. Sinto um nó de emoção na garganta. Ele deve ter corrido até aqui.

— Não sei o que você vê naquele sujeito. — Ele dá um gole em seu café. — O que sabemos sobre ele, afinal?

Fico séria. Por que ele sempre faz isso? Toda vez que me desperta simpatia e ternura, no momento seguinte dá um jeito de estragar tudo.

Owen suspira, com um olhar arrependido.

— Desculpe, é que o ciúme me deixa totalmente cego. Venho tentando confessar meus sentimentos por você, mas sou tão sem jeito que sempre meto os pés pelas mãos.

— Não acho que seja uma boa hora – digo, abanando a cabeça.

— Espere. Me deixe falar de uma vez antes que eu perca a coragem. Acho que nós daríamos muito certo juntos. Poderíamos ser grandes parceiros no palco e na vida. Poderíamos viajar e...

Continuo abanando a cabeça, e ele cobre minha mão com a sua. Está visivelmente agitado.

— Desculpe – continua Owen, seus olhos azuis profundamente infelizes. – Sei que escolhi a hora errada. Podemos conversar sobre isso depois.

Torno a abanar a cabeça. Posso ser inexperiente no amor, mas, por mais bonito e divertido que Owen seja, tenho certeza absoluta de que ele e eu nunca vamos ser mais do que amigos. Retiro minha mão com delicadeza.

— Não, não podemos. Isso não é nem mesmo uma opção. Sinto muito.

Seu ímpeto de raiva me atinge com tamanha violência que eu quase solto uma exclamação.

— É por causa daquele inglês, não é? — A voz baixa de Owen vibra de amargura.

Sinto a mão trêmula ao levar o café aos lábios. Dou um gole cuidadoso.

— Não. Não. Claro que não. Eu só...

— Sabe de uma coisa? Esquece. Eu não devia ter dito nada.

Suas emoções já estão se acalmando, mas ainda me arranham a pele como espinhos.

Levanto e vou até a pia. Despejo o café no ralo, meu estômago embrulhado. Um silêncio constrangido se prolonga entre nós. Quero dizer alguma coisa, mas a exaustão e a preocupação tornam isso impossível.

Uma batida na porta me salva de ter que tentar. Dou uma olhada em Owen, cujos olhos sombrios ainda estão fixos na xícara de café. Caminho até o vestíbulo.

– Quem é?

– Jacques.

Abro a porta e ele tira o sobretudo, sacudindo as gotas d'água.

– Está chovendo a cântaros.

Owen aparece atrás de mim e Jacques cumprimenta o sobrinho com um meneio de cabeça.

– Tenho que ir – diz Owen, cerimonioso. – Preciso fazer uma coisa, mas volto mais tarde.

– Obrigada por vir... – Eu me interrompo, confusa com os pulsos misturados de emoção que emanam dele. Tento me concentrar, o suor começando a brotar em meu lábio superior. Uma raiva mal contida pulsa de volta para mim, mas há mais alguma coisa. Tenho uma sensação de... sigilo. Meu coração bate mais depressa e sinto uma onda de frio. Owen está *escondendo* alguma coisa.

Tremendo, mando outro fio, tentando ter uma percepção mais clara do que ele está sentindo, mas não consigo me concentrar. Sua agitação é evidente pela tensão nos músculos do queixo. Estará apenas zangado por causa de nossa conversa, ou será que é alguma outra coisa?

Quando ele atravessa a porta, entro em pânico. Preciso descobrir o que ele sabe, o que está tramando!

– Tem certeza de que não quer esperar conosco? – tento, em desespero.

– Desculpe, Anna. – Por um momento tenho a impressão de ver um arrependimento sincero se estampando em suas belas feições, mas então ele abana a cabeça. – Volto assim que puder.

No momento seguinte ele se foi, seus passos soando nos degraus. Saio atrás dele, mas é tarde demais, a porta da rua já se fechou.

A porta do apartamento do Sr. Darby se abre e Cole sai. Ele sobe os degraus de dois em dois, como se pressentisse meu abalo.

Entro em casa apressada e fico andando pela sala de um lado para outro. Por que Owen telefonou para Jacques logo hoje de manhã? Por que estava tão desarrumado? *O que estava escondendo?* Cole e Jacques me observam. Os olhos escuros de Jacques revelam uma tristeza infinita, os de Cole deixam transparecer preocupação.

— O que aconteceu? — pergunta ele por fim, a voz tensa.

Hesito. O que Jacques vai pensar se eu acusar seu sobrinho? É verdade que essa não é a ocasião para se melindrar. Mas como posso explicar minha suspeita sem revelar meu segredo?

— Acho que devemos explorar outras possibilidades, já que as Lindsay estão fora de cogitação. — Viro-me para Jacques. — Quão bem você conhece Owen?

Para meu espanto, ele responde sem pestanejar:

— Eu o conheci em pequeno, é claro, mas não em adulto. Minhas visitas a Boston foram muito raras. Por quê?

Cole me olha de relance, tentando entender aonde estou querendo chegar.

— Ele se comportou de uma maneira muito estranha hoje. — Não é grande coisa, mas nenhum dos dois homens questiona minha opinião.

— Eu telefonei para minha irmã semanas atrás — diz Jacques, assentindo. — Parece que meu sobrinho se tornou, como é mesmo que se diz? A ovelha negra da família. Houve um escândalo envolvendo a filha do patrão e um volume enorme de dívidas, mas minha irmã não quis entrar em detalhes. Ela só tocou no assunto porque tinha a esperança de que eu pudesse ser uma boa influência para ele.

— E você não contou isso a Anna? — pergunta Cole.

— Contei para a mãe dela. Achei que ela tinha lhe contado, Anna.

Fico fumegando. Não, minha mãe não me contou, mas há muitas outras coisas que ela também não me contou. Abano a cabeça. Não importa, o fundamental é trazê-la de volta. Posso dizer a ela exatamente o que penso a seu respeito quando ela estiver em casa, sã e salva.

— O que mais você sabe sobre ele? — pergunto, tentando me concentrar na tarefa em pauta. — Ele mencionou algum amigo? Você sabe onde ele mora?

— Depois que minha irmã telefonou, fiz uma pequena investigação. Aquele grande emprego dele no banco é uma farsa. Ele é um simples entregador de correspondência.

Continuo a dar voltas pela sala, tentando lembrar tudo que posso de minhas conversas com Owen. Não me lembro dos nomes dos amigos que conheci aquela noite no Cotton Club. Meu rosto arde ao recordar os momentos em que dançamos. Ele não poderia estar envolvido no sequestro, poderia? Mas estava se comportando de uma maneira tão suspeita... Preciso descobrir. Tomando uma decisão, vou até o telefone e disco o número de Cynthia.

— Preciso falar com seu tio — digo a ela. — Preciso de um favor.

Silêncio.

— Você sabe o que os favores dele podem lhe custar – diz ela, por fim.
— Sei.
— Ele vai entrar em contato com você – diz ela, desligando o telefone.

Jacques me olha com ar confuso.

— Não pergunte – diz Cole. – Nem queira saber.

O telefone toca quase imediatamente. Não é o tio de Cynthia, mas um homem falando com um sotaque forte. Ele me faz algumas perguntas sumárias e eu digo a ele tudo que sei sobre Owen Winchester. Depois de desligar, digo para Cole e Jacques que agora basta esperar.

As horas seguintes passam devagar. Cole não para de tentar me convencer a comer alguma coisa, mas apenas abano a cabeça e continuo embaralhando as cartas que tenho nas mãos. Jacques finge ler o jornal de ontem, mas nunca chega a virar as folhas. Quando o telefone finalmente toca, já estou a ponto de gritar de nervoso.

— Alô?
— Meus homens checaram aquele seu namorado. Ele é um tremendo sucesso, hein?

Não tento explicar a ele que Owen não é meu namorado.

— Estou ouvindo.
— Em primeiro lugar, ele é casado. Você sabia disso?

Fecho os olhos, lembrando as ocasiões em que senti cheiro de perfume. A mulher no Cotton Club.

— Não, mas faz sentido.
— Parece que ele anda devendo dinheiro para muita gente, e é famoso por não pagar suas dívidas. Um hábito muito perigoso, se quer saber minha opinião.
— Onde ele mora?

Tio Arnie me dá o endereço de Owen e eu o anoto.

— Se eu tivesse mais tempo, provavelmente poderia lhe dizer até a marca de brilhantina que ele usa, mas isso foi tudo que pude conseguir de uma hora para outra.

— É mais do que suficiente – garanto a ele antes de desligar. E para Cole e Jacques: – Consegui o endereço. Vamos lá.

— Espere aí – exclama Cole, mas eu me viro para ele antes que possa dizer mais alguma coisa:

— Não, estou cansada de esperar! E se Owen realmente estiver por trás disso? Precisamos descobrir! – Será que eles não entendem que minha mãe pode estar ferida? A imagem do minúsculo quarto de madeira se delineia por trás de meus olhos. Ela pode estar lá neste exato momento, ferida e apavorada.

Cole abre a boca para discutir comigo, mas a campainha do telefone o interrompe. Ficamos sem ação por um momento, até que corro para atender, pensando ser tio Arnie com mais informações.

– Alô?

– Está com o dinheiro?

Aperto o telefone, vendo a sala se inclinar.

– Estou – digo, quando finalmente consigo falar. – Mas como posso saber que você vai libertar minha mãe depois de recebê-lo? – Não quero negociar com o sequestrador, apenas mantê-lo falando por tempo bastante para tentar reconhecer sua voz.

– Acho que você vai ter que confiar em mim. – A voz está abafada, mas tenho certeza de que é um dos homens que me sequestraram.

Sinto um ímpeto de raiva:

– Confiar num miserável como você? Se quiser o dinheiro, vai ter que me mandar uma prova de que minha mãe ainda está... – engulo em seco, meu estômago ameaçando entrar em erupção – ... viva.

– Se não deixar o dinheiro no lugar marcado, na hora marcada, ela não vai estar.

– Mas eu nem sei onde é, ou quando!

– Vai saber. Dê uma olhada na frente da sua porta.

– Espere! – Um clique me avisa que é tarde demais, e eu fecho os olhos. Aponto para a porta e Jacques corre até lá, enquanto Cole vem até mim. Coloco o telefone no gancho e me encosto no ombro dele, feliz por não estar sozinha.

Jacques se abaixa e apanha um envelope. Dessa vez, Cole não se dá ao trabalho de correr para a rua. Pode ter sido deixado durante o telefonema, e nós já sabemos que não vamos encontrar nem sinal da pessoa que o deixou.

O bilhete é curto e preciso: onde, quando e sozinha. Levanto o rosto para Jacques, cujos olhos estão cheios de dor, e para Cole, cujos olhos estão cheios de preocupação.

Está na hora de trazer minha mãe de volta para casa.

— Que horas são? — pergunto a Jacques pela enésima vez. Ele torna a tirar o relógio do bolso.

— Nove e quarenta e cinco.

Estamos sentados no banco traseiro do seu carro, a dois quarteirões do ponto de encontro. O plano é eu ir até lá sozinha, para o sequestrador não saber que estou sendo seguida.

— Tem certeza de que quer fazer isso? — pergunta Jacques.

Faço que sim com a cabeça. Nossa única vantagem é termos certeza de que Owen está por trás disso, embora eu ache difícil imaginar um almofadinha como ele arquitetando qualquer tipo de plano de sequestro. Pelo visto, ele é muito melhor ator do que qualquer um de nós poderia supor. Mas por que faria uma coisa dessas? Por dinheiro? Será que exibir uma vitória para o pai vale tudo isso? Fecho os olhos, lembrando o momento em que fui carregada para dentro do caminhão. Ele deve ter arquitetado tudo nos menores detalhes, até mesmo o soco que levou no queixo. Sinto um mal-estar permanente, mais uma vez desejando que Cole estivesse comigo. Ele está de vigia diante do prédio de Owen, e vai segui-lo até o local para onde levaram minha mãe. Desse modo, se Jacques me perder de vista, Cole vai poder seguir Owen direto até a fonte.

Olho para o perfil de Jacques e me dou conta de quão pouco sei sobre ele.

— Posso lhe fazer uma pergunta?

— É claro – diz ele, virando-se para mim.

— Eu vi você sair às pressas do nosso prédio há duas semanas, mas você não tinha ido ver minha mãe. Por quê?

Ele olha em frente.

— Sua mãe me disse que eu a estava sufocando. Então, passei a sempre pensar duas vezes antes de ir visitá-la. Naquele dia, decidi não abusar da minha sorte.

Fico olhando para seu perfil.

— Sinto muito – digo em voz baixa.

Ele dá de ombros e eu vejo o canto de seu bigode se levantar com seu sorriso.

— É uma das muitas razões por que a amo. Ela é sempre um desafio.

É fácil para ele dizer isso. O grau de dificuldade é outro quando você é filha do desafio. Fecho os olhos e respiro fundo.

— Está na hora – diz Jacques.

Abro os olhos, balançando a cabeça. Ele segura minha mão.

— Boa sorte, Anna. Traga-a de volta para nós.

Aperto sua mão. É muito bom tê-lo perto de mim, mas um lado meu não pode deixar de perguntar, quando saio do carro e avanço pelo quarteirão: será que ele sabe onde está amarrando seu burro ao se apaixonar por minha mãe?

Não tenho tempo de me preocupar com isso agora. Ouço portas de carro sendo batidas atrás de mim, e sei que Jacques está saindo de seu carro e entrando no táxi que contratou, para que Owen não o identifique.

Dobro a esquina, abraçando com força a sacola de dinheiro. Estou usando um sobretudo escuro, um boné e, para inconfesso desagrado de Jacques, um par de calças de lã. Cole as pegou emprestado do Sr. Darby, concordando que seriam uma escolha mais sensata do que um vestido. Assim vou ficar mais agasalhada e ter maior liberdade de movimentos, além de um lugar para esconder meu canivete e uma chave falsa. Tenho outra, aliás, presa atrás da orelha, cuidadosamente escondida por meus cabelos. Nós planejamos essa operação de resgate com a máxima cautela possível. Agora só resta rezar para que essa cautela tenha sido suficiente.

Meus passos são cadenciados, mas mal posso ouvi-los com o coração palpitando nos ouvidos. O sequestrador planejou bem: as ruas estão praticamente desertas. Estou quase chegando ao ponto de entrega quando uma porta range, se abrindo, no beco a meu lado. Meus passos vacilam quando vejo um homem atirar uma mulher pela porta, e ouço seus gritos. Ela é menor do que eu, seus cabelos louros brilhando à luz dos postes. Sei que preciso levar minha missão adiante, mas não posso deixar de perguntar a ela se está bem.

Ela se vira para mim e começa a gritar mais alto.

– Me ajude! – Por fim, despenca no chão e eu faço menção de socorrê-la.

Mãos enlaçam minha cintura e tapam minha boca. Estou sendo arrastada de lado para o beco. Dou uma cotovelada vertical e sinto que atingi alguma coisa, pouco antes de baterem minha cabeça violentamente contra um muro. A dor me deixa totalmente atordoada, e meu último pensamento consciente é a esperança de que esses sejam os sequestradores, não ladrões acidentais.

Volto a mim algum tempo depois, e vejo que meu pesadelo se concretizou. Meu rosto está achatado contra uma áspera prancha de madeira, e sombras dançam nas paredes ao meu redor. Um de meus olhos está intumescido e fechado, e meu rosto e cabeça latejam a cada batida de meu coração. O fedor de lixo e peixe podre é tão forte que quase tenho engulhos.

Escuto uma movimentação atrás de mim, e vivo um momento de pavor antes de perceber quem é.

Mamãe!

Tento me mexer, mas o suor brota em minha testa e a náusea toma conta de mim. Fecho os olhos e engulo convulsivamente.

– Mamãe? – A palavra me leva de volta a incontáveis quartos estranhos quando a sussurro em meio à escuridão, me perguntando, sempre me perguntando se ela está lá ou não.

– Shhh. Fale baixo. O guarda não pode saber que você está consciente.

Trinco os dentes, lutando contra a vertigem e a náusea, enquanto dou um jeito de me sentar encostada a uma parede. Respirando pela boca em haustos curtos, procuro me acalmar até o mundo ao meu redor parar de dar voltas. Meus olhos se acostumam à luz fraca que entra pelas frestas das paredes de madeira, e eu finalmente a vejo, no canto, diante de mim.

– Você está bem?

– Você está ferida?

Esboço um tênue sorriso ao responder primeiro:

– Lutei com um muro e perdi, mas acho que vou ficar bem.

– Estou com frio, com fome e furiosa, mas, tirando isso, estou ótima. – Ela se cala por um momento, e então diz: – Mas Owen não vai ficar, se eu conseguir pôr as mãos nele.

Então era mesmo Owen. Eu já suspeitava, mas a confirmação é como um balde de água gelada. A dor aperta meu coração e eu percebo o quanto não queria que Owen estivesse envolvido.

– Você o viu?

– Só uma vez. A cachorra da mulher dele é que entra aqui mais vezes.

Como então, a mulher dele também está envolvida. Fico imaginando se ela sabe que ele me pediu para ser sua parceira. Vou usar esse trunfo, se precisar.

– Tem mais alguém vigiando, além da mulher dele?

– Só um sujeito. Passei uma conversa nele para conseguir um cobertor, comida e água.

Sorrio no escuro. Não seria minha mãe se não tivesse feito isso.

– Guardei um pouco para você.

Franzo o cenho, confusa.

– Um pouco de quê?

– De água.

– Então você sabia… – Prendo a respiração.

– Que você viria me buscar? É claro que sim.

Ouço o sorriso em sua voz, e lágrimas brotam nos meus olhos. Quero dizer a ela um milhão de coisas – o quanto a amo, o quanto estou zangada com ela, o quanto ela é maravilhosa, o quanto ela é egoísta –, mas agora não é hora. Talvez eu tenha que esperar anos pelo momento certo, mas, se não tirar a nós duas daqui, esse momento jamais vai chegar.

– Onde está o guarda? E você tem alguma ideia de onde estamos?

– O guarda está bem na frente da porta. Até onde pude deduzir, estamos num armazém abandonado perto do rio. Eles me vendaram, mas eu senti o cheiro das docas. Acho que estamos em alguma unidade de armazenagem.

Fico extremamente orgulhosa. Minha mãe devia estar apavorada, mas ainda assim conseguiu se controlar o bastante para prestar atenção ao seu paradeiro. Nossos sequestradores subestimaram as mulheres Van Housen.

— A porta está trancada? – pergunto.
— Está.
— Suas mãos e pés estão amarrados?
— Estão. Com cordas.
— Você está presa a alguma coisa?
— Não.

Examino as cordas que prendem meus pulsos. Quem quer que as tenha amarrado fez um trabalho melhor que da última vez. Eu até poderia me soltar, mas, nas condições em que estou, isso exigiria um esforço muito maior e me deixaria incapaz de defender a mim e minha mãe.

— Você conseguiria vir até aqui?

Em resposta, ouço o sussurro de alguma coisa rastejando pelo chão.

— Owen esteve aqui horas atrás, mas foi embora. Acho que agora está só o vigia.

Quando ela chega do meu lado, eu me inclino em sua direção.

— Meu canivete está enfiado no cós da calça, nas minhas costas. Precisamos ficar de costas uma para a outra.

— Você está usando calças? – é tudo que ela diz, enquanto vamos manobrando até nossas costas encostarem. São necessárias várias tentativas até ela conseguir tirar o canivete. Graças a Deus não fui revistada do lado de fora.

Ela coloca o canivete entre meus dedos.

— Agora, afaste o tronco de mim.

Sem perguntar por quê, ela faz o que digo, enquanto abro o canivete borboleta.

— Pode se aproximar, mas devagar. – Quero cortar as cordas, não seus dedos.

Tateando com as pontas dos dedos, deslizo a faca entre as cordas e começo a cortar. A corda não é grossa, de modo que o trabalho é rápido. Mesmo assim, o esforço me extenua, e eu me encosto à parede, enquanto ela desamarra as cordas dos tornozelos. Em seguida, ela se ajoelha diante de mim, tocando meu rosto com delicadeza.

— Meu Deus, você não estava brincando quando disse que lutou com um muro e perdeu, estava?

Abano a cabeça e logo me arrependo, minhas têmporas latejando. Sem dar mais uma palavra, ela afrouxa as cordas em meus pulsos e tornozelos.

— Espere aí. — Ela se levanta, espreguiçando com cuidado os membros enrijecidos. — Você precisa beber um pouco d'água.

Ela me traz uma pequena lata e eu dou goles cuidadosos, tentando evitar o vômito. O quarto continua girando, e eu estou morta de medo. Como vou nos tirar daqui, quando nem tenho certeza se consigo ficar de pé?

Escuto o som de alguma coisa sendo rasgada, e ela tira a lata de minhas mãos por um momento. Depois de recolocá-la, ela passa um pano úmido fresco em minha testa e faces. Fecho os olhos e tento normalizar a respiração. Parece ajudar.

— E agora? — pergunta ela.

Respiro fundo, pausadamente.

— Nós temos que sair.

— Como?

Eu até sorriria, se meu rosto não estivesse doendo tanto. Minha mãe não hesita ou perde tempo se lamuriando. Ela pode ser muitas coisas, algumas delas desprezíveis, mas Maggie Moshe é, acima de tudo, uma sobrevivente.

— Vamos voltar para os nossos lugares e fingir que ainda estamos amarradas — digo. — Distrair a atenção dele. Depois, nós improvisamos.

Ela concorda e sai rastejando sentada até o seu canto, enquanto eu torno a me deitar, tendo o cuidado de esconder as cordas embaixo do corpo. Tento não pensar em todas as coisas que podem dar errado se Owen voltar, ou se o vigia estiver armado. Por que não tive a ideia de perguntar a minha mãe se ele está armado? Tarde demais. Ela faz um sinal com a cabeça e começa a chorar.

O show vai começar.

— Joseph! — chama minha mãe, entre soluços. — Depressa! Por favor!

Sua voz é histérica, desesperada. Às vezes esqueço como ela é boa atriz. Ouvimos o som de uma chave na fechadura, e então um rangido quando a porta se abre. Pisco os olhos com a súbita luz que entra no aposento.

Um homem vestindo roupas escuras atravessa a porta.

— Por que é que você está se lamuriando agora? — Sua voz tem um leve sotaque e eu estremeço ao reconhecê-la. Um dos sequestradores no caminhão.

— Acho que minha filha está morta. Não era para ela morrer, era? Como vocês vão conseguir que o pai dela solte o dinheiro se ela estiver morta?

Quase levo um susto, mas continuo quieta. É claro, minha mãe tinha que alardear que valho muito mais viva do que morta.

Ele se vira para mim e meu coração palpita. Em segundo plano vejo o rosto de minha mãe, lívido e apavorado, mas também determinado. Espero até ele se curvar sobre mim e então faço um sinal para ela mostrando um punho e depois três dedos, o que significa *agora* nos nossos shows.

De repente, sem um som, ela está do outro lado do quarto, e o vigia com uma corda em volta do pescoço. Giro o corpo e dou uma rasteira nas suas pernas antes que ele possa reagir. No momento seguinte, estou em cima dele, com o canivete encostado no seu pescoço:

– Uma palavra e eu corto as suas cordas vocais – sussurro. – Entendeu? – Ele esboça um meneio de cabeça, seus olhos me dizendo que entendeu perfeitamente.

Enquanto Joseph e eu trocamos amabilidades, minha mãe o amarra com todo o capricho. Quando ela termina, tiro o canivete do seu pescoço.

– Vocês não vão conseguir fugir – rosna ele. – Logo, logo o patrão vai voltar.

Minha mãe estende a mão e eu passo o canivete para ela. Curvando-se, ela corta um pedaço de tecido da sua combinação e o enrola.

– Você fala demais. – Ela o enfia na boca de Joseph. Antes de se virar, joga a perna para trás e desfere um pontapé nas costelas dele com toda a força. – Adeus, meu bem.

Arregalo os olhos, sem dar uma palavra. Estou ocupada demais me concentrando em manter o corpo reto.

– Você consegue andar? – Minha mãe guarda o canivete no bolso e passa o braço pelo meu.

– Acho que sim.

Paramos diante da porta, prestando atenção. Nada. Passando para o próximo aposento, faço uma rápida avaliação de nosso cativeiro. Parece que estamos no escritório de um velho armazém. Várias mesas largas se enfileiram ao longo do perímetro da sala, e há uma longa janela numa das paredes, sem dúvida dando para o resto do armazém. Uma grossa camada de pó recobre todos os móveis.

– Por aqui. – Meneio a cabeça em direção a uma porta à direita. – Essa provavelmente vai dar lá fora. A outra deve dar para uma escada, que leva até o... – Meu coração só falta subir até a garganta quando ouço barulhos vindos de fora.

Minha mãe segura meu braço e me leva até a outra porta. Entramos num aposento às escuras e quase despencamos por um lance de escadas. Apoio-me a uma parede e sigo minha mãe durante a descida. Paramos ao chegar ao último degrau, instintivamente fugindo da escuridão cerrada, mas, ao ouvirmos os gritos acima, avançamos para ela, imediatamente cegas.

Obrigadas a medir os passos devido à impossibilidade de enxergar, vamos seguindo em frente de mãos dadas, até toparmos com uma parede. Tateamos lenta e cuidadosamente, à procura de uma porta.

Meu coração está aos pulos, e minha boca seca. Se não conseguirmos encontrar uma saída, vamos ficar presas aqui como estávamos no outro quarto. Minha canela dá uma topada dolorosa em alguma coisa dura, e eu fico paralisada quando um objeto de metal cai com estardalhaço no chão.

De repente, a porta se abre mais, e minha mãe e eu ficamos imóveis.

— Saiam, saiam, onde quer que estejam — cantarola Owen.

Uma lâmpada elétrica se acende acima, inundando-nos em seu brilho dourado. No alto da escadaria, está Owen, com uma arma apontada para nós.

— Traga as algemas — ordena ele a alguém às suas costas, enquanto vem descendo lentamente as escadas. — Vamos ver se ela consegue escapar dessas.

Quando chega até nós, não é de mim que se aproxima, e sim de minha mãe. Ele aponta a pistola para sua cabeça, os lábios curvos num sorriso. Ele sabe que não vou fazer nada enquanto minha mãe estiver sendo ameaçada. Mal posso acreditar que algum dia o achei encantador.

— Mãos no alto da cabeça.

Levanto as mãos lentamente, roçando uma orelha ao fazê-lo. Com as mãos no alto da cabeça, consigo empalmar a chave falsa, sem tirar um segundo os olhos de Owen. Meus olhos se arregalam quando uma mulher com uma arma desce correndo as escadas. É a garota que estava trabalhando para o Sr. Darby.

— Algeme-a — ordena Owen.

Ela agarra meus braços, cruzando-os às minhas costas.

— Quem te viu, quem te vê!

— Cale a boca, Lorraine — diz Owen ríspido, e ela aperta os lábios. — Leve a mãe dela para cima e a tranque no quarto com Joe. Ele vai gostar.

— Com prazer.

Tenho vontade de chorar quando Lorraine amarra minha mãe. *Perdão, mãe*, tento transmitir a mensagem para ela com os olhos.

Mas minha mãe está encarando seus sequestradores com o maior sangue-frio, o desprezo estampado em cada traço de seu rosto.

— Vocês nunca vão conseguir levar isso até o fim — diz ela. — Os dois são burros demais para se darem bem.

Lorraine esbofeteia o rosto de minha mãe, e eu estremeço.

— Encontre-nos no barco – ordena Owen, virando-se para a porta, a apenas alguns passos de onde eu e minha mãe estamos. Tão perto.

Em silêncio, ele abre a porta e nos empurra para fora. Recebo com prazer o vento gélido no rosto inchado. Ele me leva para um longo atracadouro, enquanto minha cabeça dá voltas tentando encontrar alguma maneira de ganhar tempo. Cole tem que estar chegando. Jacques. Alguém! Então a inspiração me vem com tanta força, que quase chego a cambalear. *Cole!* Nunca mandei um fio sem uma presença concreta à qual conectá-lo, mas lembro como Cole ouviu meus gritos em sua cabeça quando acordei do pesadelo. Meu Deus, será que foi mesmo ainda hoje de manhã?

Desesperada, mando um fio, mas é difícil de visualizar porque não sei para onde mandá-lo. Talvez devesse tentar alguma outra coisa. Passo a imaginar raios de luz varrendo o céu em todas as direções, à procura dele. Enquanto me concentro, meus passos diminuem, e Owen me cutuca as costas com a pistola.

— Ande logo.

Mando outro leque de raios varrendo o céu. *Por favor, Cole, por favor...* Não faço a menor ideia se o que estou tentando fazer vai dar certo.

— Por quê? – tento argumentar. – Não temos que esperar por Lorraine? A menos que você esteja pretendendo traí-la.

Ele apenas torna a me cutucar com a pistola, e eu continuo andando.

— O que vai fazer com minha mãe?

— Não é da sua conta. Continue andando.

A voz de Owen é defensiva e permeada por um arrependimento que me dá pena. Por quê? Por que um rapaz bonito e talentoso como ele faria algo assim? Será que é mesmo pelo dinheiro? Será que ele perdeu a razão? Mas decido não pensar mais nisso. Não posso me dar ao luxo de sentir pena dele. Tenho que descobrir uma maneira de salvar minha mãe. Além disso, ele não merece minha compaixão. Fez escolhas que levaram a essa situação, tanto quanto eu.

Concentro-me em mandar mais fios e, de repente, algo volta para mim. *Cole!* Dura apenas um segundo, mas é o bastante para me animar a prosseguir. Sei que ele está lá fora, em algum lugar.

— Por que vai me levar, Owen? Você já está com o dinheiro.

— Não foi só pelo dinheiro. – A voz dele é amargurada, mas resoluta. – Eu quero você. Será que não entende? Quero a fama e a fortuna que a filha de Houdini pode me trazer.

— Ele nem sabe que é meu pai! – tento, em desespero.

— Foi o que sua mãe disse. Caramba, ela ficou com a cara no chão quando lhe contei que você foi ver vários filmes dele escondido.

É claro, era ele quem andava me seguindo. Ou ele, ou a esposa. Chegamos ao fim do atracadouro, onde um pequeno barco está amarrado. Meus passos diminuem ainda mais quando vejo a figura de um homem sair das sombras.

— Bom trabalho, Owen. Sinceramente, eu tinha dúvidas de que você estivesse à altura da tarefa, mas sua atuação é digna de elogios.

Fico paralisada quando o sotaque britânico flutua até mim pela brisa. Sei de quem se trata antes mesmo de Owen pronunciar seu nome.

— Obrigado, Franklin. Eu disse a você que conseguiria trazê-la.

Mal tenho tempo de observar a expressão vaidosa de Owen, toda a minha atenção voltada para o homem atrás dele.

– Tive sérias dúvidas, depois daquela primeira tentativa frustrada.

O homem se aproxima. Sinto, mais do que vejo, seu triunfo. Como posso não ter matado a charada antes? Dr. Finneas Bennett – Dr. Franklin Boyle. Mais óbvio, impossível. O pânico se irradia por todas as partes de meu corpo. Se eu tivesse confiado em Cole… Respiro fundo.

– Dr. Bennett. Ou será que devo chamá-lo de Dr. Boyle? O que quer de mim?

O Dr. Boyle me cumprimenta tocando a aba do chapéu.

— Pode me chamar de Dr. Boyle. Só atendo por Dr. Bennett na Nova Igreja. E, sem querer ofendê-la, Srta. Van Housen, no começo, a senhorita foi apenas um instrumento.

Cole.

— Se tivesse ficado no caminhão de leite, nada disto teria acontecido – diz Owen. – Franklin teria apanhado o inglês e você teria sido solta.

— A senhorita se revelou mais útil que o esperado – diz o Dr. Boyle, num tom surpreso.

— Quer dizer então que vocês sequestraram minha mãe para chegar a mim, e de mim a Cole? Não é um pouco de exagero? – Isso não pode estar acontecendo. Fecho os olhos por um momento, esperando que ao abri-los toda essa cena desapareça.

Não desaparece. Owen ainda está parado perto de mim com uma pistola na mão, o Dr. Boyle ainda está esperando que Cole chegue.

— O jovem Owen aqui me convenceu de que Cole jamais colaboraria, a menos que a senhorita estivesse sob uma séria ameaça.

— Owen o convenceu? – pergunto, revoltada. – É muito mais provável que o senhor o tenha convencido. Ambos sabemos quão *convincente* o senhor pode ser. Provavelmente o hipnotizou!

— A senhorita me superestima – diz o Dr. Boyle, dando de ombros. – Por outro lado, não creio que lhe fiz justiça. Agora que sei o quanto é talentosa, decidi levá-la também.

Fico paralisada, mal podendo respirar.

— Não estou entendendo.

— Acho que está entendendo sim, Srta. Van Housen. Não apenas eu tive o teste para detectar suas habilidades, como a reação da Sra. Lindsay à sua pessoa o confirmou. No começo, tentei recrutá-la para o meu projeto. Tinha ouvido relatos muito favoráveis a respeito dela, e ela passou em todos os meus testes. Infelizmente, sua saúde mental já estava muito deteriorada, como pudemos testemunhar no Lindy's. Mas a senhorita não apenas tem o talento, como também está em pleno gozo de suas faculdades mentais. Junto com Cole, será uma valiosa aquisição para a minha organização. E lembre-se que lhe pedi para vir por livre e espontânea vontade.

Começo a tremer, relembrando a carta e a jovem que enlouqueceu com os experimentos do Dr. Boyle. *Poderia ter sido eu. Ou Cole.*

— Não foi esse o trato, Franklin. Quando você me procurou, disse que eu poderia ficar com ela. Você fica com Cole, eu fico com Anna. – O tom de Owen é de uma criança petulante, cujo brinquedo favorito está sendo disputado na caixa de areia. Fico vermelha de raiva.

— Você fica comigo? Como se eu fosse um prêmio de parque de diversões? E o que o leva a achar que pode me manter a seu lado? – Uma sensação de força me percorre os braços, dizendo que Cole está perto. *Não!*, grito na minha cabeça, mandando um pulso tão forte que fico surpresa que um clarão não se acenda nas docas.

— Ela tem razão – diz o Dr. Boyle, rindo. – Não acho que você conseguiria prendê-la por muito tempo. É melhor que ela venha comigo. Manter os dois juntos garantirá o bom comportamento de ambos.

— Por que está fazendo isso? – pergunto, para mantê-lo falando. Qualquer coisa para não ter que entrar naquele barco com ele.

— Digamos apenas que estou sendo um bom patriota. Quando a Inglaterra entrar em guerra de novo... e, escreva o que estou lhe dizendo, ela entrará... o governo ficará extremamente grato pelos serviços que meu grupo de sensitivos treinados poderá lhe prestar.

O medo me domina ao compreender que ele é tão insano à sua maneira quanto a Sra. Lindsay.

— Por um preço, é claro.

— É claro. – Ele dá de ombros.

— E onde é que Cole entra nisso tudo? – *Faça com que ele continue falando.*

— Cole é um rapaz muito especial. Quando quer, pode detectar sensitivos em uma multidão de centenas de pessoas. Infelizmente, ele também é um jovem muito escrupuloso, quase puritano. Mas agora eu tenho a chave que garante sua colaboração.

Ele sorri para mim, e eu sinto o sangue me gelar nas veias.

— Não! Ela é minha! – explode Owen. E, para mim, suplicante: – Pense nisso, Anna, nós poderíamos ficar ricos e famosos. Poderíamos viajar. Seríamos um grande sucesso. Tenho certeza disso.

Vejo o desespero estampado em seu rosto e lembro o quanto ele queria voltar para Boston vitorioso.

— Você e eu temos tudo em comum – prossegue ele. – Eu nunca devia ter me casado com Lorraine. Foi um grande erro...

— Seu miserável!

Viro-me e vejo Lorraine brandindo uma arma para Owen. Há um súbito clarão e uma dor dilacerante me faz cambalear para trás e cair do atracadouro.

A água gelada e negra me engolfa imediatamente, privando-me dos sentidos. Não há luz, apenas a dor no ombro e o choque da água. Será que é o fim? Será que a visão estava mostrando minha própria morte? *Ó meu Deus, o que vai ser de minha mãe? O que vai ser de Cole?* Agitando os pés, subo à superfície e respiro fundo antes de tornar a afundar, a correnteza puxando minhas pernas. Os ferimentos esgotaram minhas forças. A fraqueza e a lassidão tomam conta de mim.

Pergunto-me se alguma vez meu pai achou que iria morrer sozinho debaixo d'água.

Uma imagem de Houdini me vem à cabeça e, com ela, a chave falsa que empalmei horas atrás. Arranco-a de onde ainda está presa no casaco de lã. Com os dedos dormentes do frio, enfio-a com todo o cuidado no cadeado. É muito mais difícil tentar fazer isso debaixo d'água enquanto agito os pés. Trincando os dentes, continuo trabalhando no cadeado, até que finalmente ele se abre. Liberto os braços e nado até a superfície, deixando as algemas e a chave falsa afundarem no rio.

Desorientada, olho ao redor e percebo que a correnteza me arrastou rio abaixo. Alguém está gritando meu nome, mas a voz vem de muito longe. E eu estou com frio. Muito frio. Meu corpo treme violentamente, entrando em colapso. Mal posso manter a cabeça fora d'água. Se pelo menos conseguisse chegar perto o bastante da margem para ficar de pé, se pelo menos pudesse gritar.

Meu pé encosta em alguma coisa, depois o outro pé. Lama. Estou na lama. Desabo de alívio e engulo um bocado de água. Tenho que chegar até a margem. Tenho que chegar.

Lutando com cada fiapo de força que ainda me resta, vou chafurdando até a margem, que agora se delineia na escuridão. Tento ficar de pé. Tento caminhar. Minhas pernas estão dormentes. Minha cabeça está em pane. Rastejo pela lama gelada, tentando mandar um sinal para Cole. Mas não me restam mais forças. Faço um último esforço para avançar, e então tudo se apaga.

Frio. Nunca senti tanto frio.

— Ela está viva?

A voz de minha mãe parece vir de muito longe. Tento responder, mas meus lábios estão gelados, como o resto do corpo. Alguém esfrega minhas mãos e pés, e a dor é como fogo gelado se irradiando pelos meus membros. Quero dizer a eles que parem, mas não consigo mexer os lábios.

— Os paramédicos chegaram. Saiam da frente, saiam da frente.

Sei que há pessoas ao meu redor e quero dizer a elas que estou viva, que vou ficar bem, mas não posso. Não posso nem sequer abrir os olhos.

— Você vai ficar bem, Anna. — É a voz de Cole que escuto, e então sinto seus lábios quentes roçando os meus como um milhão de beijos ensolarados.

Em seguida sinto que ele me joga um fio e minha mente o agarra, aferrando-se a ele, quando é afastado pelos paramédicos. Seguro-me ao fio que me une a ele enquanto cuidam de mim. A pequena centelha do fio me aquece de dentro para fora, e eu me permito novamente mergulhar na inconsciência, sabendo que as pessoas que amo estão sãs e salvas.

Tenho consciência da passagem do tempo. Minha vida se torna um redemoinho de remédios amargos, lençóis ásperos de algodão e ridículos chapéus de enfermeiras. Os rostos podem mudar, mas os chapéus, com suas rígidas copas de cambraia e largas abas engomadas, são sempre os mesmos.

— Há quanto tempo estou aqui? — lembro-me de perguntar a um chapéu durante um momento de lucidez. A sensação da esponja refrescante passada em meu rosto é maravilhosa.

— Há cerca de uma semana — responde o chapéu.

— Estou doente? — pergunto.

— Está.

Da próxima vez que acordo, não vejo nenhum chapéu a meu lado. Minha cabeça parece livre do nevoeiro pela primeira vez desde que caí do atracadouro. *O atracadouro!* As lembranças voltam de roldão e eu me esforço por sentar, mas uma dor latejante no ombro me impede.

— Eu não faria isso se fosse você. — A voz de minha mãe vem de algum ponto à direita. Espiando na penumbra, vejo-a sentada numa poltrona no canto do quarto, fazendo palavras cruzadas de jornal. A única luz no aposento vem de um pequeno abajur a seu lado. — A bala passou de raspão por seu ombro, mas as enfermeiras acabaram de trocar o curativo e o local deve estar sensível.

Ela põe o jornal de lado e vem até minha cama. Franzo a testa, tentando entender por que está tão diferente. Ela veste um paletó azul acinturado combinando com uma saia plissada e sapatos pretos fechados, de saltos baixos. Em vez da mixórdia habitual de bijuterias, apenas um fio de pérolas adorna seu pescoço.

Muito convencional. Esse deve ser seu tailleur "Vou Visitar Minha Filha no Hospital".

— Há quanto tempo estou aqui? – pergunto, com voz rouca. Minha garganta está ardendo, e eu levo a mão até ela.

Minha mãe me dá um gole d'água, e depois coloca o copo na mesa de cabeceira.

— Quase duas semanas. Você pegou uma pneumonia. Eles não acharam que fosse sobreviver. Que isso lhe sirva de lição por nadar no Hudson em novembro.

Suas palavras são brincalhonas, mas suas mãos estão trêmulas. Ela as junta na frente do corpo e as aperta. Com força.

— O que aconteceu com Cole?

— Ele está bem. Mandei-o para casa, para dormir um pouco. Um jovem muito teimoso. Passou o tempo todo aqui, até mesmo quando eu dizia a ele que não era necessário. – Sua voz revela uma espécie de respeito relutante, e eu escondo um sorriso, imaginando as conversas que eles devem ter tido, Cole e seu silêncio inabalável, minha mãe e sua simpática insistência. – Acho que você tem um pretendente.

Um pretendente? Arqueio uma sobrancelha ao ouvir a expressão do tempo do onça. Então me lembro de uma coisa.

— E quanto a você e Jacques?

— Ah, ele contou a você, não foi? Nós vamos nos casar no dia de Ano Novo. Outro homem teimoso!

Casar? Minha mãe vai se casar? Acho difícil até imaginar as palavras *casamento* e *minha mãe* na mesma frase. Outra ideia estranha me ocorre. Jacques vai ser meu padrasto. De repente me pergunto se Harry Houdini sabe que estou no hospital, mas isso não é uma coisa que eu possa perguntar a minha mãe. Minhas pálpebras começam a pesar, mas ainda não perguntei a ela tudo que queria.

— E o show?

Ela faz uma expressão contrariada, e eu me pergunto se está se lembrando da última vez que fizemos o show juntas. Tenho vontade de dizer que lamento muito, mas a verdade é que não é esse o caso. Só lamento tê-la magoado.

— Jacques e eu cancelamos o show.

Quase torno a me sentar, mas ela faz com que eu me deite novamente.

— Não se preocupe, vai ficar tudo bem. Jacques quer que eu seja sócia dele na agência.

Mas e eu? Tenho um ímpeto de raiva ao lembrar como ela tentou me manipular para sair do show. Então, ela finalmente realizou seu desejo. Mas então me lembro de todas as coisas que Jacques me contou sobre como ela tinha medo de que eu acabasse como ela.

Seu rosto assume uma expressão calculadamente distraída que significa ser inútil fazer mais perguntas sobre o show. Uma das coisas mais importantes que aprendi sobre minha mãe é que, quando ela deixa alguma coisa para trás, está morta e enterrada. Obviamente, a vida que vivemos até agora está, pelo menos na sua cabeça, morta e enterrada.

Ela dá um tapinha no meu ombro e ajeita os cobertores ao meu redor.

– É melhor assim. Agora você pode decidir o que realmente quer fazer da sua vida.

Um chapéu nos interrompe para me fazer tomar mais um remédio de gosto ruim, e então insiste para que eu descanse. Depois que a luz é apagada e eu ganho um beijo na testa, a pergunta fica dando voltas na minha cabeça: *O que realmente quero fazer da minha vida?*

O perfume das flores da estação enche nossa sala. Fico pensando em quantas floriculturas os buquês de outono andam em falta, graças a minha mãe, Jacques e Cole, que não param de comprá-los.

Já estou em casa há três dias, e me sinto mais forte a cada manhã. No momento, estou recostada no sofá, o ombro ainda enfaixado, embora esteja quase curado. Felizmente, a pontaria de Lorraine era tão ruim quanto seus dotes de dona de casa.

– Xeque-mate! – O Sr. Darby esfrega as mãos do outro lado do tabuleiro montado à minha frente. Por pouco não resisto à vontade de varrer todas as peças para o chão.

– É a última vez que jogo com o senhor!

– É o que você sempre diz – comenta minha mãe, parada à porta. – E então torna a jogar de novo. Masoquista...

– Eu vivo com você, não vivo? – resmungo baixinho.

– Não se exalte, meu bem – diz ela, cruel, me trazendo uma xícara de chá.

Minha mãe e eu chegamos a um acordo. Eu a amo e ela a mim, mas jamais vamos voltar a trabalhar juntas. Estou extremamente aliviada porque as sessões acabaram. Cynthia é que ficou quase inconsolável por ter que encontrar uma nova médium. Ela acha que eu devia seguir carreira e ir morar com ela como sua guia espiritual particular, mas eu dei um redondo não para essa ideia de jerico. Pessoalmente, acho que ela está apenas entediada e quer a melhor amiga consigo o tempo todo. O maior buquê na sala é dela.

– Eu volto para vê-la, mocinha – diz o Sr. Darby, guardando o tabuleiro. – Se cuide.

Sorrio para ele quando dá um tapinha no meu braço e se retira.

Minha mãe se ocupa comigo por um momento.

— Cole já deve estar chegando para ficar com você. A Macy's organizou uma parada, e Jacques vai me levar para assistir. Quando eu voltar, talvez você já esteja se sentindo disposta para ir ao jantar de Ação de Graças.

Sorrio, e ela para diante da porta.

— Tem certeza de que está preparada para o julgamento?

— Absoluta. Os advogados dizem que é um caso rápido. Você já deu o seu depoimento. Com o meu testemunho, Owen e Lorraine vão passar um bom tempo atrás das grades.

Um frio sorriso se esboça no rosto de minha mãe.

— Como não poderia deixar de ser.

Ela sai, me deixando a sós com meus pensamentos, e eu me recosto nos travesseiros, o ombro dolorido. Dou graças a Deus por Cole ter desrespeitado minha vontade e informado à polícia sobre o sequestro na última hora. Eles ficaram vigiando o prédio de Owen, e, quando ele e Lorraine saíram com as malas, eles os seguiram até o armazém. Mas foi Cole quem me encontrou.

O Dr. Boyle desapareceu sem deixar vestígios. Provavelmente fugiu ao compreender que Cole trouxera a polícia. Esta tinha sua descrição, mas ele já devia estar longe há muito tempo. Estremeço ao pensar que ele está em algum lugar, tramando de novo. Pelo menos Owen não vai mais nos incomodar.

Mas não posso deixar de sentir uma pontada de angústia. Ainda não consigo acreditar que Owen possa ter me enganado tão facilmente, mas, por outro lado, talvez ele realmente estivesse sob a influência do Dr. Boyle. De todo modo, isso serve para provar que ser um sensitivo não significa ser imune à hipocrisia.

Depois de dar uma olhada na porta, apanho uma pequena caixa do alto da pilha de presentes a meu lado. Pelo visto, os jornais devem ter publicado artigos sobre o meu calvário, porque não param de chegar cartas, presentes e flores desde então. A caixa que seguro foi entregue junto a uma dúzia de rosas amarelas pouco depois de eu voltar para casa. Como recebi muitos presentes, minha mãe não tem nenhum motivo para crer que este seja diferente. Mas é.

Levanto a tampa e passo o dedo pelas algemas em prata sólida. Desdobro a carta e leio.

Cara Anna, a Ilusionista,

Espero que esta carta a encontre convalescendo, e que o presente a faça sorrir. Você receberá a visita de um amigo meu em breve. Ele se chama Martin Beck. Imagino que já o conheça de nome. Ele está organizando uma trupe para ir à Inglaterra se apresentar em vários teatros. Ele faz isso de tempos em tempos para dar tarimba a jovens talentos, assim lhes permitindo aperfeiçoar sua arte antes de se apresentarem nos Estados Unidos. Quando lhe falei do seu potencial, ele concordou em vir vê-la para sondar seu interesse. Acredito que será uma boa oportunidade para você. Naturalmente, talvez você não queira deixar sua mãe. Por favor, não se sinta sob nenhuma obrigação por causa de nossa amizade.

Pensando em você,
Harry Houdini

P.S. Você tinha razão. O segredo está mesmo em encurtar os parafusos.

Martin Beck é um dos empresários mais famosos do mundo. Ele construiu o Orpheum Theaters Empire e, embora não seja mais seu dono, ainda é o homem mais influente no ramo do entretenimento. Jacques é peixe miúdo comparado com Beck. Recebi uma carta dele ainda hoje de manhã, marcando um encontro.

E eu já sabia o que lhe diria – sim, mil vezes sim. Praticar o ilusionismo, assombrar as pessoas com o inesperado – é *isso* que eu sempre quis fazer da vida. De mais a mais, desse jeito não apenas vou poder fazer o que amo, como também vou estar perto de Cole quando ele for para a faculdade.

Ouço uma batida à porta, e sua voz de professor me chega do corredor. Ele ainda fica intimidado na presença de minha mãe, mas também ela é, de fato, uma pessoa muito intimidante.

Ao dobrar a carta e guardá-la na caixa, compreendo que não importa se Houdini é ou não o meu pai verdadeiro – desde que eu pense nele desse jeito, de certo modo ele sempre será.

Sorrio, pondo a caixa de lado, e fico eufórica quando Cole abre a porta e sua cabeça aparece ao lado da parede. Ele passa quase todo o tempo comigo desde que voltei para casa e, cada vez que nos encontramos, nosso vínculo se torna mais forte. Mal posso esperar para passear com ele por Londres. Não preciso de uma visão para saber que vai ser maravilhoso.

Ele segura minha mão e se curva para roçar os lábios nos meus.

– Como está se sentindo? – pergunta ele, sentando-se ao meu lado.

Olho naqueles olhos negros como a meia-noite, e não posso deixar de sorrir.

– Mágica – respondo, apertando sua mão. – Estou me sentindo mágica.

AGRADECIMENTOS

Livros não surgem do nada, e posso afirmar que este, seguramente, não surgiu. Ele começou a partir de uma ideia – uma centelha que em parte foi acesa e alimentada por meu jovem colaborador, Nicolas Braccioforte. Nic, um entusiasta do ilusionismo, ouviu minhas ideias e deu sugestões inestimáveis para as cenas de mágica. A centelha foi mantida acesa por meu marido, Alan, meus filhos, Ethan e Megan, e meus pais, Lyle e Carol Foreman, que sempre me apoiaram, mesmo quando eu me lamuriava. Numerosos parceiros de crítica e amigos revisaram os rascunhos diversas vezes e me deram sua opinião e incentivo, incluindo Kelly McClymer, Cyn Balog, Amy Danicic, Delilah Marvelle, Ann Friedrick e Jessica Smith. Tenho uma enorme dívida de gratidão para com minha incomparável agente, Mollie Glick, que acreditou tão plenamente na história de Anna, que colaborou comigo durante meses a fio, burilando o manuscrito até sua forma definitiva. Se não fosse por ela, eu nunca teria conhecido minha fantástica editora, Kristin Rens, que tornou minhas pesquisas sobre a Nova York dos anos 1920 uma experiência prazerosa. Finalmente, gostaria de agradecer ao único e incomparável Harry Houdini, cuja vida legendária foi uma rica fonte de inspiração para minha história, e cuja fama e mística viverão para sempre.

Papel: Polén Soft 70g
Tipo: Bembo
www.editoravalentina.com.br